Gleichstellung in der Sackgasse?

Paul M. Zulehner
Petra Steinmair-Pösel

Gleichstellung in der Sackgasse

?

Frauen, Männer und die erschöpfte
Familie von heute

styria premium

Wir sollten uns die Frage stellen: Was ist mir wichtig? Was zählt im Leben? Wenn ich am Schluss meines Lebens bin, kann ich mir sagen: Ja, eigentlich habe ich es gut gemacht, ich bin zufrieden. Wir müssen nicht gnadenlos perfekt sein oder immer sehr gut. Gut reicht. Die Politik braucht mehr Bodenhaftung und Demokratie. (Frau, 51-60, verheiratet, ein Kind)[1]

An Menschen zwischen 35 und 60 Jahren hängt überproportional viel Verantwortung. Kinder sind durch Schule, Ausbildung und Lebensstart zu begleiten. Die ältere Generation ist zu betreuen und zu pflegen. Im Beruf ist die Arbeitszeit immer enger getaktet und die Karriere soll auch nicht vergessen werden. Das Wohneigentum ist noch abzuzahlen und ganz nebenbei will man auch noch ein Stück Lebensqualität für sich selbst. Die Politik sollte Lernen und Ausbildung nicht vor dem Berufseinstieg komprimieren, sondern lebenslanges berufsbegleitendes Lernen und Fortbilden fördern. Wer erzieht oder pflegt sollte finanziell und zeitlich abgesichert werden, sodass in diesen Phasen das berufliche Engagement reduziert werden kann. (Mann, 41-50, verheiratet, zwei Kinder)

Die Anforderungen im Beruf werden immer höher, sodass wenig Zeit für Familie übrig bleibt. Es wird immer wichtiger, sich ganz gezielt seine Zeit zu nehmen und nicht rund um die Uhr für die Arbeit da zu sein. In der Politik müssten Grenzen gesetzt werden, indem noch flexiblere Arbeitszeiten auch von zu Hause angeboten werden oder längere Bringzeiten in den Kitas. (Frau, 51-60, verheiratet, zwei Kinder)

Meine Erwerbsarbeit ist anspruchsvoll und fordert mich ganz und mein Kind sollte das auch dürfen. Ich halte mich für flexibel, aber nicht alle anderen Beteiligten sind es. Wir bräuchten mehr Alternativen, um familiäre Räume zu schaffen: Kindergruppen, solidarische Stadtteil-Angebote, Haus-Gemeinschaften, Gemeinde-Angebote. Viele ältere Frauen z. B. würden davon profitieren. Von der Politik erwarte ich nicht, dass sie meine Probleme löst, aber meine eigene Initiative unterstützt. – Die Politik sollte nicht immer Familien und Frauen in einem Ressort zusammennehmen, dann würde schon mehr Bewusstsein geschaffen werden. (Frau, 41-50, verheiratet, zwei Kinder)

1   Einige Ergebnisse der Österreichischen Geschlechter- und Solidaritäts-
    studie 2012 wurden nach Fertigstellung der Forschungsberichte im Jah-
    re 2013 in einer Onlineumfrage zur Diskussion gestellt. Die Beteiligung
    daran war rege und brachte viele wertvolle Diskussionsbeiträge. Eini-
    ge davon werden eingestreut vorgestellt. Soweit vorhanden, schließt
    ein knapper Steckbrief das Zitat ab. Dieser enthält: Geschlecht, Alter,
    Lebensstand, Kinderzahl. Menschen, die angaben, mit einem Partner/
    einer Partnerin zu leben, wurden hier der Einfachheit halber als „ver-
    heiratet" deklariert, da nicht nach verschiedenen Partnerschaftsformen
    gefragt wurde.

Inhalt

Präludium

Wir wollten keinen weiteren Aufreger schreiben – denn solche gibt es in der Geschlechterdiskussion derzeit mehr als genug. Zuletzt im deutschsprachigen Raum Birgit Kelles 200 Seiten starken, dauerpolemischen Appell „Dann mach doch die Bluse zu", Christine Bauer-Jelineks Plädoyer für die Männer unter dem Titel „Der falsche Feind. Schuld sind nicht die Männer" oder Hanna Rosins „Das Ende der Männer und der Aufstieg der Frauen", aber auch Elisabeth Badinters „Der Konflikt. Die Frau und die Mutter". Oder von Männerseite: das von Bernhard Lassahn mit spitzer Feder geschriebene Kampfbuch „Frau ohne Welt. Der Krieg gegen den Mann".[2]

Unser Buch will keine weiteren Gräben aufreißen zwischen Frauen und Männern, Frauen und Frauen, hetero- und homosexuell Fühlenden, sondern eine Anregung bieten für konstruktive Diskussionen darüber, wie wir gemeinsam Gesellschaft gestalten wollen und können, sodass alle Menschen – vom Baby bis zur Greisin – sich darin bestmöglich entfalten und mit den jeweils zur Verfügung stehenden Talenten und Fähigkeiten einbringen können. Dabei helfen Aufreger nicht weiter: Sie verminen lediglich das Terrain.

Was wir diesem Buch wünschen, ist eine wohlwollende, auf Verständnis zielende Lektüre, dazu die Bereitschaft, auch nach dem möglichen berechtigten Anliegen der zunächst fremd, unverständlich oder ablehnenswert erscheinenden Position zu fragen. Denn wagt man den Blick hinter die Fassade der streitbaren Selbstpositionierungen, findet man dort Menschen mit Werthaltungen, mit Themen, die ihnen existentiell wichtig sind. Diese hängen oft zusammen mit dem Wunsch, das eigene Leben in all seinen Facetten selbstbestimmt und eigenverantwortlich führen zu können und dabei gesellschaftlich Anerkennung und Wertschätzung zu erhalten.

---

2 Kelle, Birgit: Dann mach doch die Bluse zu, Asslar 2013. Bauer-Jelinek, Christine: Der falsche Feind. Schuld sind nicht die Männer, Salzburg 2012. Rosin, Hanna: Das Ende der Männer und der Aufstieg der Frauen, Berlin 2013. Badinter, Elisabeth: Der Konflikt. Die Frau und die Mutter, München 2010. (Le conflit. La femme et la mère, Paris 2010). Lassahn, Bernhard: Frau ohne Welt. Trilogie zur Rettung der Liebe. Teil 1: Der Krieg gegen den Mann, Waltrop und Leipzig 2013.

Diese wertschätzende Haltung drückt sich auch aus, wenn wir zu erheben suchen, wie Menschen heute als Mann oder als Frau leben, welche Fragen, Wünsche und Probleme sie bewegen. Wissenschaftlich seriös und empirisch gut fundiert wird deshalb zunächst ein Blick darauf geworfen, wie die Menschen in Österreich als Frauen und Männer oder sich nicht in diesen dualen Geschlechterkategorien wiederfindende Personen[3] denken und fühlen und wie sich das in den vergangenen 20 Jahren verändert hat.

Wir zeichnen ihr Leben in den Bereichen der Berufs- und Familienwelt sowie im sensiblen Balanceakt zwischen diesen beiden zentralen Lebensfeldern nach. In einem eigenen Modul zeigen wir auf, wie Muslime und Muslimas heute in Österreich leben – inwiefern sich ihre Entwicklung von jener der eingesessenen österreichischen Bevölkerung unterscheidet oder ihr ähnelt, aber auch, wie Autoritarismus/Gewalt einerseits und Religion/Spiritualität andererseits mit den Entwicklungen hinsichtlich der Geschlechterrollen korrelieren. Auf der Basis dieser empirischen Daten werfen wir einen Blick auf die aktuelle Geschlechterdiskussion und suchen – mehr im Modus des Fragens – nach einem „dritten Weg", der aus dem gegenwärtigen Patt zwischen den Extrempositionen des Radikalbiologismus und des Radikalkonstruktivismus herausführen könnte.

---

3 Deren Sichtbarkeit in einem repräsentativen Sample von rund 1500 befragten Personen (je nach Studie) ist allerdings gering, sodass sich manche fragen, ob die Diskussionen im aktuellen Geschlechterdiskurs nicht zu sehr an diesen festgemacht werden. Vielleicht wäre es sinnvoll, einmal nicht nur eine qualitative, sondern auch eine repräsentative Studie zu diesen auch statistisch „queer(liegend)en" Anderen zu machen.

Der Fragen sind viele ...

Traumfrauen und Traummänner

Sie sind manchmal so überzogen, dass man sie schon fast nicht mehr hören kann: die Klischees von der „Traumfrau" oder auch vom „Traummann". Omnipräsent in der Werbung und auf den Covers der Boulevard-Zeitschriften vermitteln sie das Bild der zerbrechlich-schlanken, fast magersüchtigen, langhaarigen Frau einerseits, jenes vom muskulös-starken Mann mit markant-kantigen Gesichtszügen andererseits. In ihrer Omnipräsenz erscheinen sie jedoch so selbstverständlich und „normal", dass sie jene, die sie „wahrnehmen", gehörig unter Druck setzen. Fitness-Studios und Diätanleitungen boomen seit Jahrzehnten.

Woher kommen diese Idealbilder? Sind sie kulturell erzeugt? Oder erwachsen sie aus archaischen Tiefenschichten der Menschen? Erinnern sie an den menschheitsalten Traum von der guten Fee und vom wagemutigen Prinzen? Jedenfalls transportiert die moderne Werbebranche ihre (Print-)Produkte erfolgreich auf der Woge solcher archaischer Sehnsüchte. Sind solche Bilder von einer „Traumfrau" oder einem „Traummann" aber vielleicht nicht mehr als gelungene Produkte von begabten JournalistInnen bzw. MarketingspezialistInnen, die wissen, was viele potentielle Leserinnen und Leser ersehnen und was sie zum Kauf anregt? Mit anderen Worten: Finden sie solche Bilder bei ihren Kundinnen und Kunden vor oder erzeugen sie umgekehrt diese Bilder mit ihren Waren mit, verstärken diese und reduzieren sie zugleich auf ein plakatives Format?

Was für zeitgenössische Menschen ein „Traummann" oder eine „Traumfrau" ist, kann „erhoben" werden. Sozialwissenschaftliche Forschung eignet sich dazu vorzüglich. Unsere Erhebung aus den Jahren 1992 und 2012 erbrachte zu diesem Thema eine Menge interessanter Daten. Es zeigen sich „Traumbilder", welche die sonst oft unausgesprochenen Sehnsüchte und Erwartungen von Frauen und Männern an sich selbst und an das jeweils andere Geschlecht ans Licht bringen.

Wir stellen hier solche erhobenen Wunschbilder knapp und übersichtlich vor und formulieren auf sie gestützt einige jener Fragen, die uns durch diese Studie hindurch begleiten werden.

Viele haben kein Traumbild oder nur ein blasses

Erstens. 15% der Männer kennen keine „Traumfrau"; für 26% der Frauen gibt es keinen „Traummann". Einige – sind es enttäuschend viele oder überraschend wenige – Befragte haben also kein Traumbild von anderen oder von sich selbst. Beim Blick auf die eigene „Gruppe" unterscheiden sich Frauen und Männer: 16% der Frauen haben kein Bild von einer „Traumfrau"; unter den Männern sind mit 52% weitaus mehr ohne Vorstellung von einem „Traummann".

Sind Männer sich selbst gegenüber illusionsloser? Setzen sie sich weniger dem idealisierenden sozialen Druck aus als Frauen? Bei Frauen hingegen verstärken sich Fremdbild und Selbstbild. Wirken also die beschriebenen Idealbilder auf Frauen stärker als auf Männer? Warum lassen sich Frauen davon derart beeinflussen, dass nicht wenige dauernd auf Diät sind und die durchschnittliche Zufriedenheit mit dem eigenen Körper zu denken geben sollte?

Die Traumbilder sind facettenreich

Zweitens. Die Bilder von einer „Traumfrau" und einem „Traummann" sind erheblich bunter als das Klischee der gefühlvollen Fee und des starken Helden. Die einzelnen Facetten weisen in drei verschiedene Richtungen. Taugliche Etiketten für die (auch statistisch) zusammengehörigen Eigenschaften sind folgende:

- *fürsorglich:* Gefühlswärme, Häuslichkeit, Attraktivität, Verständnis, Opferbereitschaft, hält immer zu mir, Treue, kinderlieb, kocht gut;
- *erfolgreich:* Intelligenz, Erwerbstätigkeit, Selbständigkeit, Stärke, gebildet, Selbstsicherheit, erfolgreich;
- *anziehend:* Reichtum, körperliche Schönheit, erotische Ausstrahlung.

So sieht nun das facettenreiche Design der „Traumfrau" der österreichischen Männer und des „Traummannes" der österreichischen Frauen aus:

- Die *„Traumfrau"* des durchschnittlichen österreichischen Mannes ist fürsorglich (52%), anziehend (34%) und erfolgreich (27%).
- Das Bild des *„Traummannes"* der durchschnittlichen Österreicherin sieht anders aus. Zwar steht auch hier – für manche wohl überraschend? – an der Spitze der Aspekt der Fürsorglichkeit (47%), dann kommt jedoch schon der Erfolg (40%). Das Anziehende liegt weit zurück an der letzten Stelle (16%).

„Traumfrauen" sollen also vor allem fürsorglich sein, weniger wichtig ist Männern der (berufliche) Erfolg einer Frau. Dieser liegt aber auch bei den Männern nicht an erster Stelle. Auch Frauen wünschen sich vorab fürsorgliche Männer.

Das Element des „Anziehenden", also Reichtum, körperliche Schönheit, erotische Ausstrahlung, hat im Bild der „Traumfrau" einen höheren Stellenwert als im Bild des „Traummannes". Als „Traumfrauen" gelten die attraktiven Fürsorglichen, als „Traummänner" die erfolgreichen Fürsorglichen. Fürsorglich sollen also beide sein.

Es gibt nicht „das Traumbild", sondern verschiedene Traumbilder

Drittens. Mit diesen drei Facetten ist aber die Buntheit der Ideal- und Traumbilder noch nicht hinreichend eingefangen. Es zeichnen sich mehrere „Cluster" ab, also mehrere Gruppen von Personen, die in ihren Ansichten verwandt sind und die jeweils andere Traumbilder in sich tragen: die vielen erhobenen Einzelmerkmale mischen sich unterschiedlich.

1. Da sind jene, deren Bild von einer Traumfrau oder einem Traummann *leer oder blass* ist. Sie haben entweder überhaupt kein Bild[4] von einer Traumfrau (Schnitt der Gesamtbevölkerung 29%: Män-

---

4 Achtung: Es handelt sich um einen Cluster, der mit allen einschlägigen Items errechnet wurde. Davon unterscheidet sich die Einzelaussage: „Für mich gibt es keinen Traummann/keine Traumfrau."

ner 13%, Frauen 44%) bzw. von einem Traummann (Schnitt 35%: Männer 53%, Frauen 19%) oder die vorgelegten Merkmale[5] finden nur wenig Zustimmung.

Die Traumbilder richten sich vorwiegend auf das andere Geschlecht. Vom eigenen Geschlecht hat etwa die Hälfte der Befragten (Frauen 44%, Männer 53%) gar kein Traumbild.

2. Sodann spiegeln sich bei einer Teilgruppe in den Traumbildern eher *traditionelle Frauen- und Männerbilder* wider. Die Traumfrau ist dann die fürsorgliche Häusliche ohne Beruf, der Mann mehr der kinderliebende fürsorgliche Familienernährer mit Erwerbsarbeit. Von beiden wird an erster Stelle Zusammenhalt (Treue, Verständnis, hält immer zu mir) verlangt, Opferbereitschaft zählt hingegen wenig (Männer wie Frauen 17%).

- Bei der „häuslichen Traumfrau"[6] stehen ganz oben die Eigenschaften Verständnis (75%), hält immer zu mir (69%), Gefühlswärme (69%), Häuslichkeit (69%); sie kocht auch gut (55%). Erwerbstätigkeit zählt nicht dazu (18%).
- Beim „berufstätigen Ernährer"[7] ist die Reihung der Merkmale etwas anders. Die Erwerbstätigkeit steht weit oben (66%), es folgen die Liebe zu Kindern (60%), Stärke (51%) und Selbstsicherheit (48%).

---

5   Folgende Merkmale wurden vorgelegt: Attraktivität, Intelligenz, erotische Ausstrahlung, Reichtum, Gefühlswärme, Erwerbstätigkeit, hält immer zu mir, Selbständigkeit, Opferbereitschaft, körperliche Schönheit, Verständnis, Häuslichkeit, Stärke, gibt es für mich nicht.

6   Dieses „Traumbild" haben 26% von allen Befragten; unter den Männern sind es 37%, unter den Frauen 15%.

7   Es ist das „Traumbild" von 25% aller Befragten: Männer 13%, Frauen 36%.

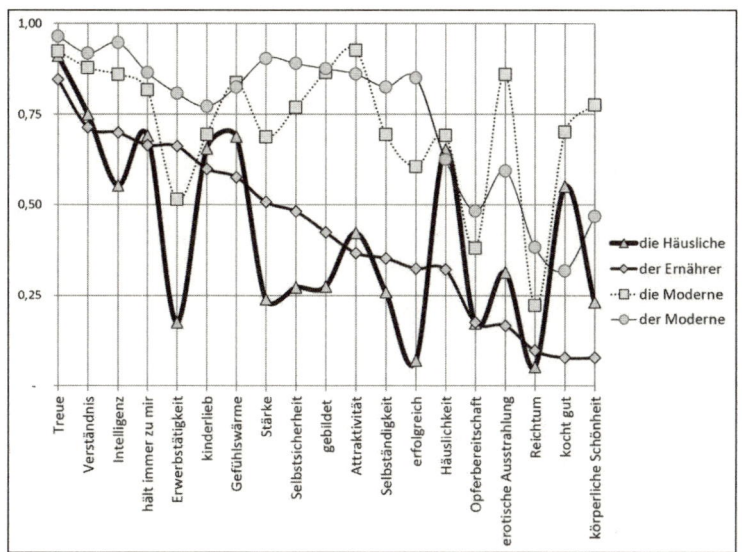

ABBILDUNG 1: Verschiedene Bilder von Traummännern und Traumfrauen (2012 | alle Befragten)

3. Es gibt neben diesen akzentuierten und kontrastreichen Bildern einer Traumfrau und eines Traummannes noch andere, egalitärere Bilder. Bei diesen ist der Unterschied zwischen Traumfrau und Traummann deutlich geringer als zwischen der „fürsorglichen Häuslichen" und dem „berufstätigen Ernährer". Beide, der Traummann und die Traumfrau, sind nunmehr gebildet, erfolgreich, berufstätig (die Frauen etwas weniger). Anders als die „häuslichen Traumfrauen" sollen diese „modernen Traumfrauen" auch körperlich schön, erotisch anziehend, attraktiv sein (letzteres Merkmal steht mit 93% bei dieser Gruppe an erster Stelle, noch knapp vor der Treue – 92%). Dem „modernen Traummann" wird hinsichtlich seiner Attraktivität und Schönheit deutlich weniger abverlangt.

Die Traumfrau dieser Gruppe erweist sich als „kompletter" als die „häusliche Traumfrau". Das Bild ist derart hehr, dass die Realität der einzelnen Frau kaum noch mithalten kann. Auch vom Traummann wird in dieser Gruppe mehr erwartet als vom traditionellen „Ernährer".

So ist die Vielfalt der Traumbilder sehr bunt. Sie reicht von „es gibt für mich keine" über ein mit begrenzten Eigenschaften ausgestattetes Bild bis hin zur perfekten Ikone. Es stellt sich die Frage, wie solche Vielfalt zustande kommt. Schon zeichnet sich ab, dass es „das" Bild von Frau und Mann nicht gibt, nicht einmal in den „Träumen", also den idealisierten Klischees. Da ist reichlich Komposition im Spiel. Es scheint nebeneinander unterschiedliche Kompositionsstile, also Vorlieben, zu geben. Das eröffnet die Frage, wodurch diese Stile geprägt werden? Und wie es kommt, dass Teile der Bevölkerung einen ähnlichen Stil pflegen?

Die Bilder von der Traumfrau entwickeln sich

Wir können die Entwicklung der Merkmale einer Traumfrau über zwanzig Jahre hinweg verfolgen (nach dem Traummann wurde 2002 nicht gefragt). In diesen zwei Jahrzehnten haben sich einzelne Facetten des Bildes verändert. Attraktivität, Stärke, Häuslichkeit, Verständnis und körperliche Schönheit haben aus der Sicht von Frauen an Bedeutung deutlich abgenommen. Zudem hatten 1992 49% der Frauen betont, es gebe für sie keine Traumfrau; 2012 hingegen waren es nur noch 16%, die ein solches Traumbild grundsätzlich ablehnten. Damit scheinen sich der Anspruch der Frauen an sich selbst sowie die Bereitschaft, Idealbilder und Klischees für sich zu übernehmen, markant erhöht zu haben.

Insgesamt näherten sich in diesen zwanzig Jahren die Bilder an, die Männer und Frauen von der Traumfrau haben. Zudem werden sie anspruchsvoller – was möglicherweise mit erklärt, dass manche (Männer, aber auch lebenserfahrene ältere Menschen) von solchen Bildern überhaupt Abstand nehmen.

Typisch männlich und typisch weiblich

Eine ähnliche Annäherung zeigt sich, wenn man nach einem anderen Klischee fragt: Was nämlich typisch männlich und was typisch weiblich sei. Diese Frage bewegt nicht nur die Boulevardpresse[8],

---

8   Was aber ist „typisch männlich"? „Freundschaften haben", das beurteilen 76% der Männer als männlich, ebenso „zu seiner Meinung stehen" 64% und „nicht über Gefühle reden" (67%). Frauen sehen das etwas

sondern auch (Frauen-)Politik und Geschlechter-Forschung intensiv und wird in engem Zusammenhang mit ererbten Diskriminierungen (vor allem) der Frauen gesehen. Die einschlägigen Fragen sind höchst praktisch. Im Modus des Fragens formuliert: Gibt es typische Tätigkeiten von Männern mit Kindern, im Haushalt, bei der Sorge um die Familie? Lernen Mädchen anders, studieren sie andere Fächer, ergreifen sie andere Berufe: auch dann, wenn sie dabei „frei" wählen können? Wir werden auf solche Fragen im Lauf der Überlegungen zurückkommen.

Hier sei vorerst auf die Ähnlichkeit in den Befunden über Traumfrau/Traummann sowie typisch männlich/typisch weiblich hingewiesen: Wir treffen in der Bevölkerung unterschiedliche Eigenschaftssets in Verbindung mit dem Geschlecht an. Neben Weiblichkeitssets, die schmal sind (nur eine begrenzte Anzahl von Eigenschaften aufweisen) und sich von Männlichkeitssets markant *kontrastierend* unterscheiden[9], finden wir bei einem Teil der Befragten breite Weiblichkeits- und Männlichkeitssets, die einander sehr *ähnlich* sind[10] und die Mehrzahl der Eigenschaften Männern und Frauen gleichermaßen zueignen. Die einen sehen bei den Eigenschaften zwischen Frauen und Männern beträchtliche Unterschiede, andere können solche kaum erkennen. Die Aufteilung „Männer sind rational, Frauen emotional", oder schärfer formuliert „Männer denken, Frauen fühlen", wird zwar in dieser platten Form nicht vertreten. Beide Geschlechter fühlen sich heute durch eine solche Zuteilung zu Recht diskriminiert: Frauen, weil ihnen das Denken,

---

anders. Sie betrachten „Freundschaften haben" (und „seine Meinung sagen") als weitaus weniger ausgeprägte männliche Eigenschaft. Und über 80% von ihnen sprechen es Männern ab, „über die eigenen Gefühle reden zu können". Dagegen trauen es die Frauen den Männern eher zu, eigene Entscheidungen treffen zu können, als die Männer das selbst tun (68 zu 57%). Allmendinger, Jutta: Frauen auf dem Sprung: wie junge Frauen heute leben wollen; die BRIGITTE-Studie, München 2009, 71.

9 26% aller Befragten (Männer 33%, Frauen 20%) haben ein schmales Eigenschaftsset für das Weibliche und 40% (Männer 34%, Frauen 46%) für das Männliche.

10 18% (Männer 24%, Frauen 12%) haben ein breites Eigenschaftsset für das Männliche und 35% (Männer 38%, Frauen 32%) für das Weibliche.

Männer, weil ihnen das Fühlen abgesprochen wird – was im Lauf der Geschichte durchaus gedacht und gesagt worden ist. Dennoch gibt es bei einem Teil der Befragten die Ansicht, dass Männer eher „starke" Eigenschaften besitzen, Frauen hingegen eher „weiche". Andere lehnen hingegen eine solche Zuweisung grundsätzlich ab. Für sie haben Frauen und Männer (bei allen individuellen Unterschieden und Akzentsetzungen) Zugang zum ganzen Spektrum „menschlicher" Eigenschaften.

Die größte Gruppe der Befragten verhält sich bei der Zuweisung von Eigenschaften zum Weiblichen und Männlichen sehr zurückhaltend. Sie sehen wenig Typisches. Bei diesen kommen nur blasse Eigenschaftssets zustande, die unkonturiert sind und beim Männlichen und Weiblichen keinen Unterschied machen.[11]

Hinsichtlich der Frage, ob es etwas typisch Weibliches bzw. typisch Männliches gibt, zeichnen sich statistisch drei Richtungen ab. Die Ersten sagen: Ja, das gibt es, und weisen dann bestimmte Eigenschaften Frauen und Männern kontrastierend zu; die Zweiten sagen, alle diese Eigenschaften sind zugleich sowohl weiblich wie männlich. Die Dritten schließlich machen keine Zuweisung zu weiblich oder männlich und halten diese Eigenschaften für allgemein menschlich.

Bei jenen, die Eigenschaften zuweisen, stehen Ähnlichkeit und Unterschied, Gleichheit und Differenz zueinander in beträchtlicher Spannung. Ein Teil der Befragten setzt auf Ähnlichkeit, ein anderer auf Differenz. Wieder stellen sich Fragen: Auch wenn diese Positionen unvereinbar erscheinen – Tatsache ist, dass wir sie in ihrer Buntheit in ein und derselben Bevölkerung vorfinden. Sie bestehen kulturell nebeneinander. Diese Vielfalt ruft förmlich nach einer Erklärung. Wie „bilden" sich diese unterschiedlichen Bilder? Wie kommt es dazu, dass die einen markante Unterschiede in den Bildern und Eigenschaftssets sehen, andere hingegen hohe Ähnlichkeit – und andere schließlich aus dem Vergleichen gänzlich aussteigen und keine Bilder von Frauen und Männern, sondern von wiederum höchst unterschiedlichen einmaligen individuellen Menschen haben?

---

11 Beim Weiblichen haben 38% ein unkonturiertes Set (Männer 29%, Frauen 48%), beim Männlichen 42% (Männer und Frauen gleich 42%).

Jedenfalls steht als wichtiges Ergebnis dieser ersten Begegnung mit Daten aus der Studie fest, dass es „das Weibliche" und „das Männliche", dass es „die Traumfrau" und „den Traummann" in der Bevölkerung – wenn überhaupt – nicht in der Einzahl gibt. Formen sich Bilder, dann sind sie höchst unterschiedlich, zum Teil konträr. Dieser Befund wird uns in den folgenden Ausführungen treu bleiben. Es wird sich datengestützt zeigen, dass es nicht „die Frau" und „den Mann" gibt, sondern zunächst eine Vielfalt an Einzelpersonen. Bei aller Individualität haben diese Einzelnen aber mit (vielen) anderen Einzelnen auffallende Ähnlichkeiten im Denken, Fühlen und Handeln. Das macht es möglich, nicht nur von Einzelnen zu sprechen, sondern von verwandten Gruppen, „Trauben" (Clustern), Kohorten, Typen.

Man kann sich an der Buntheit erfreuen. Sie kann auch Ausdruck von Wandel und Entwicklung von Selbst- und Fremdbildern sein.

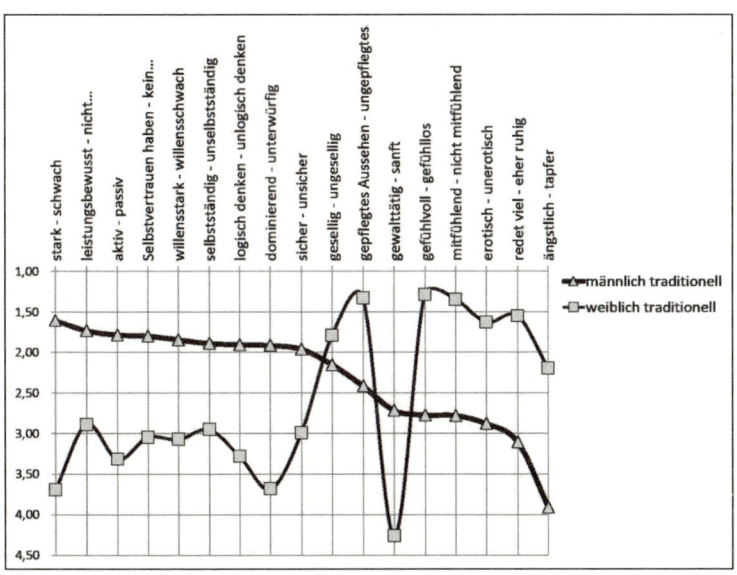

ABBILDUNG 2: Männlich-weiblich (Variation „traditionell": kontrastierend) (2012 I alle Befragten)

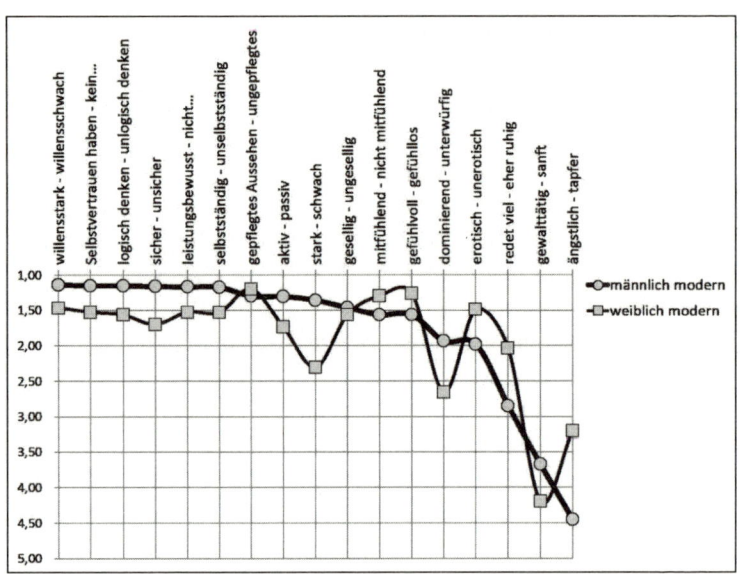

ABBILDUNG 3: Männlich-weiblich (Variation „modern": einander ähn-
lich) (2012 | alle Befragten)

Frauenemanzipation: klar!
Aber Männeremanzipation?

Krise des Feminismus?

Der Feminismus reibe die Frauen zwischen unvereinbaren Rollen auf, so klagte Eva Hermann 2006 in ihrem „Eva-Prinzip"[12] und sorgte damit für eine heftige Debatte. Jetzt hat – mit einem anderen Grundton – die Journalistin Birgit Kelle[13] einen weiteren engagierten Beitrag geleistet. Sie beklagt sich, dass der Feminismus die Befreiung der Frauen von der Herrschaft des Mannes versprochen habe. Faktisch aber habe er sie nur durch eine neue Herrschaft ersetzt: „Der Zwang ist geblieben, nur die Aufseher haben gewechselt. Besser gesagt, die Aufseherinnen."[14] Jetzt würde der Feminismus den Frauen vorschreiben, wie sie zu sein hätten. Auf keinen Fall sollten sie Freude daran haben, Mutter und Hausfrau zu sein:

> „Mussten wir uns früher also von Männern erklären lassen, was das Richtige für uns Frauen ist, müssen wir uns das heute von anderen Frauen gefallen lassen. Mussten wir einstmals darum kämpfen, aus dem bürgerlichen Leben ausbrechen zu dürfen, müssen wir heute darum ringen, in diesem bleiben zu dürfen. Mussten wir früher darum kämpfen, berufstätig sein zu können, müssen wir heute dafür streiten, bei unseren Kindern bleiben zu dürfen."[15]

Dass sich unter Frauen das Gefühl breitmacht, auch der Feminismus eröffne ihnen nicht ihr ureigenes, sondern ein vorgeformtes Lebensmodell, hat nach Kelle mit der Besorgnis von Feministinnen zu tun, dass der feministische Lebensentwurf nicht wenigen Frauen gar nicht attraktiv erscheint. Zumindest nicht derart attraktiv, dass Frauen ihn auch freiwillig wählen und damit faktisch feministische

---

12 Vgl. Hermann, Eva: Das Eva-Prinzip, Zürich 2006.
13 Kelle, Birgit: Dann mach doch die Bluse zu, Asslar 2013.
14 Kelle: Dann mach doch, 50.
15 Kelle: Dann mach doch, 51.

Politik unterstützen. Gegen die Wahlfreiheit von Frauen werde also im Namen der Gleichberechtigung von Frauen feministischer Druck aufgebaut. Vor die Wahl gestellt, die erforderlichen Veränderungen durch eine entsprechende Frauenpolitik zu erreichen oder den Frauen Wahlfreiheit zuzugestehen, werde die politische Option gewählt und der freien Wahl (wenn sie gegen den feministischen Entwurf ausgeht) zumindest misstraut. Wähle dann eine Frau dennoch „unfeministisch", werde ihr ein schlechtes Gewissen gemacht: „Ein glückliches Dasein als Mutter und Ehefrau ist auf diesem Weg einfach nicht vorgesehen. Ganz im Gegenteil, es ist sogar ein Verrat an der Frauensache."[16] Frauen, die sich „liberal-selbstbezogen" verhalten, würden das Kernanliegen des traditionellen Feminismus verraten, „dem es nicht um personbezogene ‚Identitätspolitik' geht, sondern um die politische Überwindung der Diskriminierung von Frauen".[17]

Solche Angst von Verfechterinnen des Feminismus, dass allzu viele Frauen wieder in die von ihnen nicht gut bewertete Hausfrauenexistenz „zurückkehren", sei weithin unbegründet. „… allein schon wegen des finanziellen Drucks besteht keine Gefahr für die große Hausfrauenrenaissance."[18]

Ob missverstanden oder nicht: Der Feminismus hat also heute nicht nur bei manchen Männern, sondern auch bei gar nicht wenigen Frauen keinen guten Klang.[19] Eine aktuelle Studie aus England zeigt eine ablehnende Haltung ihm gegenüber. „Feminism is overwhelmingly unpopular, indeed, almost hated", so der Befund.[20] Die Ergebnisse aus der vorliegenden österreichischen Studie aus

---

16 Kelle: Dann mach doch, 51.

17 Nagl-Docekal, Herta: Feministische Philosophie im post-feministischen Kontext, in: Hilge Landweer/Catherine Newmark/Christine Kley/Simone Miller (Hg.): Philosophie und die Potenziale der Gender Studies. Peripherie und Zentrum im Feld der Theorie, Bielefeld 2012, 231–254.

18 Zitiert nach: Simon, Anne-Catherine: Hausfrauen, hört auf, euch zu entschuldigen! In: Die Presse vom 7.9.2013, 36–37. Über diesen finanziellen Aspekt der „Rollenentwicklung" später noch mehr und ausführlicher.

19 Thiessen, Barbara: Feminismus: Differenzen und Kontroversen, in: Handbuch der Frauen- und Geschlechterforschung. Theorie, Methoden, Empirie, Wiesbaden ³2010, 37–44.

20 „Feminismus ist für die überwältigende Mehrheit unpopulär, ja geradezu verhasst." McRobbie, Angela: The Aftermath of Feminism: Gender, Culture, and Social Change, London: Sage, 2009.

dem Jahre 2012 bestätigen die auch unter Frauen weit verbreitete Skepsis gegenüber dem Feminismus. 41% der Frauen unter 29 Jahren – das ist auch der Prozentwert für alle Befragten zusammen – halten den Feminismus für überholt. Bei den über 60-jährigen Frauen sind es mit 33% noch deutlich weniger. Bemerkenswert ist auch, dass von den jüngeren Männern unter 30 „nur" 38% den Feminismus für „outdated" halten. Es ist unter den Alterskategorien der befragten Männer der niedrigste, bei den Frauen hingegen vergleichsweise der höchste Wert. Es sind also vor allem die jungen Frauen, die vom Feminismus Abstand nehmen.

Die Wiener Philosophin Herta Nagl-Docekal nennt – gestützt auf die internationale Diskussion – mehrere Gründe für dieses überraschende Ergebnis.[21]

- Das Auftreten des Feminismus werde als zu kämpferisch missbilligt.
- Der Feminismus erzeuge einen Identitätsdruck, dem der (von Feministinnen oftmals als neoliberal scheel angesehene) Wunsch vieler Frauen nach freier individueller Entfaltung entgegenstehe. Genau diese Position vertritt eben Birgit Kelle, aber auch die ehemalige deutsche Familienministerin Kristina Schröder, die schon im Titel ihres Buches zu diesem Thema ihr Anliegen klarmacht: „Danke, emanzipiert sind wir schon selber!"[22]
- Die patriarchatskritischen Kategorien seien zu simplifizierend.
- Sexuelle Orientierungen neben der heterosexuellen (zwischen Mann und Frau) kämen nicht in das Blickfeld.
- „Den harten Kern der Ablehnung bilden jene politisch einflussreichen und die öffentliche Meinung weithin bestimmenden Kreise, die – indem sie propagieren, dass die Zeit des Feminismus endgültig vorüber sei – auf eine Rückkehr zu traditionellen geschlechterhierarchischen Lebensmustern abzielen."[23]

---

21 Nagl-Docekal, Herta: Feministische Philosophie im post-feministischen Kontext, in: Hilge Landweer/Catherine Newmark/Christine Kley/Simone Miller (Hg.): Philosophie und die Potenziale der Gender Studies. Peripherie und Zentrum im Feld der Theorie, Bielefeld 2012, 231–254.
22 Schröder, Kristina/Waldeck, Caroline: Danke, emanzipiert sind wir selber. Abschied vom Diktat der Rollenbilder, München 2012.
23 Nagl-Docekal: Feministische Philosophie, 233.

Konjunktur der Emanzipation

Gerade für jüngere Frauen bedeutet die Distanz zum Feminismus allerdings keinen Abschied vom modernen Frauenbild. „Feminismus" und „moderne Frau" werden von einer großen Zahl von Befragten voneinander abgelöst. 77 % der unter 30-jährigen Frauen haben der Aussage zugestimmt: „Eine moderne Frau zu sein bedeutet nicht unbedingt eine Feministin zu sein." Das ist der höchste Wert in allen Alterskategorien von Frauen, aber auch von Männern. Feminismus und Frauenemanzipation haben eine unterschiedliche Färbung und scheinen in unserer Bevölkerung auch etwas anderes zu bedeuten. Mit anderen Worten: Junge Frauen wollen heute selbstverständlich modern sein, aber feministisch: „nein danke!".

		Eine moderne Frau zu sein bedeutet nicht unbedingt eine Feministin zu sein.	Der Feminismus ist heute überholt.
Männer	bis 29	62%	38%
	30-39	68%	42%
	40-49	62%	49%
	50-59	62%	53%
	60 und mehr	50%	48%
	alle	**60%**	**46%**
Frauen	bis 29	77%	41%
	30-39	73%	32%
	40-49	70%	36%
	50-59	74%	37%
	60 und mehr	60%	33%
	alle	**70%**	**36%**
alle		**65%**	**41%**

TABELLE 1: Feminismus und moderne Frau (2012 | Geschlecht)

Kombiniert man diese beiden Aussagen, dann zeigen sich vier ganz unterschiedliche Typen:

- Eine erste Gruppe (26%) lehnt beide Aussagen ab und vertritt damit eine klar *feministische* Position. Die moderne Frau wird an einen überhaupt nicht überholten Feminismus gebunden. Es sind die AnhängerInnen der Position „moderne Frau ist zugleich feministisch".

- Die zweite Gruppe (es ist mit 35% die größte) ist im Urteil zurückhaltend. Die, die zu ihr gehören, können als moderat bezeichnet werden. Mehrheitlich (zu 86%) muss eine moderne Frau für sie nicht feministisch sein. Der Feminismus ist für zwei Drittel aus dieser Gruppe überholt.

- Differenzierend urteilt hingegen eine dritte Gruppe (24%); diese meint, der Feminismus sei keineswegs out. Dennoch müsse eine moderne Frau nicht unbedingt eine Feministin sein. Diese Gruppe umfasst also jene Personen, die dem Feminismus bleibende Bedeutung zumessen, zugleich aber auch wahrnehmen, dass viele moderne Frauen kein feministisches Bewusstsein mehr haben bzw. den Feminismus vielleicht sogar explizit für sich zurückweisen.

- Die vierte Gruppe schließlich, sie ist mit 15% die kleinste, hält den Feminismus für überholt, was nicht grundsätzlich gegen die Wertschätzung moderner Frauen spreche, denn eine moderne Frau müsse nicht automatisch feministisch sein.

	Eine moderne Frau zu sein bedeutet nicht unbedingt eine Feministin zu sein.	Der Feminismus ist heute überholt.	alle
feministisch: moderne Frau sein heißt feministisch sein – Feminismus nicht überholt	0%	10%	26%
moderat: modern nicht unbedingt feministisch – Feminismus eher überholt	86%	66%	35%
differenzierend: modern muss nicht feministisch sein – Feminismus ist nicht überholt	100%	0%	24%
antifeministisch: moderne Frau muss nicht feministisch sein – Feminismus ist überholt	81%	100%	15%
alle	**65%**	**41%**	

TABELLE 2: Moderne Frau und Feminismus – eine Typologie (2012)

	feministisch: moderne Frau sein bedeutet feministisch sein – Feminismus nicht überholt	**moderat:** modern muss nicht unbedingt feministisch sein – Feminismus eher überholt	**differenzierend:** modern muss nicht feministisch sein – Feminismus ist nicht überholt	**antifeministisch:** moderne Frau muss nicht feministisch sein – Feminismus ist überholt
Männer	28%	40%	15%	17%
Frauen	23%	38%	29%	11%
alle	**25%**	**39%**	**22%**	**14%**

TABELLE 3: Moderne Frau und Feminismus – eine Typologie (2012 I Geschlecht)

Frauenemanzipation

Die Distanzierung vom Feminismus kommt nicht einem Desinteresse an einer geschlechtergerechten Gesellschaft ohne Diskriminierung von Frauen gleich. Dieses Anliegen wird aber mehrheitlich weniger mit dem Begriff „Feminismus", sondern mit dem aus der Aufklärung stammenden Leitwort „Emanzipation" transportiert.

Die Haltung der Bevölkerung zur „Frauenemanzipation" wurde mit folgender Aussage erhoben: „Frauenemanzipation ist eine notwendige und gute Entwicklung." Dieser Aussage hatten im Jahre 1992 lediglich 30% der damals befragten Männer in Österreich zugestimmt. Zwanzig Jahre später hat sich deren Anteil auf 57% nahezu verdoppelt.

Wenig überraschend, dass die Wertschätzung der Frauenemanzipation bei Frauen noch höher liegt und im erforschten Zeitraum (1992–2012) auch stärker angestiegen ist. 1992 hatten 49% der Frauen die „Frauenemanzipation" positiv bewertet. 2012 taten dies 78% aller Frauen.[24]

Dass Frauenemanzipation den Frauen wichtiger vorkommt als den Männern, war zu erwarten: Frauen mussten nach Jahrtausende während „patriarchaler" und im öffentlichen Bewusstsein gerechtfertigter und verinnerlichter Benachteiligung um gleiche Rechte kämpfen: um freien Zugang zur Bildung, um das Wahlrecht, um die Mitgliedschaft bei den Philharmonikern und beim Lions-Club. Dieses Ringen um Chancengleichheit der Geschlechter ist noch keinesfalls zu Ende: beim Zugang zu Ämtern in christlichen Kirchen und anderen Religionen, aber auch um Führungspositionen in allen öffentlichen Bereichen, in der Erwerbswelt[25]. Manche

---

24 Ein ähnliches Ergebnis bringt die Männerstudie von Wippermann: „Am Thema Gleichstellung sind 73% der Frauen persönlich interessiert, aber auch 53% der Männer. Damit ist Gleichstellung bei Männern keineswegs ein Minderheitenthema." Wippermann, Carsten/Calmbach, Marc/Wippermann, Katja: Männer: Rolle vorwärts, Rolle rückwärts?, Opladen/Farmington Hills 2009, 18.

25 „Die wichtigsten Ergebnisse: Ökonomisch und strukturell bestehen nach wie vor große Unterschiede für Frauen und Männer: Das Bruttoeinkommen von Frauen lag 2009 40% unter jenem der Männer (das Netto – 32%). [...] Die Erwerbsquote von Frauen lag um 11,6% unter

diagnostizieren sogar eine Rückbildung: „Die Entwicklung in Richtung paritätische Machtaufteilung scheint sich nach anfänglicher Rasanz zurzeit wieder zu verlangsamen, manche sprechen sogar von einem Rückschlag: Die Erwerbsquote der Frauen nähert sich zwar schrittweise jener der Männer an. Frauen kommen jedoch nicht über die sogenannte ‚gläserne Decke' – sie erreichen nicht die letzten Sprossen der Karriereleiter und kommen nicht in die wahren Zentren der Macht. Und Männer wollen und wollen nicht in Karenz gehen – trotz politischer Kampagnen von verpflichtendem ‚Papamonat' über Versprechungen von Ersatzzahlungen bis zur Suche nach prominenten Vorbildern."[26]

Auch wenn also in vielen Bereichen das Versprechen der Geschlechtergerechtigkeit noch nicht vollständig eingelöst ist, bleibt die frauenemanzipatorische Bewegung insgesamt eine Erfolgsgeschichte[27]:

jener der Männer, die Teilzeitquote der Frauen um 34,2% über jener der Männer. 95% der BezieherInnen von Kinderbetreuungsgeld waren Frauen." Frauenbericht 2010. Bericht betreffend die Situation von Frauen in Österreich im Zeitraum von 1998–2008, hg. v. d. Bundesministerin für Frauen und Öffentlichen Dienst, Wien 2010, iii. „Die Höhe der Frauenverdienste bleib aber deutlich unter jenen der Männer, so dass man in Österreich in den letzten 10 Jahren einen bestehenden Gender Pay Gap beobachten kann. [...] ist in fast allen Berufen zu beobachten. [...] auch beim Arbeitslosengeld oder der Notstandshilfe hat sich der Gap eher vergrößert, bei Pensionen kaum wirklich verringert." Frauenbericht 2010, 51.

26 Bauer-Jelinek (Gespräch): Das Paradoxon des Feminismus, in: Gruner, Paul-Hermann/Kuhla, Eckhard (Hg.): Befreiungsbewegung für Männer – Auf dem Weg zur Geschlechtsdemokratie. Essays und Analysen, Gießen 2009, 205–225, 209.

27 „Die Zahlen sprechen also durchaus für eine Erfolgsgeschichte, wenn auch die Erfolge in der Gleichstellung nicht gerade als großartig zu bezeichnen sind. Allerdings weiß man als Soziologin, dass der soziale Wandel, zumal wenn er die Verringerung sozialer Ungleichheiten betrifft, selten so schnell vonstattengeht, wie es die dramatisierende Medien-Berichterstattung oft suggeriert. Wenn man den historischen Kontext betrachtet, in dem diese Entwicklung stattgefunden hat, dann wird deutlich, dass diese Erfolgsgeschichte politisch induziert war und ist. Die verstärkte öffentliche Aufmerksamkeit für die Problematik und der von dieser Aufmerksamkeit beförderte hohe politische Druck auf Hochschulen und öffentlich finanzierte Forschungseinrichtungen seit

„Für Europa und weite Teile des ‚Westens' gilt: Die Diskriminierung der Frau war, ohne Frage, vorhanden. Sie manifestierte sich
in Familie, Berufsleben, Wirtschaft, Recht. Aber: Sie ist in aller-
meister Hinsicht etwas für die Geschichtsbücher und nicht mehr
existent."[28]

Männeremanzipation

Männern erschien Emanzipation für sich selbst lange Zeit nicht
nötig. Sie war auch nicht einfach möglich; denn die Frauenemanzipation stand zunächst so sehr im Vordergrund der Diskussionen,
dass der (selbst)kritische Blick auf die Lage der Männer kaum möglich war. So schreibt der feminismuskritische Politikwissenschaft-
ler Paul-Hermann Gruner: „Die permanente Aufgeregtheit in der
plakativen Betonung weiblicher Defizite in der Gesellschaft führte
dazu, dass Männer die zeitgleich bestehenden Defizite für das eigene Geschlecht weder erkennen noch einordnen noch – in Folge
– bearbeiten konnten."[29]
Das änderte sich, als Walter Hollstein, renommierter deutscher
Männerforscher, die Männerwelt darauf aufmerksam machte, dass
Männer im Patriarchat nicht nur Täter, sondern zugleich Opfer ihrer männlichen Hegemonie sind.[30]
Männeremanzipation verfolgt männerpolitisch andere Ziele als
die frauenpolitische Frauenemanzipation: „Während Frauenpolitik
(zumal der institutionell dominierende gleichstellungsfeministi-
sche Ansatz) die *Herrschaft der Männer* zu überwinden sucht(e),

---

der Mitte der 1980er Jahre hat dabei eine ganz entscheidende Rolle
gespielt." Krais, Beate: Das Projekt ‚Gleichstellung in der Wissenschaft'.
Anmerkungen zu den Mühen der Ebenen, in: Bauschke-Urban, Carola/
Kamphans, Marion/Segebiel, Felizitas (Hg.): Subversion und Intervention. Wissenschaft und Geschlechter(un)ordnung, Opladen/Farming-
ton Hills 2010, 23–42, 25.

28 Gruner, Paul-Hermann: Männer und die Möglichkeit zur Selbstbefreiung: Das Ende des weiblichen Geschlechtermonologs, in: Gruner/Kuhla
(Hg.): Befreiungsbewegung für Männer, 9–28, 12.

29 Gruner: Männer, 12.

30 So u. a. in Hollstein, Walter: „Machen Sie Platz, mein Herr!". Teilen statt
Herrschen, Reinbek bei Hamburg 1992.

will Männerpolitik die Herrschaft der Männlichkeit resp. des Systems hegemonialer Männlichkeit(en) überwinden."[31]
Auch der Preis, den Männer für ihre „hegemoniale Männlichkeit" bezahlen, wird auf dem Weg der Männeremanzipation reflektiert: „Die vorgegebene Normerwartung korsettiert die Männer – trotz aller realer gesellschaftlicher Veränderungen – auch heute noch in enge Vorgaben, beispielsweise in die Rolle der Familienernährer und leistungsstarken Macher, denen kein besonderes Schutzinteresse zugestanden werden muss. Die Männer erhalten dafür das ‚Privileg', mit voller Kraft Erwerbsarbeit leisten und entsprechende finanzielle Unabhängigkeit ‚genießen' zu können. Sie tragen aber auch die Kosten, unter anderem in Form hohen Leistungsdrucks, fehlender Zeit für die Partnerschaft, Familie und sich selbst, somatischer Risiken und emotionaler Leere. Die Freiheit, auf die Ausschüttung dieser Dividende zu verzichten, besteht nur in der Theorie. In der Praxis werden Abweichungen und Verweigerungen als ‚unmännlich' sanktioniert – und mit Marginalisierung, Abwertung und Lohneinbußen bestraft. Wie beispielsweise eine Lohnanalyse des statistischen Amts des Kantons Zürich zeigt, werden Teilzeit arbeitende Männer gegenüber den Vollzeit arbeitenden Geschlechtsgenossen massiv diskriminiert."[32]

---

31 Theunert, Markus: „Männerpolitik(en): ein Rahmenkonzept" in: Theunert, M. (Hg.): Männerpolitik, Wiesbaden 2012, 13–53, 18.
32 Theunert, Markus: „Männerpolitik(en), 18. Ähnlich diagnostiziert Wolde, Anja: Väter im Aufbruch? Deutungsmuster von Väterlichkeit und Männlichkeit im Kontext von Väterinitiativen, in: Lenz, I. u. a. (Hg.): Geschlecht und Gesellschaft, Band 39, Wiesbaden 2007: Männer seien als Verlierer der Modernisierung zu sehen – Väter hätten ihre Position und ihre Aufgaben in der Familie verloren. Nun seien sie dazu verdammt, um ihre verlorenen Rechte zu kämpfen. Konkret gehe es dabei um: „Reproduktion, um sozialstaatliche Leistungen und Gesetze, welche Frauen im Falle einer Trennung eine selbstständige Lebensführung sichern, sowie um Kontrolle über das Kind" (285). Kämpfende Väter würden sich als Opfer der Politik und Frauenbewegungen sehen und sich nach verlorener Macht und Kontrolle über die Familie sehnen (286). Auf diese Verunsicherungen reagierten die kämpfenden Väter mit Vereindeutigung und Polarisierung. Männer und Frauen befänden sich nach diesem Konzept in einem Geschlechterkampf und stellten zwei feindliche Lager dar, mit dem Ziel der Männer, traditionelle Ge-

Und was halten unsere Befragten von Männeremanzipation? In den Umfragen von 2002 und 2012 wurde Frauen und Männern die Aussage vorgelegt: „Männeremanzipation ist eine notwendige und gute Entwicklung."

Im Jahre 2012 sehen das 46% aller Befragten so; 2002 waren es 37%. Gerade unter Männern, die 2002 der Männeremanzipation gegenüber noch eher skeptisch schienen (nur 25% hielten eine Männeremanzipation für notwendig), hat deren Wertschätzung im vergangenen Jahrzehnt deutlich zugenommen: 2012 waren 64% der Ansicht, dass es sich bei der Männeremanzipation um eine notwendige gute Entwicklung handle.

Was mit Männeremanzipation konkret gemeint ist, klärt die Studie 2012 nicht. Anhaltspunkte finden sich allerdings in der Studie von 1992: „Die Männer wurden nach Selbstentwicklungszielen gefragt. [...] An der Spitze der Änderungswünsche steht die Forderung nach einer Gleichberechtigung der Männer in Scheidungsangelegenheiten (72% der Männer). Dahinter folgen Positionen, die gegen Unterdrückung sprechen: Unterdrückung durch Frauen (44%), gesellschaftliche Zwänge (39%) und ererbte Traditionen (32%). Ein Drittel will ungebunden sein. Ein Drittel signalisiert auch Widerstand gegen die Emanzipation der Frauen."[33]

Zusammenfassend kann festgehalten werden: Emanzipatorische Entwicklung von Frauen und zunehmend auch von Männern gilt heute den meisten Menschen im Land als ein erstrebenswertes Ziel. Veränderungen zu Gunsten von Männern und Frauen werden gewünscht und finden statt.

Sozialwissenschaftlich kann die gewünschte Veränderung auch als Wandel im Rollenverständnis verstanden und analysiert werden. Geschlechterrollen enthalten nämlich Erwartungen und Zumutungen

---

schlechterarrangements wieder einzurichten (287). Dort, wo die männliche Macht noch unangefochten gelte, werde sie als selbstverständlich hingenommen und nicht angesprochen. Im Gegensatz dazu würden Ungerechtigkeiten, welche Männer betreffen, überthematisiert (290).

33 Zulehner/Slama: Österreichs Männer unterwegs zum neuen Mann? Wie Österreichs Männer sich selbst sehen und wie die Frauen sie einschätzen. Erweiterter Forschungsbericht, bearbeitet im Rahmen des Ludwig Boltzmann Instituts für Werteforschung. Österreichisches Bundesministerium für Jugend und Familie, Wien 1994, 149.

der Gesellschaft an Männer und Frauen. In deren Rahmen deuten sie sich und gestalten ihr Leben als Mann und als Frau. Rollen werden nicht einfach individuell erfunden; in unserer Kultur mit hohen individuellen Gestaltungsmöglichkeiten ist aber der Gestaltungsspielraum für die einzelnen Männer und Frauen groß. Das eröffnet auch die Möglichkeit, dass Geschlechterrollen sich (leichter) wandeln können.

Unsere Studien von 1992, 2002 und 2012 zeigen, dass sich in Österreich in den letzten zwanzig Jahren diesbezüglich viel getan hat. Die Männer- und Frauenrollen sind in Bewegung.

Überblick über das Buch

Diese Entwicklung der Rollen und des Selbstverständnisses von Männern und Frauen nachzuzeichnen und zu deuten ist ein erstes Anliegen dieses Buches. Mit dieser Aufgabenstellung implizit mitgegeben ist eine vorläufige Positionierung innerhalb des gegenwärtig engagierten Genderdiskurses: Als Autoren gehen wir nicht den Weg, die Zahl der Geschlechter zu vervielfachen bzw. die Geschlechterpolarität (Mann – Frau) als überholtes Konstrukt zu betrachten mit dem Ziel, auf diesem Weg Ungleichheits- und Ungerechtigkeitsverhältnisse zwischen den Geschlechtern aufzulösen. Wir bleiben zunächst dabei, von Frauen und Männern zu sprechen und zu verfolgen, wie sich ihre Rollen im Laufe der Zeit verändert haben und mit welchen Chancen und Konflikten das auch verbunden ist.

Durch dieses Vorgehen sollen jedoch nicht die schwierigen und existentiell schwerwiegenden Fragen übergangen werden, die sich jenen Personen stellen, die sich aus verschiedensten (physischen, psychischen etc.) Gründen in dieser Geschlechterdualität nicht wiederfinden (transsexuelle, intersexuelle und transgender Personen). Die komplexe und wohl nie vollständig zu beantwortende, aber in jeder Entwicklungsphase einer Gesellschaft neu zu stellende Frage, was einen Mann zum Mann und eine Frau zur Frau macht (bzw. nicht macht), wird im letzten Kapitel angesprochen. In den vorangehenden Abschnitten jedoch bildet das in der Durchschnittsbevölkerung verbreitete Selbstverständnis bzw. die Selbstzuordnung als Frauen und Männer den Ausgangspunkt unserer Darstellungen. Denn die meisten Befragten wissen für sich, ob sie ein Mann oder eine Frau sind, und werden von ihrer Mitwelt auch als solche wahrgenommen.

Ein kurzer Überblick über die einzelnen Kapitel des vorliegenden Buches:

Steckbrief der Studien

Zunächst wird ein knapper Steckbrief der drei vorliegenden österreichischen Studien gegeben. Diese wurden im Zehnjahresabstand

1992, 2002 und 2012 durchgeführt und decken einen Zeitraum von zwanzig Jahren ab.

Typologie

Sodann wird eine auf erhobene Daten gestützte Typologie von Männer- und Frauenrollen vorgestellt. Typologien werden gebildet, um die Komplexität unübersichtlicher Datenmengen zu verdichten und damit überschaubar zu machen.

Viele Menschen haben gegenüber jeder Form von Typologien spontane Bedenken: Wird hier nicht negiert, dass jede Person ein hochindividueller „Sonderfall" ist? Werden Menschen nicht allzu willkürlich „schubladisiert"? Es gehört zu den soziologischen Demütigungen des Anspruchs auf Individualität, dass die Ähnlichkeiten von Individuen beachtlich groß sind. Statistische Rechenmethoden ermöglichen es, auf Grund von Ähnlichkeiten (genauer: ähnlichen Mittelwerten bei der Beantwortung einschlägiger Fragen) Personen zu „Clustern" („Trauben") zusammenzufassen. Auf diese Weise entstehen „virtuelle Gruppen", „Kategorien", für welche bestimmte Einstellungen „typisch" sind. Die auf Grund ihrer Ähnlichkeit zusammengefassten „Gruppen" werden „Typen" genannt.

Die Typologie der Geschlechterrollen bildet das Eingangstor in weitere Analysen. Sie spielt durch alle anschließenden Analysen hindurch eine wichtige Rolle. Ihre Präsentation bildet daher das Auftaktkapitel. Sie kann dabei behilflich sein, große gesellschaftliche Meinungslagen und Plausibilitätsstrukturen aufzuzeigen, sie in ihrer Entwicklung nachzuzeichnen bzw. ihre Verteilung in verschiedenen Bevölkerungssegmenten (z. B. nach Alter, Bildungsniveau, Schichtzugehörigkeit etc.) zu erheben.

Thematische Module

Nach dem Auftaktkapitel über die Typologie von Frauen- und Männerrollen werden wichtige Aspekte des heutigen Lebens von Frauen und Männern aufgegriffen. Es sind jene Themenfelder, über die heute ebenso engagiert wie kontrovers diskutiert wird. Diese Themen werden modulartig abgehandelt. Die einzelnen Module sind so verfasst, dass jedes für sich gelesen werden kann.

Menschliches Leben wird sinnvoll, so der Wiener Logotherapeut Viktor Frankl, wenn ein Mensch für jemanden und/bzw. für etwas lebt.[34] Leben ereignet sich also im Idealfall in einem schöpferischen Zusammenspiel von Lieben und Arbeiten[35]. Lieben verweist auf das Feld vielfältiger Beziehungen. Ein wichtiger, aber keinesfalls der einzige und auch nicht immer der wichtigste Bereich des Arbeitens ist der (Erwerbs-)Beruf. Das private und das berufliche Lebensfeld werden in den folgenden Modulen fokussiert in den Blick genommen.

Private und berufliche Lebenswelt

1. Den Zugang zu den Analysen beider Lebensfelder bildet die Frage, welche Bedeutung ihnen von den Befragten gegeben wird. Gefragt wurde in der Studie nach einer Reihung verschiedener Lebensbereiche – welche Reihung die Befragten wünschen und welche sie faktisch erleben.

2. Sodann werden aktuelle Aspekte des privaten Lebensfeldes und der Beziehungskulturen andiskutiert: Welche Lebensformen treffen wir heute an? Viele Menschen leben allein – heißt das auch einsam oder gar vereinsamt? Welche Rolle spielt das „Familiale", welches mehr ist als die herkömmliche Familie[36]? Welche Bedeutung hat ne-

---

34 Frankl, Viktor: Der Wille zum Sinn, München 1972.
35 Sölle, Dorothee: Lieben und arbeiten. Eine Theologie der Schöpfung, Stuttgart 1988.
36 „Familie aber bedeutet nicht mehr zwingend die Entscheidung zur Ehe. ‚Treue ja, heiraten nein' – d. h. 39 Prozent wollen heiraten, davon 43 Prozent junge Frauen und 36 Prozent junge Männer. Im Osten Deutschlands gilt dies nur für 33 Prozent der Befragten, im Westen sind es 41 Prozent. Nur 44 Prozent der Befragten erklären, dass zu einer Familie auch Kinder gehören, ca. 30 Prozent sind nicht dieser Meinung. Auf die Frage nach eigenen Kindern stellt sich dies anders dar: 62 Prozent der Befragten wollen eigene Kinder, aber sie gehören nicht mehr zwingend zum ‚Glücklichsein'. Interessant: je höher die soziale Schicht, desto stärker der Kinderwunsch. Dieser liegt bei unteren sozialen Schichten zwischen 51 bis 59 Prozent, bei mittleren und oberen bei 61 bis 70 Prozent. Es gehört also zunehmend zur Normalität von Frauen, sich für ein Leben ohne Kinder zu entscheiden, oder für ein Leben mit Kindern, aber ohne Mann. Dazu kommt, dass fast jede zwei-

ben neueren Formen der „Verpartnerung" jene herkömmliche Form der Familie, die auf einer auf Dauer eingegangenen Ehe aufbaut? 3. Besonders in den Blick genommen wird das familiale Lebensfeld. Diesem zugeordnet sind Kinder und Alte. Es ist zunächst ein „Gedeihraum" (Brigitte und Peter L. Berger[37]) für Kinder. In vielen dieser familialen Lebenswelten werden aber auch Angehörige gepflegt und vollbringen ihr Sterben. So gilt es zu fragen, wie der familiale Lebensraum ausgestattet werden soll, damit in ihm Kinder gedeihen können. Zudem soll diskutiert werden, welche Herausforderungen die Pflege kranker, alter und sterbender Angehöriger für die familialen Lebenswelten darstellt. Und wer pflegt die (frei- oder unfreiwillig) Alleinlebenden? Wie steht es um die Bereitschaft von Männern, sich an der familialen Pflege zu beteiligen? 4. Im nächsten Schritt kommt die Berufs- und Erwerbswelt in den Blick: Was bedeutet sie für das Leben von Frauen und Männern? 5. Ist das Leben heutiger Menschen in diesen beiden Lebenswelten für sich skizziert, kann die gewichtige Frage angegangen werden, wie die Menschen diese beiden anspruchsvollen Lebenswelten zu einem sinnvollen Ganzen verbinden. Die viel diskutierte und politisch brisante „Vereinbarkeit von Beruf und Familie" ist jetzt das Thema. Wechselseitige Entlastungen wie Belastungen werden darzulegen sein.

Modernisierungsstress

Nach diesen Lebensfeld-Analysen wird anhand der eingangs vorgestellten Typologie die Entwicklung der letzten zwanzig Jahre detailliert dargestellt. Die Daten zeigen, dass es im Untersuchungszeitraum nicht einfach eine lineare Entwicklung von traditionell zu modern gegeben hat. Diese „modernisierende" Entwicklung der Geschlechterrollen, die im ersten Jahrzehnt (1992–2002) zügig voranging, setzt sich im zweiten nicht linear fort.

---

te Ehe in Deutschland wieder geschieden wird." Hildebrandt, Cornelia in: Böhlke, Effi (Hg.): Freiheit, Gleichheit, Geschwisterlichkeit. Beauvoir und die Befreiung der Frauen von männlicher Herrschaft, Berlin 2009, 143–157, hier 153.

37 Berger, Brigitte und Peter L.: In Verteidigung der bürgerlichen Familie, Frankfurt 1984.

Im zweiten erforschten Jahrzehnt lässt sich vielmehr eine „Trendveränderung" feststellen: Die Zahl der „Modernen" steigt nicht mehr, sondern nimmt in einem unerwartet starken Ausmaß ab. Was aber hat zu dieser Veränderung der Entwicklungsrichtung geführt? Die „Modernisierung" der Geschlechterrollen hatte ja und hat auch heute noch aus der Sicht der Befragten viele gute Gründe für sich. Doch scheint es in ihren Erfahrungen auch so etwas wie einen wachsenden Modernisierungsstress zu geben, der bremsend auf den Modernisierungsprozess zurückwirkt. Die Befragten nehmen Anstrengung wahr und reagieren darauf. Sie ziehen für ihre Einstellungen (nur nach diesen haben wir gefragt) und von da aus für ihr persönliches Leben überraschende praktische Konsequenzen.[38]

Und die Politik? Welche Optionen tun sich für sie vor diesem Hintergrund auf? Wie interveniert sie, um (weiterhin) begründet Mut zur wachsenden Egalität der Geschlechter zu machen und dafür strukturell notwendige Rahmenbedingungen und Begünstigungen bereitzustellen? Oder hält die Politik inne, um (selbst-)kritisch zu reflektieren, ob der bisherige Modernisierungskurs tatsächlich zum Wohl aller Beteiligten passierte: also der Frauen wie der Männer sowie in deren Umfeld der Kinder und der Alten? Oder dient die Modernisierung der Geschlechterrollen vor allem dem Arbeitskräftebedarf der Wirtschaft, die möglichst viele, nach Möglichkeit vollzeitig berufstätige Frauen braucht? Und nicht zuletzt: Wie sind inmitten solcher Trendveränderungen dennoch Geschlechtergerechtigkeit und Chancengleichheit zu erreichen?

Führt also die bisherige Konzeption von Modernisierung von Frau-

---

38 Der Zusammenhang zwischen Einstellungen/Haltungen und Lebenspraxis ist komplex. Die Änderung von Einstellungen bewirkt keinesfalls immer auch gleich eine Änderung in der Praxis. Es ist aber anzunehmen, dass es eine Dialektik zwischen „Theorie" und „Praxis" gibt, mit wechselseitigen Beeinflussungen. Wer längere Zeit probeweise oder entschieden gegen seine bisherigen Deutungsmuster lebt, wird diese nach und nach verändern. Umgekehrt verändert neues Denken auch die Praxis. Daher wird Menschenbildung als wirkmächtiger Vorgang nicht nur angesehen, sondern von jenen gefördert, welche Veränderungen im Leben und Zusammenleben von Menschen herbeiführen wollen.

en- und Männerrollen, wie sie in den letzten Jahren von vielen gewollt und durch Bildung, Beratung und Politik vorangetrieben wurde, zwar zu einem guten Ergebnis, das aber im Realisierungsprozess noch ein paar fragwürdige und Schritt für Schritt zu beseitigende „Nebenwirkungen" aufweist? Ist die beobachtbare „Ökonomisierung" der Rolle von Männern und noch mehr von Frauen wirklich erstrebenswert: dass also das, was Männern und Frauen gesellschaftlich zugemutet wird, vorwiegend von der Wirtschaft geprägte Erwartungen sind? Wie geht man damit um, dass der 50:50 anstrebende Modernisierungsprozess de facto nicht dazu zu führen scheint, dass Frauen zu gleichen Teilen die Leitung in der Wirtschaft/Politik übernehmen und Männer zu gleichen Teilen den Haushalt mitverantworten, sondern vielmehr dazu, dass Frauen, die im beruflichen Bereich mitreden wollen, dazu neigen (müssen), beim familialen Bereich Abstriche zu machen – sprich: keine Kinder mehr oder solche erst sehr spät zu bekommen? Grundsätzlich gefragt: Wenn man derartige Nebenwirkungen der Modernisierung der Geschlechterrollen nicht will: Welche Art von Modernisierung wäre dann für die kommenden Jahre wünschenswert? Was sollte (bildungs-)politisch mit hohem Einsatz um aller Beteiligten willen gefördert werden? Es sind unbequeme Fragen, aber zugleich auch Fragen nach der humanen Qualität der Entwicklung von Frauen- und Männerleben.

Was ist ein Mann, was eine Frau?

Im Hintergrund all dieser modulartigen Teilanalysen liegt eine ebenso grundlegende wie folgenschwere Frage, die freilich auch in dieser Studie keine befriedigende und schon gar nicht abschließende Antwort finden wird. Aber die vorliegenden Daten regen immerhin dazu an, sie zu stellen und unkonventionell weiterzudenken. Diese Frage scheint nur auf den ersten Blick einfach zu sein, nämlich: „Was ist eine Frau, was ein Mann?" Sie spielt implizit bei vielen männer- und frauenpolitischen Entscheidungen und Beratungen eine Rolle. Fachlich sind viele Disziplinen an ihr beteiligt: Die Biologie steht, bei aller epigenetischen Plastizität, dafür, dass der Veränderung Grenzen gesetzt sind; sie sieht daher vieles als „naturgegeben" und damit „vorfindbar" an – hier ist dann die Rede vom biologischen Geschlecht (*sex*), in dessen Rahmen sich das soziale Geschlecht (*gender*) formen kann. Die Sozialwissenschaft wiederum, die den gesellschaftlichen Einfluss stark betont, tritt eher für das historische Gewachsensein und die kulturelle Formbarkeit des Vorfindbaren ein und nimmt einen (je nach Schule unterschiedlich großen) sozialen Gestaltungsspielraum an. Das biologische Geschlecht tritt in seiner Bedeutung stark zurück. Was interessiert, ist das durch gesellschaftliche Konventionen überformte soziale Geschlecht (*gender*), von dem sich das politische Konzept des „Gender-Mainstreaming" herleitet. Im Rahmen dieses heute einflussreichen Entwurfs gilt nur wenig (im Extremfall gar nichts) als „vorfindbar", sehr vieles (im Extremfall alles) jedoch als „erfindbar", sprich: veränderbar. Wissenssoziologisch wird argumentiert, dass das Bestehen auf (biologisch) Vorfindbarem lediglich verschleiert, dass hinter den überlieferten sozialen Geschlechterzuschreibungen Macht und Interessen eine enorme Rolle spielen. Gestützt auf solche Zuschreibungen komme es zu kulturell nur schwer auflösbaren Diskriminierungen. Durch die Verflüssigung der stereotypen Zuschreibungen sollen Ungerechtigkeitsverhältnisse aufgelöst werden.

Mit den Begriffen *sex* und *gender* korrelieren die Konzepte Natur und Kultur. Immanuel Kant sieht den Menschen in die Natur eingebunden: Was ihn aber zum Menschen macht, ist, dass er von der Natur „freigelassen" ist und sein Leben in Autonomie „kulturell" selbst gestalten und deuten muss. Was einen Mann und eine Frau ausmacht, ist daher immer mehr als nur Natur oder nur Kultur, sondern entwickelt sich konkret im dialektischen Spiel zwischen beiden.

Am anthropologischen Diskurs der Frage, was ein Mann und was eine Frau ist, sind neben Forschenden aus Biologie und Soziologie auch solche aus der Tiefenpsychologie, Philosophie, Religionswissenschaft und Theologie sowie der Kulturanthropologie beteiligt. Aufschlussreich sind auch die großen Erzählungen der Völker, ihre Mythen und Rituale rund um Sexualität, Fortpflanzung, Männlichkeit und Weiblichkeit. Kunst und Poesie, Architektur und Schauspiel sind eine oftmals übersehene Quelle für den Geschlechterdiskurs.

In manchen Kulturen gibt es die Tradition des „Dritten Geschlechts". Nicht nur die Biologie stellen solche „Zwischentypen" zwischen dem männlichen und dem weiblichen Pol vor denkerische Herausforderungen.

Muslimas und Muslime

Dank der Zusatzfinanzierung des Innenministeriums konnten die Interviews für Muslimas und Muslime in Österreich aufgestockt werden. Die Rollenbilder von Männern und Frauen haben in der islamisch geprägten Kultur eine hohe Bedeutung. Was geschieht mit diesen Bildern, die aus dem Herkunftsland nach Österreich mitgebracht werden? Dabei zeigt sich, dass die Veränderung der Geschlechterrollen parallel zur Veränderung im Glaubensgefüge der Migrantinnen und Migranten erfolgt, und dies in der ersten Migrantengeneration anders als in der zweiten. Sowohl die Gläubigkeit der zugewanderten Muslimas und Muslime wie auch die mitgebrachten Rollenbilder geraten unter einen enormen Modernisierungsstress. Muslimas verändern sich dabei, so ein Hauptbefund, weitaus schneller als Muslime. Muslimas gewinnen für ihr Selbstbild in der modernen österreichischen Kultur mehr als Muslime.

Diesem Sondermodul ordnen wir zwei spezielle Aspekte der „Innenwelt" des Lebens von Frauen und Männern zu: Gewalt und Macht sowie Spiritualitäten.

Männer- und Frauenforschung

Seit Jahrzehnten lässt die Republik Österreich die Entwicklung der Geschlechterrollen erforschen. Viele sind am Werk: Frauen und Männer aus den Fächern Soziologie, Philosophie und Theologie. Auch die Geschichtswissenschaft trägt viel bei. Die „Geschichte" hinterlässt ja in einer Kultur und in den einzelnen von ihr geprägten Personen eine „Ge-Schichte": „Schichten" liegen übereinander. Was war, hinterlässt Spuren, vergeht nicht einfach.

Männerstudie 1992

1992 hatten die Sekretäre der Katholischen Männerbewegung Österreichs die Idee, sich als Grundlage für ihre praktische Männerarbeit die Entwicklung der Männerrolle näher anzuschauen. Zwanzig qualitative Interviews wurden damals mit Männern geführt und ausgewertet. Hypothesen wurden formuliert. Mit Hilfe eines repräsentativen quantitativen Surveys, dessen Fragen sich auf die auslotenden Gespräche mit Männern stützten, sollten die Hypothesen überprüft werden.

Das Lukrieren der nötigen Forschungsmittel für die Felderhebung verdient Erwähnung. Mit den ausformulierten Hypothesen, dem darauf fußenden und getesteten Fragebogen sowie einem Angebot des damaligen „Fesselinstituts" (heute GfK-Austria) war die Erstangesprochene die damalige Frauenministerin Johanna Dohnal. Ihre Antwort auf das Ansuchen um Finanzierung der Studie war kurz und bündig: Wir brauchen die geringen vorhandenen Forschungsmittel für die Frauenforschung. An einer zusätzlichen Männerforschung sei sie nicht interessiert. Diese Skepsis von führenden österreichischen (Frauen-)Politikerinnen gegenüber der Männerforschung zeigte sich später auch strukturell: Zu mehr als einem kleinen Männerbüro neben dem Frauenministerium ist es bislang in Österreich nicht gekommen.[39]

---

39 „Keine einzige österreichische Partei hat ein männerpolitisches Programm erarbeitet oder einen Zuständigen, der sich um Männerpolitik kümmert. Männerpolitik wird auch in der ministeriellen Männerpoli-

Wir haben uns in der jüngsten Studie am Rande danach erkundigt, was die Menschen im Land davon halten, dass Frauenpolitik von einer Bundesministerin für Frauen und öffentlichen Dienst verantwortet wird, während die Männerpolitik in einem Männerbüro im Sozialministerium ressortiert.

- 43% sagen: „Das sollte weiterhin so bleiben."
- „Politik für Frauen und Männer sollte in einem Ministerium zusammengeführt werden." Das halten 32% für wünschenswert.
- Nur 5% meinen: „Es sollte ein eigenes Männerministerium geben."
- Nach Ansicht von 12% braucht es überhaupt „keine eigene Politik für Männer".

Frauen plädieren übrigens etwas mehr für ein gemeinsames Ministerium (33%) als Männer (30%). Auf fällt, dass die Traditionellen – wir lernen diesen Geschlechter-Typ bald näher kennen – eher für den jetzigen Zustand der Trennung von Frauen- und Männerpolitik sind (45%) als die Modernen (28%); 49% der Modernen wollen ein gemeinsames Ministerium. Die strukturelle Trennung von Frauen- und Männerpolitik scheint gerade einem Teil der nach vorne Blickenden überholt zu sein.

Trotz der Zurückhaltung des Frauenministeriums konnte die Studie 1992 in Feld gehen. Die damalige Familienministerin Maria Rauch-Kallat konnte von deren Sinnhaftigkeit, ja Notwendigkeit, überzeugt werden und finanzierte die Studie mit ministeriellen Forschungsgeldern.

- Zu Gunsten der Finanzierung sprach die begründete Annahme, dass die vom Familienministerium gleichfalls geforderte und geförderte Frauenentwicklung oft aufgrund der Nichtentwicklung der Männer stagniere.

---

tischen Grundsatzabteilung wenig erlebbar und sichtbar. [...] sind uns Deutschland (mit dem Bundesforum Männer) und die Schweiz (mit dem Dachverband Männer) ein Stück voraus." Brem, Jonni: Zur Therapie der Männlichkeit – Männerpolitik in Österreich, in: Theunert, Markus: Männerpolitik. Was Jungen, Männer und Väter stark macht, Wiesbaden 2012, 385–402, 399f.

- Zudem könne eine Männerforschung für die Praktiker der Männerarbeit ebenso wie für eine zeitgerechte Geschlechter- und Familienpolitik solide Arbeitsgrundlagen bereitstellen.
- Nicht zuletzt wären die Männer selbst (sowie gegebenenfalls auch deren Familien) die Hauptgewinner. Denn die Hauptannahme der Studie lautete: Es könnte – durch eine Ausweitung des männlichen Rollenverständnisses (z. B. auf den familialen Bereich, aber auch auf die eigene Innenwelt etc.) – „mehr Leben ins Männerleben"[40] kommen. Solches Wünschen von Männern kommt ans Licht, wenn man sie ausdrücklich danach fragt. „Der Kanton St. Gallen ist diesen Weg gegangen und hat als erster Schweizer Kanton eine repräsentative Studie[41] zur Frage ‚Was Männer wollen' in Auftrag gegeben. Eine der zentralen Erkenntnisse ist, dass 90% der Männer (!) ihre Arbeitszeit reduzieren möchten und dafür auch zu Lohneinbußen bereit sind."[42]
- In ähnlicher Weise profitieren aber auch Frauen von den Männerstudien, denn: Wo einseitige Zuschreibungen (etwa von Frauen allein zur Familie und von Männern nur zum Beruf) gelockert werden, tun sich für beide Geschlechter brachliegende Entfaltungsmöglichkeiten auf.

Die erste österreichische Männerstudie aus dem Jahre 1992 wurde ein Erfolg.[43] Diskussionen wurden angeregt, zu Vorträgen und

---

40 „Es muss um die Förderung von Lebensmodellen gehen, denen bislang wenig Wert beigemessen wurde und die folgenden Leitideen folgen: weniger Arbeit und weniger Macht, dafür mehr vom Leben; halbe-halbe zwischen Männern und Frauen bei Geld, Zeit und Verantwortung; Wertschätzung von Männerfreundschaften; gleiche Rechte für homo-, inter- und transsexuelle Männer; Aufwertung der Lebenserfahrung der ‚alten' Männer." Brem, Jonni: Zur Therapie der Männlichkeit, 400f.

41 Meier-Schatz, Lucrezia: Was Männer wollen. Studie zur Vereinbarkeit von Beruf und Privatleben. Pro Familia Schweiz: Im Auftrag des Kantons St. Gallen, St. Gallen 2012.

42 Borter, Andreas: Väterpolitik(en), in: Theunert: Männerpolitik, 173–185, 180.

43 Zulehner/Slama: Österreichs Männer unterwegs zum neuen Mann? Wie Österreichs Männer sich selbst sehen und wie die Frauen sie einschätzen. Erweiterter Forschungsbericht, bearbeitet im Rahmen des

Symposien wurde eingeladen. Die säkulare und kirchliche Männerarbeit erhielt neuen Schwung; eine empirisch gut begründete und
damit bodenfeste Männerpolitik zeichnete sich ab.

Diese erste österreichische Männerstudie wurde international wahrgenommen. Das führte 1998 zum Auftrag des deutschen Familien-
ministeriums, eine ähnlich designte Erhebung für die Bevölkerung
der Bundesrepublik Deutschland durchzuführen. 2008 konnte die
deutsche Studie wiederholt werden. Auch dort war die professionelle Männerarbeit der beiden christlichen Großkirchen zusammen
mit den engagierten ExpertInnen des Ministeriums unter der Familienministerin Ursula von der Leyen federführend.[44]

Männerstudie 2002

2002 gelang es, finanziell unterstützt von der Wirtschaftskammer
Österreichs unter Rudolf Leitl, die Männerstudie in Österreich erneut durchzuführen.[45] Wie schon 1992 wirkte an der Auswertung
und Deutung der Daten der Vorarlberger Hermann Denz mit, der einer der herausragenden empirischen Soziologen Österreichs war.[46]
Die Ergebnisse von 2002[47] machten eine temporeiche Entwicklung
der Geschlechterrollen in der österreichischen Bevölkerung binnen
eines Jahrzehnts sichtbar. Immer weniger Männer und noch weit weniger Frauen, insbesondere die jüngeren, hielten sich für traditionell,

Ludwig Boltzmann Instituts für Werteforschung. Österreichisches
Bundesministerium für Jugend und Familie, Wien 1994.

44 Zulehner, Paul M./Volz, Rainer: Männer im Aufbruch. Wie Deutschlands Männer sich selbst und wie Frauen sie sehen. Ein Forschungsbericht. Ostfildern 1998. Volz, Rainer/Zulehner, Paul M.: Männer in
Bewegung. Zehn Jahre Männerentwicklung in Deutschland. Ein Forschungsprojekt der Gemeinschaft der Katholischen Männer Deutschlands und der Männerarbeit der Evangelischen Kirche in Deutschland.
Forschungsreihe Band 6, hg. v. Bundesministerium für Familie, Senioren, Frauen und Jugend, Berlin 2009.

45 Zulehner, Paul M: MannsBilder. Ein Jahrzehnt Männerentwicklung,
Ostfildern 2003.

46 Hermann Denz ist im Jahre 2008 nach langem Leiden verstorben. Es
wird seiner in Dankbarkeit gedacht.

47 Die Erhebung wurde 2002 vom IMAS Linz (Werner Beutelmeyer)
durchgeführt.

sondern fühlten und lebten „modern". Dabei erwiesen sich die Frauen im Land als veränderungsfreudiger; die Entwicklung der Männer hingegen verlief in den untersuchten zehn Jahren erheblich langsamer. Die Kluft zwischen Frauen und Männern wuchs dadurch. Eine Erkenntnis hat weitreichende politische Bedeutung: Im Zuge dieser Entwicklung verschoben sich die Grenzlinien, die „Fronten". In vielen Fragen standen einander nun nicht mehr Männer und Frauen gegenüber. Die entscheidendere Kluft verlief nunmehr zwischen den Traditionellen und den Modernen.

Geschlechterstudie 2012

2012 gelang es nun neuerlich, vier österreichische Ministerien für die Finanzierung eines Updates der Geschlechterstudien von 1992 und 2002 zu gewinnen. Federführend war das Sozialministerium unter Rudolf Hundstorfer. Gestützt auf dessen Förderungszusagen schlossen sich das Wissenschaftsministerium (Karlheinz Töchterle) und das Frauenministerium (Gabriele Heinisch-Hosek) an. Für ein gesondertes Erhebungsmodul unter Muslimen der ersten, zweiten und dritten Generation konnte das Staatssekretariat für Integration (Sebastian Kurz) im Innenministerium gewonnen werden. Ausdrücklich sei Johannes Berchtold, dem Leiter des Männerbüros im Sozialministerium, gedankt. Ohne seinen unermüdlichen Einsatz und seine flexible Nachhaltigkeit wäre die Erhebung nicht finanziert worden.

Der Arbeitstitel der Studie wurde von Männerstudie auf Geschlechterstudie erweitert. Das war mehr eine Erweiterung im Titel denn in der Sache. Denn schon die Studien von 1992 und 2002 waren für die österreichische Gesamtbevölkerung repräsentativ: Sie gaben Auskunft auch über die Frauen, ihre Einschätzungen und ihre Rollenbilder. Zudem war 1992 nicht nur der Blick der Männer und der Frauen auf sich selbst, sondern zusätzlich der Blick der Frauen auf die Männer erhoben worden. Die Daten über die Frauen blieben aber zunächst ungehoben, in den Auswertungen und Publikationen lag der Fokus auf der Entwicklung der Männerrolle. 2011 sind die Ergebnisse für die Frauen, gebündelt mit Frauendaten aus anderen vorhandenen österreichischen Studien, veröffentlicht worden.[48]

---

48 Zulehner, Paul M./Steinmair-Pösel, Petra: Typisch Frau?, Linz 2011.

Allerdings hat die ursprüngliche Konzeption der Umfragen von 1992 und 2002 als Männerstudien gerade im Blick auf die Entwicklungsprozesse unter Frauen einen Nachteil: Es gibt Themenfelder, die gerade für Frauen interessant gewesen wären, aber durch die ursprüngliche Ausrichtung auf die Männer (zu) wenig in den Blick kommen. Eine umfassende Korrektur dieses Mangels durch eine nachträgliche Ergänzung des Frageinstrumentars durch spezifische Frauenaspekte war aus finanziellen Gründen nur sehr begrenzt möglich; zudem musste der Fragebogen in seinem Kern unverändert bleiben, um die Daten aus den verschiedenen Umfragen vergleichen zu können. Einzelne Aspekte konnten aber ergänzt werden.

Diese Nachteile wurden in Kauf genommen, da die Fortsetzung der Studien mit dem im Kern gleichen Fragebogen einen entscheidenden Vorteil bringt: Aus der Querschnittstudie des Jahres 1992 konnte eine beachtliche Längsschnittstudie werden. Zwanzig Jahre Entwicklung der Männer- und Frauenrollen in Österreich können anhand vergleichbarer Daten überschaut werden.

Die Ergebnisse liegen mittlerweile in unterschiedlich akzentuierten Forschungsberichten[49] vor. Sie bieten anspruchsvolle Grundlagenforschung und sind für die wissenschaftliche Kommunität sowie für die ExpertInnen in den Ministerien geschrieben.

Das vorliegende Buch hingegen dient der leichter lesbaren und doch fundierten Verbreitung ausgewählter Erkenntnisse. Auf diese Weise soll empirische Grundlagenforschung die weiterführende fachliche wie öffentliche Diskussion anregen und ihr dafür brauchbare Ergebnisse zur Verfügung stellen. Komplexe Daten werden übersichtlich aufbereitet, um zudem all jenen eine solide Grundlage zu bieten, die in der Männer- und Frauenarbeit tätig sind und/oder die eine entsprechende Geschlechterpolitik verantworten.

---

49 Zulehner, Paul M.: Der anstrengende Aufbruch. Ein Forschungsbericht, Wien 2012. (Bericht für das Sozial- und das Wissenschaftsministerium). Steinmair-Pösel, Petra: Aufbruch zurück nach vorn, Wien 2012. (Bericht für das Frauenministerium). Zulehner, Paul M.: Muslimas und Muslime in Österreich. Im Modernisierungsstress, Wien 2012. (Bericht für das Staatssekretariat für Migration). Diese Berichte können von den Homepages der Ministerien bzw. unter www.zulehner.org heruntergeladen werden.

Typologie

Traditionelle und moderne Rollenmuster

Was wir heute als das traditionelle Rollenbild von Frauen und Männern bezeichnen, ist historisch besehen keineswegs sehr alt. Es hat sich im Zeitalter der Industrialisierung verfestigt. Für Friedrich Schiller (1759–1805) war es selbstverständlich; er hat es in poetische Sprache gekleidet. Es ist das Bild vom Mann, der in die Fremde hinaus muss, um zu schaffen und zu raffen. „Und drinnen waltet die züchtige Hausfrau": Diese sorgt sich um die Kinder und sitzt am Webstuhl, wie die Mädchen in Richard Wagners „Fliegendem Holländer", die singend und spinnend auf die Rückkehr ihrer Liebsten von der See warten.

Die Trennung des beruflichen Lebensraumes vom familialen hat die Ausbildung dieser traditionellen Männer- und Frauenrolle begünstigt. Als diese Rollen entstanden, galt die Zuweisung des privaten Lebensraums der Familie zur Frau und des (inzwischen[50] außerfamiliären, öffentlichen) Berufs zum Mann durchaus als modern. Für die berufstätigen Männer wurde ein „gerechter Familienlohn" gefordert, der es ihnen erlaubte, eine Familie zu gründen und zu ernähren. Dem Mann war die Aufgabe des „Familienernährers" zugedacht. Begünstigt wurde diese Aufteilung auch dadurch, dass – sieht man von Adeligen und Ordensfrauen ab – nur die Männer Zugang zur (beruflichen) Bildung hatten. Frauen wurden auf das Dasein als „züchtige Hausfrau" vorbereitet, umgeben von einer zahlenmäßig nur schwer kontrollierbaren Schar von Kindern. Eltern, Lehrer und Pfarrer erzogen die Mädchen zur „Eingezogenheit"[51].

---

50 Bei dieser Auseinanderentwicklung von privat und öffentlich spielt die Industrialisierung des 18./19. Jahrhunderts eine entscheidende Rolle. In der vorindustriellen Zeit spielten sich in Handwerker- und Bauernfamilien Familie und Beruf ineinander verwoben ab. Handwerker- und Bauernfamilien dieser Art gibt es heute nur noch wenige. Allerdings findet über EDV-gestützte Heimarbeit eine neuerliche Annäherung der familialen und beruflichen Lebenswelt statt.

51 „Diejenigen also, die ein kluges und bescheidenes Frauenzimmer, wel-

Zentral für die herkömmliche Rolle von Frauen und Männern[52] war also die Zuordnung der Mehrheit der Männer zur außerhäuslichen Berufswelt und eines Großteils der Frauen zur familialen Lebenswelt und hier wieder zu den Kindern, deren Zahl nicht so gut steuerbar war wie heute.

In den qualitativen Vorgesprächen im Jahr 1992 sind Aspekte dieser traditionellen Rollenmuster für Männer und Frauen zum Vorschein gekommen. Sie wurden zu einem Set traditioneller Rollenmuster zusammengestellt. Dazu zählen folgende Aussagen, die miteinander statistisch[53] eng zusammenhängen. Das bedeutet: Wer der einen Aussage zustimmt, hält mit großer statistischer Wahrscheinlichkeit auch die anderen für zutreffend.

Traditionelle Testitems

Das sind die in der Studie verwendeten Elemente eines traditionellen Rollenverständnisses:

> ... Die Frau soll für den Haushalt und die Kinder da sein, der Mann ist für den Beruf und für die finanzielle Versorgung zuständig.
>
> ... Der Beruf ist gut, aber was die meisten Frauen wirklich wollen, ist ein Heim und Kinder.
>
> ... Wenn ein Mann und eine Frau einander begegnen, soll der Mann den ersten Schritt tun.
>
> ... Männer können einer Frau ruhig das Gefühl geben, sie würde bestimmen, zuletzt passiert doch das, was er will.

---

ches der zärtlichen Empfindungen einer Gattin und Mutter fähig ist und die Pflichten von jeder treulich zu erfüllen sucht, zu finden wünschen, werden sie gewiß nicht auf den öffentlichen Lustplätzen, sondern in der Stille und Eingezogenheit aufsuchen." In: Bourton, Richard F.: Einige Worte an junge Frauenzimmer, in: Sulamith 3 (Dessau 1811), 373–396, 381–382.

52 Beck-Gernsheim, Elisabeth: Das halbierte Leben. Männerwelt Beruf, Frauenwelt Familie, Frankfurt am Main 1980.

53 Das klärt eine Faktorenanalyse. Diese ergibt, dass die genannten Items auf einer einzigen Dimension hoch-„laden".

... Eine Frau muss ein Kind haben, um ein erfülltes Leben zu haben.

... Hausfrau zu sein ist für eine Frau genauso befriedigend wie eine Berufstätigkeit.

... Frauen sind von Natur aus besser dazu geeignet, Kinder aufzuziehen.

Selbstverständlich ist diese Liste nicht vollständig. Es gibt noch viele andere Aspekte für das traditionelle Rollenverständnis. Aber in den (bisher drei österreichischen und zwei deutschen) Geschlechterstudien hat sich diese knappe Liste bei der Bildung von Rollentypen bewährt.

Moderne Testitems

Kontrastierend dazu finden wir heute in der Bevölkerung „moderne Rollenelemente". Ihnen liegen tiefgreifende Veränderungen im Leben der Menschen und dessen gesellschaftlicher Organisation zu Grunde. Stichworte für solche Veränderungen sind: Frauen haben heute den gleichen Zugang zu Bildung und Ausbildung wie Männer; Frauen sind (mit oder ohne Kooperation ihrer Partner) in der Lage, die generative Seite ihrer Sexualität zu kontrollieren; Frauen weiten ihren Lebensraum bildungsgestützt von der Familie auf einen Beruf hin aus; sie erwarten mit dem Ziel der Entlastung die umgekehrte Ausweitung von den Männern, also vom Beruf hin zur Familie. Ein partnerschaftliches Modell löst das patriarchale ab. In allen Lebensbereichen kommt es zu einem „Sharing" zwischen Männern und Frauen, zumindest im Modus des Wünschens, als Einstellung, als Bereitschaft. Mit Blick auf die familiale Lebenswelt heißt das zum Beispiel: Männer kümmern sich mit um Haushalt und Kinder, Frauen hingegen übernehmen mit den Männern Verantwortung für das Familieneinkommen. Das ist die getestete Liste *„moderner* Items"[54]:

---

54 Drei Items, die in früheren Studien bei der Typenbildung miteinbezogen waren, passen 2012 „faktorenanalytisch" nicht mehr zu den beiden eindimensionalen Skalen „traditionell" und „modern". Sie wurden daher in die Bildung der Typologie nicht mehr einbezogen. Auch die Typologien für 1992 und 2002 wurden in der Studie 2012 – um

... Am besten ist es, wenn der Mann und die Frau beide ihre Erwerbsarbeit einschränken und sich beide gleich um Haushalt und Kinder kümmern.

... Frauenemanzipation ist eine notwendige und gute Entwicklung.

... Beide, Mann und Frau, sollten zum Haushaltseinkommen beitragen.

... Eine berufstätige Frau kann ihrem Kind genauso viel Wärme und Sicherheit geben wie eine Mutter, die nicht arbeitet.

... Berufstätigkeit ist der beste Weg für eine Frau, um unabhängig zu sein.

Typenbildung

Mit Hilfe dieser zwölf Items (den sieben traditionellen und den fünf modernen) konnte eine anschauliche Typologie von Geschlechterrollen errechnet werden.[55] Folgende vier Typen haben sich bewährt[56]:

---

vergleichen zu können – auf der Basis der reduzierten Zahl der Items „zurückgerechnet". Diese drei Items wurden in die Clusteranalyse zur Typenbildung nicht mehr mit einbezogen: „Der Mann erfährt in seiner Arbeit seinen persönlichen Sinn.", „Für einen Mann ist es eine Bereicherung, zur Betreuung seines kleinen Kindes in Erziehungsurlaub zu gehen." (1992: „Für einen Mann ist es eine Zumutung, zur Betreuung seines kleinen Kindes in Karenz zu gehen." Umgepolt.), „Ein Kleinkind wird wahrscheinlich darunter leiden, wenn die Mutter berufstätig ist."

55 Einem bestimmten Typ werden jene Personen zugerechnet, welche bei den zwölf Items ähnliche Mittelwerte haben. Wie viele Typen gestützt auf die vorliegenden Daten errechnet werden, ist eine wohl zu erwägende forscherische Entscheidung. Das sind wichtige Kriterien bei der Suche nach der Anzahl der Typen: Es soll eine überschaubare Anzahl sein. Zudem sollen sich die herausgerechneten Typen voneinander gut unterscheiden. Praktisch experimentiert man so lange, bis diese Kriterien annähernd erfüllt sind.

56 Die Basis für die nunmehr vorgestellte Typenbildung sind die Daten der drei Studien von 1992, 2002, 2012. Das ermöglicht es, die Verteilung der Typen und deren Entwicklung über die drei Studien, also die letzten zwanzig Jahre hinweg zu vergleichen.

- Da ist einmal der *traditionelle Typ*. Er akzeptiert die sieben traditionellen Items und lehnt zugleich die modernen ab.
- Den Gegenpol bildet der *moderne Typ*.[57] Dieser lehnt die traditionellen Items ab, stimmt aber den modernen zu.
- Dann gibt es den *pragmatischen Mischtyp*. Er kann beiden Itemsets etwas abgewinnen, stimmt also sowohl traditionellen wie modernen Elementen zu.
- Schließlich werden einige Befragte dem *suchenden Typ* zugeordnet. Die Zustimmung sowohl zu den traditionellen wie den modernen Items fällt bei diesem sehr zurückhaltend aus.

So verteilen sich die befragten Frauen und Männer auf diese vier Typen im Jahre 2012: 17% aller Befragten sind dem traditionellen Typ zuzurechnen, ebenso viele (17%) dem modernen; 32% können als pragmatisch gelten und 34% als suchend.
Frauen und Männer verteilen sich jedoch unterschiedlich auf diese vier Typen. Frauen sind erheblich moderner als Männer:

- Während 23% der Männer als traditionell gelten, sind es unter den Frauen nur 12%.
- Umgekehrt sind von den Frauen 22% modern. Bei den Männern hingegen sind es lediglich 12%.

Zu solchen Unterschieden zwischen Männern und Frauen vermerkt die deutsche BRIGITTE-Studie von 2009: „Die vielen Gespräche mit jungen Frauen und ihre Antworten in den beiden Befragungen ergaben ein sehr klares Bild. Unabhängigkeit ist ihnen wichtig und die Voraussetzung für alles, was sie anstreben: Partnerschaft, Kinder, Erwerbsarbeit. [...] Die Männer dagegen blieben uns lange

---

57 In den früheren Männerstudien haben wir diesen Typ den „neuen Mann" genannt. Die Kritik an dieser Benennung, wie sie Carsten Wippermann vorbringt, trifft immer noch ansatzweise zu: „Die medial und wissenschaftlich kolportierte Chiffre vom ‚Neuen Mann' ist selbst für jene Männer, die diesem Typus faktisch entsprechen, kein Leitbild, an dem sie sich bewusst orientieren. Das mag daran liegen, dass dieses Leitbild eigentlich noch gar keines ist, weil es nur dürftig gefüllt und mit einem diffusen, phrasenhaften Label versehen ist." Wippermann, Carsten/Calmbach, Marc/Wippermann, Katja: Männer: Rolle vorwärts, Rolle rückwärts?, Opladen/Farmington Hills 2009, 31.

ein Rätsel, sie changieren zwischen traditionellen und modernen Einstellungen. Immer wieder betonen sie, wie sehr sie sich Kinder wünschen, die Elternzeiten nutzen, die gemeinsame Erziehung anstreben. Und immer wieder beharren sie auf ihrer Versorgerrolle, auf langen Arbeitszeiten, auf klarer Rollenverteilung. Vieles passt nicht zusammen. Es scheint, als fehlten ihnen Rollenbilder."[58] Das deutet auch darauf hin, dass es unter den Männern mehr Suchende gibt als unter den Frauen.

Männer und Frauen haben sich offenbar in den letzten Jahrzehnten mit unterschiedlichen Geschwindigkeiten entwickelt. Darin spiegelt sich wider, dass die Frauenentwicklung schon länger läuft und aktiv betrieben wird; Männerentwicklung gibt es noch nicht so lange und hat bei einem Teil defensiven Charakter. Viele Frauen wollen Diskriminierung abbauen, ein Teil der Männer hingegen will historisch gewachsene Vorteile nicht verlieren.

Dieses Ergebnis ist für persönliche wie politische Belange nicht bedeutungslos. Demnach gibt es nicht nur die herkömmliche Polarität zwischen Frauen und Männern, sondern eine ebenso wirkmächtige zwischen Modernen (Frauen und Männern) und Traditionellen (wiederum Frauen und Männern).[59]

---

58 Allmendinger, Jutta: Frauen auf dem Sprung: wie junge Frauen heute leben wollen; die BRIGITTE-Studie, München 2009, 72.

59 Carsten Wippermann stützt sich bei seiner Clusteranalyse auf andere Einzeldaten, kommt aber dennoch zu einer verwandten Typologie: „Mit Hilfe der numerischen Klassifikation (Clusteranalysen) mit Daten aus der Repräsentativbefragung wurden vier Basistypen männlicher Geschlechtsidentitäten identifiziert:
* starker Haupternährer der Familie (23%)
* Lifestyle-Macho (14%)
* moderner ‚neuer' Mann (32%)
* postmodern-flexibler Mann (31%). (73–74)
Der *starke Haupternährer der Familie* [...] orientiert sich am überkommenen klassischen Modell dichotomer Geschlechtsbilder und traditioneller Rollenteilung. [...] Das nimmt ihn in die Verantwortung, fordert von ihm berufliche Kompetenz, Organisationsgeschick und Disziplin sowie ein hohes Maß an Durchsetzungsvermögen. Dominant ist die Maxime von Selbstkontrolle (nach innen) und Stärke (nach außen). (75)
[...] der *Lifestyle*-Macho eine ... „Weiterentwicklung" von vormals autoritärer Männlichkeit ist jedoch insofern modernisiert, als traditionelle

Deutung der Rollen-Vielfalt

Für die gegenwärtige Debatte birgt die Typenbildung bemerkenswerte Anregungen. Sie kann zur Entideologisierung des Rollen-Diskurses beitragen.

1. Zunächst einmal zeigt sich eine enorme Vielfalt von Einzelpersönlichkeiten, Frauen wie Männern, die nicht einfach in eine „Rolle" passen. Auch wenn es statistisch sinnvoll ist, ähnliche Personen zu Typen zusammenzufassen, kann nicht übersehen werden, dass es zwischen den einzelnen Personen keine Deckungsgleichheit gibt. Jede Frau und jeder Mann ist zunächst ein Sonderfall.

2. Die Typenbildung deckt „Verwandtschaften" und „Ähnlichkeiten"

Attribute von Mann-Sein mit modernen Lifestyle-Bedürfnissen verbunden werden bzw. sich diese neue Männlichkeit in neuen Formen des Lebensstils ausdrückt und reproduziert. (81)

Ob Beruf oder Freizeit, Partnerschaft und Freundeskreis: Dominant ist eine in allen Situationen mitlaufende, vorausgesetzte und reproduzierte Rangordnung: ein hierarchisches Gefälle zwischen Männern und Frauen. Dieses wird meist nicht direkt kommuniziert, sondern wird im Habitus und in Symbolhandlungen manifest. (81)

Der *moderne Mann* versteht sich demonstrativ als symbolischer und praktischer Gegenentwurf zum traditionellen Mann. Sein Ideal ist der „Neue Mann" mit Gefühl, mit einer ganzheitlichen Identität und gerechten Lebensführung mit seiner Partnerin ... Männer mit diesem Leitbild sind in ihrer Weltperspektive paradigmatisch an der bi-polaren traditionellen Geschlechterunterscheidung orientiert – die sie überwinden wollen. Ihre Maxime ist die Emanzipation von eingefahrenen ungerechten Alltagskulturen und Strukturen; ihr Ziel ist Ganzheitlichkeit sowohl im Selbstverständnis als Mann als auch in der Partnerschaft sowie in der Rolle als Vater. (85)

Im Unterschied zum modernen Mann ist der *postmodern-flexible Mann* nicht einfach zu begreifen, denn kennzeichnend ist das Sowohl-als-auch, das Nebeneinander, Durchdringen und fragmentarische Durchbrechen von traditionellen und modernen Rollenbildern. Im Unterschied zum „modernen ‚neuen' Mann", der weibliche Attribute für sich zu entdecken beginnt und in diesem Zuge sich von den dominanten Attributen des „starken Haupternährers der Familie" und „Lifestyle-Macho" demonstrativ distanziert, gibt es bei „postmodern-flexiblen Männern" eine Gegenbewegung, eine Renaissance klassischer Attribute und Images vom Mann-Sein." Wippermann, Carsten/Calmbach, Marc/Wippermann, Katja u. a.: Männer: Rolle vorwärts, Rolle rückwärts?, Opladen/Farmington Hills 2009, 73–92.

von Personen auf. Wie viele Typen mit Hilfe der Daten errechnet werden, ist dabei eine forscherische Entscheidung. Die Kriterien sind Sinnhaftigkeit und Überschaubarkeit. Wir haben uns in den bisherigen Studien für vier entschieden. Diese vier Typen ergeben sich aus der Kombination von traditionellen und modernen Items, die in qualitativen Interviews gewonnen worden waren. So gelangten wir zunächst zu den polaren Typen „traditionell" und „modern". Sodann zeigte sich ein Typ, der weder die (vorgelegten) traditionellen noch die modernen Anteile akzeptiert. Und dann eben der pragmatische Mischtyp, der beiden Sets, den traditionellen wie den modernen Items, etwas abgewinnen kann und dem es offenbar gelingt, zwischen beiden Polen eine dynamische Balance zu schaffen.

3. Es ist auf Grund der Vielfalt der Typen allein nicht angebracht, von einer Entwicklung von traditionell zu modern zu sprechen. Wir wissen zwar nicht, ob in der Blütezeit der traditionellen Rolle im bürgerlichen 18. und 19. Jahrhundert die traditionelle dominant war und es daneben keine zahlenmäßig starken Abweichungen gab. Für heute lässt sich immerhin beobachten, dass die derzeitige Lage eine bunte Vielfalt prägt, in der unterschiedliche Typen nebeneinander existieren. Zwischen ihnen gibt es fließende Übergänge. Insofern unsere heutige Gesellschaft hoch individualisiert und der Anspruch auf freie Selbstgestaltung hoch ist, ist anzunehmen, dass sich Frauen wie Männer in den ganz unterschiedlichen Rollen, die sie leben, wohl fühlen. Manche nehmen sich auch die Freiheit, bei wandelnden Lebensbedingungen freiwillig ihre Lebensgestalt zu verändern.

4. Es ist forscherisch nicht zulässig, zwischen den unterschiedlichen Typen eine Wertung vorzunehmen. Die unterschiedlichen Rollentypen haben alle Vor- und Nachteile. Von Haus aus einen Typ (z. B. das traditionelle Rollenmodell) zu disqualifizieren[60] und einen

---

60 „Wie gestrig die traditionelle Familie mit zwei Elternteilen doch längst sei, ist zum geflügelten Selbstläufer avanciert. Kaum jemand weist drauf hin, dass diese auch heute noch die bei Weitem beliebteste und häufigste gemeinsame Lebensform ist, in der gemeinsame Kinder weit seltener verarmen als in jeder anderen Familienkonstellation." Jäckel, Karin: „Die heroisierte Alleinerziehende und die verniedlichte Vaterlosigkeit des Kindes", in: Gruner/Kuhla (Hg.): Befreiungsbewegung für

anderen Typ (z. B. den modernen) zu mystifizieren, kann von den Daten her nicht unterstützt werden.

5. Um diese Wahlfreiheit, die sich Frauen wie Männer nehmen, wenn sie ihre Lebensform „wählen", tobt heute ein gewaltiger Streit. Dieser hat mit der Frage zu tun, ob die Vielfalt der Rollen eine Entwicklung abbildet, die nicht nur wahrzunehmen, sondern auch politisch voranzutreiben ist. Diese Entwicklung verlaufe im Sinn einer Verbesserung von den traditionellen zu den modernen Rollen. Zumal Politik vor allem von und für Frauen habe die Aufgabe, Frauen nach der Eröffnung des freien Zugangs zur Bildung auch jenen zu beruflichen Positionen zu sichern.

Manche Vertreterinnen aus der feministisch geprägten Frauenbewegung sind besorgt, dass Frauen durch lange Phasen des ausschließlichen Mutterseins, durch, wie es heißt, mythisch inszenierte Mutterschaft[61], in den traditionellen Verhältnissen, die letztlich als patriarchal bewertet werden, festgehalten werden. Frauen, welche im Rahmen dieser historischen Entwicklung ihre berufliche Karriere länger unterbrechen, und dies allein weil sie es wollen und es sich und ihrem Kind gönnen und Freude daran haben, würden den Anliegen der Frauenpolitik keinen guten Dienst erweisen. In vereinzelten Wortmeldungen wird dagegen scharf argumentiert, dass solche Frauen dem ausgedienten Patriarchat einen willfährigen Dienst erweisen und dessen Bestand ungewollt sichern. In einem solchen Kontext klagen dann Frauen, die sich gern und überzeugt für eine längere Mutter- und Familienzeit entscheiden, dass sie sich ständig dafür rechtfertigen müssten, man ihnen also ein schlechtes Gewissen mache und ihrer individuellen Entscheidung keine Anerkennung zollen wolle: von einer finanziellen Unterstützung ganz zu schweigen. Politisch und finanziell gefördert werde lediglich ein modernes Rollenbild von Frauen und in deren Gefolge ein entsprechendes für Männer. Frauenpolitik stehe dann über Familienpolitik.

Es gibt Frauen, die das traditionelle Rollenbild keineswegs gut finden, die gut gebildet Berufsarbeit und Familienleben miteinander

---

Männer, 57–90, 71.

61 Badinter, Elisabeth: Der Konflikt. Die Frau und die Mutter, München 2010. (Le conflit. La femme et la mère, Paris 2010.)

verbinden wollen, die aber dem Familienleben zumindest für eine geraume und je nach Kindesbedürfnissen unterschiedlich lange Zeit Vorrang einräumen. Diese wiederum klagen darüber, dass ihre Wahlfreiheit nicht geachtet und die von ihnen gewählte Lebensform, weil letztlich als antiquiert und unerwünscht bewertet, nicht emotional und finanziell unterstützt werde.[62]

Frauen haben also unterschiedliche Vorstellung von dem, was für sie „modern" ist:

■ Die einen – sie gehören zum Mainstream der derzeitigen Frauenpolitik – sehen als „moderne Frau" die dank Bildung erfolgreiche Berufsfrau, die sich gegebenenfalls frei für die Mutterschaft entscheiden kann. Diese „moderne" Frau gefährdet ihre beruflichen Aspirationen nicht durch zu lange familiale Unterbrechungen. Um die Unterbrechungszeit wegen eines Kindes kurz zu halten (und zudem auch wegen der erhofften Optimierung der Entwicklungschancen der Kinder), werden flächendeckend gesellschaftliche Entlastungssysteme (Kinderkrippen, Kindertagesstätten, Ganztagsschulen) geschaffen. Die Zeit, in der eine Mutter bei ihrem Kind bleiben soll, ist mit Blick auf das Ziel, möglichst vielen Frauen ein „modernes" Frauenleben als Berufsfrau (und Mutter) zu ermöglichen, möglichst kurz zu halten. Weil es vor allem Feministinnen sind, die dieses Konzept der „modernen Frau" verfolgen, soll in unseren Überlegungen von einer „feministischen Modernität" gesprochen werden.

■ Die anderen – sie klagen über gesellschaftlichen Anerkennungsverlust und den Vorwurf, durch ihre ausgeprägte Sympathie für die Mutterrolle die Entwicklung zum soeben skizzierten „modernen" Frauenleben zu desavouieren – wollen zwar durchaus Familie und Beruf verbinden. Für sie ist aber Familie keine Unterbrechungszeit, sondern hat im Vergleich zur Berufsarbeit (die für manche Frauen – wie auch Männer – keineswegs von hoher Qualität ist) zumindest gleichen Wert wenn nicht Vorrang. Auch für sie machen Entlastungssysteme einen Sinn: für die Kinder, für die Eltern, egal ob sie berufstätig sind oder nicht. Letztlich aber definieren diese

---

62 Kelle: Dann mach doch. Schröder/Waldeck: Danke.

Frauen „modern" anders. Für sie bedeutet „modern": selbst über das eigene Leben entscheiden zu können und nicht in eine bestimmte, auch nicht in eine als „modern" bezeichnete und daher favorisierte Frauenrolle genötigt zu werden. Manche dieser Frauen stört dann nicht, dass es neben ihrem eigenen noch andere Lebensentwürfe gibt, für die Frauen sich frei entscheiden. Sie haben nichts gegen die „moderne" Berufs-Frau, wie andere sie verstehen: insofern sich eben eine Frau für dieses andere „moderne" Leben entscheidet. Sie haben nicht einmal etwas dagegen, dass in einer vermeintlich „modernen" Welt Frauen für sich das traditionelle Modell der bürgerlichen Zeit als attraktiv erleben und sich dafür entscheiden: und das trotz exzellenter Bildung und Respekt vor beruflichen Frauenkarrieren. Im Unterschied zur „feministischen Modernität" soll in den weiteren Überlegungen dieses alternative Modernitätskonzept als „pluralistische Modernität" begriffen werden.

Konkurrierende Modernitätskonzepte

Während also für die einen „modern" die gesellschaftliche Förderung und Ermöglichung einer in das öffentlich-berufliche Feld hinein erweiterten und damit den Männern gleichgestellten Frauenrolle bedeutet (feministische Modernität), meint für andere „modern" die Freiheit, den eigenen Lebensentwurf selbst wählen zu können (pluralistische oder liberale Modernität), und das selbst dann, wenn diese Wahl zu Gunsten der traditionellen Hausfrauen- und Mutterrolle ausfällt. Zwei Modernitätskonzepte streiten also miteinander. Dabei kann zumindest die Frage nicht ungestellt bleiben, ob das erste Modell nicht doch nur „teilmodern", wenn nicht letztlich gar „vormodern" ist. Es arbeitet im Gegenüber von These und Antithese – hier die traditionelle Rolle im Patriarchat, dort die „moderne Rolle" im feministischen Modernitätsverständnis.[63] Durch diese Anti-

---

63 Diese polarisierende Position findet sich im „sozialistischen Feminismus" der einstigen DDR, wobei Kapitalismus und Patriarchat eng aneinandergebunden erscheinen: „Auch das gesellschaftliche Verständnis von Arbeit erweiterte der sozialistische Feminismus wesentlich: In den bisherigen sozialistischen Analysen standen die Lohnarbeit und ‚der

position bleibt die „moderne" Antithese freilich an die bekämpfte „vormoderne" These gebunden.

Das „pluralistische Modernitätskonzept" versucht aus dieser Antiposition auszusteigen – und dies mit der Begründung, dass auch die Mehrheit der Männer heute lebenspraktisch (im Fühlen, in den Haltungen, in den Handlungsmustern) wie politisch kein Patriarchat mehr vertritt; sie tun dies nicht zuletzt deshalb, weil viele Männer zur Einsicht gelangt sind, dass auch die Mehrzahl der Männer selbst Opfer des Patriarchats ist. Zum „pluralistisch-liberalen Modernitätskonzept" passt es allerdings durchaus, dass eine Frau die traditionelle Rolle (und damit verbunden eine partnerschaftlich frei gewählte Arbeitsteilung zwischen Männern und Frauen) auch postpatriarchal für gut empfinden und daher mit Vergnügen frei wählen kann.

Die Frage, die allerdings hier nicht ungestellt bleiben kann, lautet: Wie frei ist diese Wahl dann wirklich? Der Grad echter Freiheit kann sich auch daran zeigen, wie häufig es vorkommt, dass die umgekehrte Rollenverteilung realisiert wird, nämlich dass Männer bei ihren Kindern bleiben und Frauen erwerbstätig sind. Die Sorge ist nicht völlig unbegründet, dass hier möglicherweise unter dem Vorzeichen der freien Wahl doch wieder – gerade in wirtschaftlichen Krisenzeiten – eine Rückkehr zu den traditionellen Rollenverteilungen stattfindet.

Unbestritten ist freilich, dass beide Gruppen sich für die Emanzipation der Frauen einsetzen; sie wollen die gleichen Rechte für

Lohnarbeiter' im Kapitalismus im Zentrum.
Um auch die Beiträge der Frauen sichtbar zu machen, schuf der sozialistische Feminismus den Begriff der *Reproduktionsarbeit*. Darunter verstand er die unentlohnte Versorgung von Menschen außerhalb des Marktes wie von Kindern, von Kranken und von Alten. Dafür haben sich nach 1980 die Begriffe Versorgungsarbeit (*care-work*) oder Familienarbeit eingebürgert. Der sozialistische Feminismus sah die Ursachen der Frauenunterdrückung in dem Zusammenwirken zweier gesellschaftlicher Strukturen – dem Kapitalismus und dem Patriarchat."
Lenz, Ilse: Die (un-)geliebte Schwester revisited. Zum Verhältnis von Frauenbewegungen und Geschlechterforschung, in: Bauschke-Urban, Carola/Kamphans, Marion/Segebiel, Felizitas (Hg.): Subversion und Intervention. Wissenschaft und Geschlechter(un)ordnung, Opladen/Farmington Hills 2010, 3–18, 8.

Frauen und Männer und auch für jene Menschen, die sich keiner dieser Kategorien zugehörig fühlen; sie kämpfen gegen jegliche Form von Diskriminierung. Emanzipation ist ein breiter gemeinsamer Nenner für die überwältigende Mehrheit in der Bevölkerung geworden. Die derzeitige Auseinandersetzung spielt sich also nicht mehr zwischen (patriarchalen) Männern und (emanzipatorischen) Frauen ab, sondern zwischen pluralistisch-liberal-modernen und feministisch-modernen Frauen (und Männern).

Befürchtete Bevormundungen

Der Kernpunkt des Frauenstreits speist sich aus dem Gefühl bei pluralistisch-liberalen Frauen, dass feministische Frauen sie faktisch bevormunden, sie auf einen historisch durchaus begründeten Opferstatus festschreiben[64] und in ihrer individuellen Wahlfreiheit einschränken. Sie rebellieren dagegen, von einer patriarchalen in eine feministische Bevormundung zu wechseln.

Dieser Angst vor einer Bevormundung von Frauen durch Frauen steht wiederum die Besorgnis feministischer Frauen gegenüber, dass jene Frauen, welche die pluralistisch-liberale Wahlfreiheit wollen, sie bei der Verfolgung ihrer frauenpolitischen Ziele schwächen bzw. zu blauäugig nach wie vor wirksame soziale Strukturen und Mechanismen übersehen.

---

64 Kritisch sieht diesen Opferstatus Amendt: „Warum Frauen in den verschiedenen Schichten der Gesellschaft sich weitgehend unwidersprochen als Opfer der Geschichte haben abstempeln lassen, ist weitgehend unerforscht. Auf jeden Fall ist es weder in Parteien, Verbänden, Kirchen noch in Institutionen wie der Wissenschaft zu einer Zurückweisung des Opferstatus für Frauen gekommen. Ganz augenscheinlich hat das Denken in Gruppenidentitäten Frauen ihrer Individualität beraubt. So hat eine zwanghafte Suche nach allen möglichen Facetten weiblicher Opferexistenz eingesetzt, die den weiblichen Opferstatus als universell ausweisen sollte. Diese Suche ist bis heute nicht beendet." Amendt, Gerhard: Die Opferverliebtheit des Feminismus, oder: Die Sehnsucht nach traditioneller Männlichkeit: Die Zukunft der Männer jenseits der Selbstinstrumentalisierung für Frauen, in: Befreiungsbewegung für Männer, 41–56, 43.

Angst steht gegen Angst: Die Angst vor der Bevormundung gegenüber der Angst vor der Schwächung bestimmter frauenpolitischer Ziele durch Frauen. Und beide Gruppen kämpfen um Entwicklung und „Modernisierung" des Frauenlebens, meinen aber damit durchaus Unterschiedliches. Es ist ein Frauenstreit, der dem Anliegen der Frauen schadet.

Die Finanzierung der Vielfalt

Eine Lösung dieses Streits unter den Frauen wird dadurch noch komplexer, dass es auch um immer knapper werdende Finanzen geht. Nicht einfach zu klären ist, ob und wie die von den pluralistisch-liberalen modernen Frauen geforderte „pluralistische Modernität" finanziert werden kann. Es ist bereits sehr aufwändig, die strukturellen Voraussetzungen für die „feministische Modernität" zu schaffen: qualitativ hochwertige Kinderkrippen, Kindergartenplätze, Kindertagesstätten, Ganztagsschulen mit einem altersgemäßen Betreuungsschlüssel. Wie sollen dann zugleich die vielfältigen Lebensentwürfe jener Frauen, die ein anderes Lebensmodell (in ihrem subjektiven Wollen) frei wählen, im Sinn des Gleichheitsgrundsatzes finanziell gefördert werden? Faktisch verschlingt der Ausbau der Entlastungssysteme für die feministisch-modernen Frauen den größten Teil der Mittel. Was bleibt dann für jene Frauen, die für sich, ihre Kinder und Alten andere familiale Arrangements suchen und für diese einen finanziellen Beitrag verlangen: und das mit dem durchaus plausiblen Argument, dass auch sie durch das Aufziehen von Kindern und die Pflege von Alten einen unentbehrlichen Beitrag für die Zukunft des Landes leisten? Ist es auf Grund des Gleichheitsgrundsatzes Pflicht des Staates, dass Frauen, die eine längere Elternzeit mit ihren Kindern wählen oder die ihr Kind in eine private Kindergruppe mit einer Tagesmutter geben wollen, ein „Elterngeld" bekommen, das in der Höhe jenen Mitteln entspricht, die der Staat für einen Platz in einer öffentlichen Einrichtung berappt?

Der Streit, welche von den beiden „Modernitäten" erwünscht und daher auch strukturell zu fördern ist, hat somit gewaltige finanzpolitische Aspekte. Einen Fortschritt wird es nur geben, wenn Sachlichkeit und Kompromissbereitschaft eine Chance erhalten und der jeweils anderen Gruppe nicht ideologische Engstirnigkeit und verbrämte Bevormundungsabsicht unterstellt wird.

Was den Ansprüchen einer „modernen Gesellschaft" freilich nicht entspräche: wenn auf Grund finanzieller Knappheit die „moderne" Wahlfreiheit eingeschränkt würde. Es würde einem beträchtlichen Teil zumal von (jüngeren[65]) Frauen nicht konvenieren, wenn sie in einem reichen Land auf Grund finanzieller Engpässe sich in einer Lebensform einfinden müssten, die sie für sich nicht frei wählen wollten.

---

65 Dazu in einem späteren Kapitel noch mehr.

Lebensbereiche

Das Alltagsleben spielt sich in vielfältigen Bereichen ab. Diese sind nicht alle gleich „wichtig". Dabei sind Wunsch und Verwirklichung zu unterscheiden. In der Wunsch-Rangliste führt bei den Frauen das familiale Lebensfeld (Zeit für Familie, Kinder, Partner) vor dem beruflichen (Erwerbsarbeit). Bei den Männern ist es umgekehrt. Dieser Befund soll im Folgenden erläutert und belegt werden.

Ranking

Wunsch und Wirklichkeit

„Zeit mit der Familie" zu haben steht im Schnitt der Bevölkerung ganz oben auf der Wunschliste der ÖsterreicherInnen, gefolgt von „Zeit mit Partner/Partnerin verbringen". Der „Freundeskreis" rangiert an vierter Stelle, das „Zusammensein mit Kindern" an fünfter. Beziehungen vielfältiger Art sind den Menschen also topwichtig. Man erinnert sich unwillkürlich an Martin Buber: „Alles wirkliche Leben entstammt der Begegnung."
Unterbrochen wird die Liste dieser Top-Wichtigkeiten durch die „Erwerbsarbeit", wobei auch diese für viele Menschen eine hohe soziale Qualität im Sinne der Teilnahme am gesellschaftlichen Leben hat.[66] Die Erwerbsarbeit liegt im Schnitt der Gesamtbevölkerung an dritter Stelle.

---

66 Vgl. dazu die entsprechenden Aussagen über die Bedeutung der Arbeit sowie notwendige Veränderungen im Sozialwort des ökumenischen Rates der Kirchen in Österreich: „Erwerbsarbeit, das damit verbundene Einkommen und die daraus resultierende soziale Absicherung sind ein zentraler Schlüssel zur Teilnahme am gesellschaftlichen Leben. Deshalb wird im Sozialbericht gefordert, den Begriff Arbeit grundsätzlich neu zu überdenken und alle Formen der Arbeit gerechter zu teilen." SW Nr. 163.

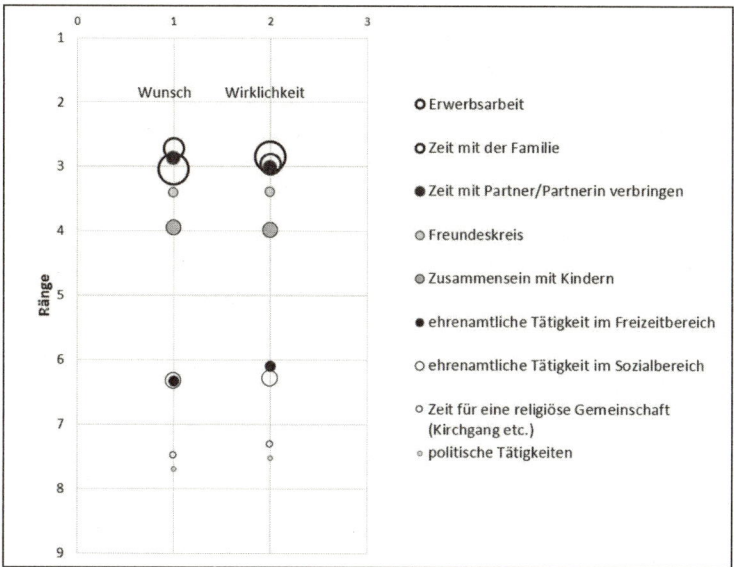

ABBILDUNG 4: Ranking – Wunsch und Wirklichkeit
WUNSCH: In unserem alltäglichen Leben bewegen wir uns in verschiedenen Feldern. Diesen verleihen wir ein unterschiedliches Gewicht. Bitte reihen Sie Karten nach Ihrer persönlichen Wichtigkeit, so wie es Ihrer Meinung nach sein sollte. (1 = „oberste Wichtigkeit" bis 9 = „geringste Wichtigkeit")
WIRKLICHKEIT: Bitte ordnen Sie diese Lebensfelder noch einmal anhand Ihrer Erfahrung. So wie es in Wirklichkeit bei Ihnen ist. (1 = „oberste Wichtigkeit" bis 9 = „geringste Wichtigkeit")
(2012 | Gesamtbevölkerung)

Insgesamt haben diese fünf „Bereiche" auf der neunteiligen Rangliste Mittelwerte zwischen 2,72 und 3,93. Weit abgeschlagen (die Mittelwerte betragen nunmehr 6,34–7,51) kommen ehrenamtliche Tätigkeiten im Sozial- oder Freizeitbereich sowie Zeit für eine religiöse Gemeinschaft oder für politische Tätigkeiten.
Modernes Leben dreht sich also um Lieben (im Nahbereich enger partnerschaftlicher, familiärer und freundschaftlicher Beziehungen) und Arbeiten, um das eher Zweckfreie (Beziehungen) und das eher Zweckvolle (Erwerbsarbeit). Das „macht Sinn" – um es mit

Viktor Frankl zu sagen, der meinte, dass Sinn findet, wer für jemand und/oder für etwas lebt.[67]
Wird nicht nach dem Wunsch, sondern nach dessen Verwirklichung gefragt, verlieren „Zeit mit der Familie" bzw. „Zeit mit PartnerIn" ihren ersten Rangplatz. Sie werden von der „Erwerbsarbeit" überholt. Die Erwerbsarbeit spielt also im Schnitt der Bevölkerung eine größere Rolle als gewünscht. Umgekehrt verliert der Wunsch nach Zeit mit Familie/PartnerIn auf dem Weg zur Verwirklichung. Eine Art Ökonomisierung des modernen Lebens kündigt sich in dieser Umreihung an.

Das waren zunächst die Durchschnittswerte für die Gesamtbevölkerung. In dieser gibt es aber bemerkenswerte Untergruppen. Die einen – die „Familienorientierten" – stellen die Familie voran und die Erwerbsarbeit zurück (36%), anderen – den „Berufsorientierten" – ist die Erwerbsarbeit topwichtig, alles, was mit Familie zu tun hat, aber erheblich weniger (18%). Wieder andere – die „Balancierer" – halten beide Lebensbereiche für gleich wichtig und balancieren sie aus (46%).

... bei Männern und Frauen

Die rein Berufsorientierten finden sich mehr unter den Männern (20%) als unter den Frauen (15%).[68] Wie biographisch zu erwarten, ist diese Haltung mehr bei den unter 30-jährigen Männern (40%) und Frauen (22%) als bei den über 60-jährigen Männern (7%) und Frauen (11%) anzutreffen. Letztere sind wiederum stärker familienorientiert als die Jungen (46% der über 60-jährigen Männer und 50% der über 60-jährigen Frauen im Vergleich zu 18% und 32% bei den unter 30-Jährigen).[69]

---

67 Frankl: Der Wille zum Sinn.
68 Die drei Typen beruhen auf der Rangordnung der neun Bereiche. Sie sind das Ergebnis einer Clusteranalyse.
69 „Frauen haben ihren Preis, sie lassen nicht alles mit sich machen. Die Erwerbsarbeit ist nicht ihr ganzes Leben. Partnerschaften, Freunde, Kinder und Eltern sind ihnen wichtig. Nicht im Sinne von Alternativrollen, in die sie ausweichen, wenn die Erwerbsarbeit knapp, ungesichert oder wenig zufriedenstellend wird. Auch nicht, weil sie an den Eltern nicht vorbeikommen oder weil es eben nett ist, Kinder zu haben,

	berufsorientiert		balancierend		familienorientiert	
	Männer	Frauen	Männer	Frauen	Männer	Frauen
bis 29	40%	22%	42%	47%	18%	32%
30-39	19%	13%	62%	38%	18%	49%
40-49	17%	13%	58%	43%	26%	45%
50-59	19%	17%	53%	41%	29%	42%
60 und mehr	8%	11%	46%	39%	46%	50%

TABELLE 4: Berufs- und/oder Familienorientierung – drei Typen (2012 |
Aufgeschlüsselt nach Geschlecht und Alter)

Von den teilzeiterwerbstätigen Frauen sind 6% berufsorientiert,
41% balancierend und 55% familienorientiert. Teilzeitarbeit ist für
mehr als die Hälfte der Frauen (55%) die Grundlage dafür, ihre Familienorientierung zu realisieren. Bei den Männern beträgt dieser
Anteil der zugleich familienorientierten und teilzeitbeschäftigten
24%.
Nach Rollentyp sind die Unterschiede gering, ausgenommen bei
den Frauen: Doppelt so viele traditionelle Frauen (66%) sind familienorientiert als moderne Frauen (33%). Umgekehrt gibt es 20%
berufsorientierte Frauen unter den modernen Frauen – bei den traditionellen Frauen sind es immerhin 10%.

---

einen Partner. Es ist kein ‚Und' des Müssens, es ist ein ‚Und' des Wol-
lens, ein ‚Und' des Verstandes." Allmendinger: Frauen auf dem Sprung,
99.

	berufsorientiert		balancierend		familienorientiert	
	Männer	Frauen	Männer	Frauen	Männer	Frauen
traditionell	20%	10%	52%	24%	28%	66%
pragmatisch	24%	16%	42%	40%	34%	45%
suchend	15%	14%	58%	47%	27%	39%
modern	24%	20%	48%	47%	28%	33%
alle	20%	15%	51%	42%	29%	43%

TABELLE 5: Berufs- und/oder Familienorientierung – drei Typen (2012 |
Aufgeschlüsselt nach Geschlecht und Rollenbild)

Auch bei den balancierenden Frauen gibt es deutliche Unterschiede: Unter den traditionellen sind es 24%, unter den modernen 47%.
Hier zeichnen sich zwei Entwicklungen bei Frauen ab: Der größere
Teil der Frauen versucht Familie mit Beruf zu verbinden; ein kleinerer Teil verlagert den Lebensschwerpunkt von der Familie in den
Beruf. Diese zweite Gruppe von Frauen lebt zwar nicht beziehungslos, wohl aber in der überwiegenden Zahl kinderlos (78%); unter
den rein berufsorientierten Männern sind noch mehr ohne Kinder
(86%). Im Vergleich dazu sind unter den Familienorientierten 18%
der Männer und 14% der Frauen ohne Kinder. Die Werte für die
Balancierenden liegen mit rund 40% Kinderlosen dazwischen.

		kein Kind	eines	zwei	drei und mehr
Männer	berufsorientiert	86%	5%	6%	2%
	balancierend	40%	20%	31%	8%
	familienorientiert	18%	17%	38%	18%
	alle	**43%**	**16%**	**28%**	**10%**
Frauen	berufsorientiert	78%	7%	13%	2%
	balancierend	41%	17%	32%	7%
	familienorientiert	14%	26%	38%	16%
	alle	**35%**	**19%**	**32%**	**10%**
alle		**39%**	**18%**	**30%**	**10%**

TABELLE 6: Berufs- und/oder Familienorientierung – Kinderzahl (2012)

Die drei Typen unterscheiden sich auch hinsichtlich der Institutionalisierung ihrer Lebensform. Familienorientierung geht mit Heirat einher (42% der Männer, 59% der Frauen). Berufsorientierte sind überdurchschnittlich oft ledig (43% der Männer, 31% der Frauen).

	berufsorientiert		balancierend		familienorientiert	
	Männer	Frauen	Männer	Frauen	Männer	Frauen
ledig	43%	31%	45%	48%	12%	21%
Lebensgemeinschaft	21%	17%	59%	45%	20%	38%
verheiratet	7%	11%	51%	30%	42%	59%
verwitwet	17%	4%	41%	44%	43%	52%
geschieden/getrennt	17%	8%	63%	63%	20%	29%
alle	20%	15%	51%	42%	29%	36%

TABELLE 7: Berufs- und/oder Familienorientierung nach Lebensstand (2012 | Lebensstand)

Vielleicht sollte man also die familienorientierten Männer und Frauen „kinderorientiert" nennen. Denn in „familialen Lebenswelten" leben auch die „Berufsorientierten". Allerdings spielen bei diesen die Freunde eine größere Rolle als Familie oder PartnerIn.
Es deutet sich auch bereits an: Beim sensiblen Balanceakt zwischen „privat" und „beruflich" geht es nicht primär um das Zueinander von Familie und Beruf, sondern von Kindern und Beruf. Mag sein, dass sich in diesem Sinn die Erwerbswelt nicht unbedingt als „familienunfreundlich", wohl aber als „kinderunfreundlich" erweist.
Die Balance zwischen den beiden hochbedeutsamen Lebensbereichen der privaten und der beruflichen Lebenswelt wird in den folgenden Ausführungen ausführlicher thematisiert werden. Die zwei Kernfragen werden sein:

■ Wie kultivieren die Befragten diese beiden „Lebenswelten"?
■ Wie meistern sie lebenspraktisch deren Verhältnis zueinander?

„Leben ist nicht nur ‚bezahlte Arbeit' – was ist uns als Gesellschaft wichtig?" So die Aussage einer (sich selbst so bezeichnenden) modernen Frau in den Vierzigern in der offenen Onlineumfrage.[70] Diese knappe Feststellung kann Unterschiedliches aussagen. Naheliegend ist die Botschaft, dass es im Leben noch etwas anderes als die Erwerbsarbeit gibt. Der Satz kann zudem vermitteln, dass es neben der bezahlten Erwerbsarbeit noch andere Formen der Arbeit gibt: Elternarbeit, Familienarbeit, Haushaltsarbeit, Pflegearbeit, Trauerarbeit, ehrenamtliche Arbeit, zivilgesellschaftliches Engagement. So wie es eben auch unterschiedliche „Zeiten" gibt: Freizeit, Arbeitszeit, Familienzeit, Sozialzeit, Trauerzeit, Hochzeit, Gotteszeit.

Von der Arbeit wird von der österreichischen Bevölkerung viel erhofft. In der Europäischen Wertestudie des Jahres 2008[71] haben die Befragten folgende Erwartungen geäußert: Arbeitsplatzsicherheit (73%), interessante Tätigkeit (69%), die den eigenen Fähigkeiten entspricht (60%), nette ArbeitskollegInnen (67%), gute Bezahlung (63%), das Gefühl, etwas zu leisten (55%), gleich behandelt zu werden (52%). 46% wünschen Familienfreundlichkeit des Jobs; Frauen verlangen dies erheblich mehr (51%) als Männer (40%). Männern hingegen sind gute Aufstiegsmöglichkeiten (47%) wichtiger als den Frauen (38%).

Erwerbsarbeit

Erwerbsarbeit spielt je nach Geschlecht und Alter eine unterschiedliche Rolle. So heißt es auch im österreichischen Frauenbericht von 2010:

---

70 Im Sinne einer breiten Diskussion der Ergebnisse wurden Daten aus der 2012er-Erhebung im Internet über die katholische Männer- und Frauenbewegung zugänglich und kommentierbar gemacht. Durch diesen digitalen Kommunikationsprozess sollte einerseits die Diskussion der Studienergebnisse angeregt, andererseits auch ein breites Interpretationsspektrum jenseits der akademischen Auswertung der Daten gehoben werden.

71 Polak, Regina (Hg.): Zukunft.Werte.Europa. Die Europäische Wertestudie 1990–2010: Österreich im Vergleich, Wien 2011.

„Eine Beobachtung der Beschäftigung nach Altersgruppen zeigt, dass das Erwerbsverhalten von Frauen in unterschiedlichen Lebensabschnitten abweicht. Bei Frauen in der Altersgruppe 25–54 Jahre ist ein Beschäftigungsabstieg deutlich zu beobachten. Dies ist das Alter, in dem der Bedarf nach Vereinbarkeit von Familien- und Berufspflichten am höchsten ist. In den letzten Jahren steigen auch ältere Arbeitnehmerinnen in Erwerbstätigkeit ein. Dadurch entsteht eine Erwerbstätigkeitszunahme, welche mit der Einkommenssicherung im Alter und der Nachhaltigkeit des Pensionssystems vor dem Hintergrund einer Bevölkerungsalterung an Bedeutung gewinnt. Bei den jüngeren Arbeitnehmerinnen fluktuiert die Beschäftigungsquote, ist aber in den letzten Jahren auch gestiegen. [...] Mit der Zunahme der Erwerbstätigkeit der Frauen bei relativ konstanter Männerbeschäftigung ist der Gap bei der Beschäftigungsquote entsprechend gesunken."[72]

Im Folgenden werden die in unserer Studie herausgegriffenen Aspekte der Berufsarbeit präsentiert. Gute Gründe für die Lebenswichtigkeit von Arbeit, und zwar auch von Erwerbsarbeit, werden sichtbar. Das sind die Hauptaspekte: Erwerbsarbeit sichert die ökonomischen Lebensgrundlagen, schafft Ansehen, bringt Unabhängigkeit. Fehlt die Erwerbsarbeit, bedroht das nicht nur die materielle Lebenssicherung, sondern auch den Lebenssinn.

---

72 Frauenbericht 2010, 49.

	1992	2002	2012
Der Beruf soll in erster Linie dazu da sein, ein gesichertes Einkommen zu garantieren.	73%	66%	70%
Der Sinn des Lebens besteht darin, eine angesehene Position zu gewinnen.	25%	26%	37%
Der Mann erfährt in seiner Arbeit seinen persönlichen Sinn.	29%	41%	63%
Ein Mann ohne Erwerbsarbeit hat kein gesellschaftliches Ansehen.	-	41%	67%
Arbeitslosigkeit bedroht den Lebenssinn von Männern mehr als jenen der Frauen.	-	59%	61%
Berufstätigkeit ist der beste Weg für eine Frau, um unabhängig zu sein.	60%	79%	76%
Erwerbstätigkeit ist für ein sinnvolles Leben für Frauen heute unbedingt notwendig.		49%	56%

TABELLE 8: Einstellungen zu Beruf und Arbeit (1992, 2002, 2012)

Arbeit dient dem *Gelderwerb*. Das ist weder unanständig noch verwerflich. Zu Recht stimmen mehr als zwei Drittel (70%) der Befragten 2012 der Aussage zu: „Der Beruf soll in erster Linie dazu da sein, ein gesichertes Einkommen zu garantieren."

Von hohem Wert ist auch der Wunsch nach *sozialer Anerkennung*, nach einer angesehenen Position. Dieser Wunsch nach Ansehen ist in den letzten zwanzig Jahren wichtiger geworden. Stimmten 1992 25% der Aussage zu: „Der Sinn des Lebens besteht darin, eine angesehene Position zu gewinnen.", waren es 2012 37%. Anerkennung über eine angesehene Position suchen nicht wenige faktisch in der Berufswelt.

Für Frauen hat eine eigene Erwerbsarbeit auch[73] eine *emanzipato-*

---

73 Die Motivationsstruktur für Frauen in Führungspositionen ist breit, so eine Studie aus Oberösterreich: Es „wurden bei den weiblichen Führungskräften auch die persönlichen Motivationsfaktoren nach Wichtigkeit abgefragt. [...] als am wichtigsten eingestufte Motivationsfaktor eine *Interessante und anregende Arbeit/anspruchsvolle Aufgabenstellungen*. Auch *Spaß an der Arbeit* und *Etwas Sinnvolles tun* ist den Frauen sehr wichtig. *Verantwortung tragen* und *Neue Erkenntnisse/neues Wissen* rangieren ebenso sehr hoch. *Macht und Einfluss zu erreichen*

rische Seite. Frauen wollen „e manu" (aus der Hand) des Mannes „heraus", um von ihm (finanziell) unabhängig(er) zu sein. „Berufstätigkeit ist der beste Weg für eine Frau, um unabhängig zu sein": Das sehen drei Viertel (76%) der Befragten so. Dieser Wert ist in den letzten zwanzig Jahren gestiegen. 1992 lag er noch bei 60%; 2012 denken 79% der Frauen und 72% der Männer so. Für das traditionelle männliche Rollenbild ist die Erwerbsarbeit zentral. Der „traditionelle Mann" definierte sich über die (Erwerbs-) Arbeit als Berufsmann. Das ist auch 2012 der Fall: 75% der traditionellen Männer halten es für richtig, dass ein Mann „in seiner Arbeit seinen *persönlichen Sinn* erfährt"; 68% der traditionellen Frauen pflichten dem bei. Moderne Männer definieren sich hingegen nicht mehr so stark über die Erwerbsarbeit. Aber auch von ihnen stimmen dieser Aussage immerhin 45% zu.

Damit geht einher, dass aus der traditionellen Perspektive „Arbeitslosigkeit den Lebenssinn von Männern mehr bedroht als jenen von Frauen". Der Wert von 1992 (59%) ist in den letzten Jahren sogar noch etwas gestiegen und liegt 2012 bei 61%. Traditionelle Männer fühlen sich erheblich mehr bedroht (87%) als moderne (31%). Dieses Gefälle spiegelt sich auch in der Einschätzung der Frauen wieder: 84% der traditionellen Frauen und 25% der modernen Frauen teilen die Einschätzung, dass Männer ohne Erwerbsarbeit in ihrem Lebenssinn in Frage gestellt sind.

Ein Teil der Bedrohung resultiert aus der Tatsache, dass viele Paare mit Kindern – vor die Wahl gestellt, wer in Elternkarenz und später in Eltern(teil)zeit geht – sich schon aus rein ökonomischen Gründen wie dem tendenziell nach wie vor höheren Einkommen der Männer dafür entscheiden, dass er vollzeiterwerbstätig bleibt, während sie „dazuverdient" – ein Wort, das an das traditionelle Bild vom Mann als „Familienernährer" erinnert. In dieser Situation ist die ganze Familie auf das gesicherte Einkommen des Mannes angewiesen.

---

wurde nur von 6% der weiblichen Führungskräfte als ‚sehr wichtig' eingestuft. Es scheint so, als wäre der Machtbegriff für Frauen noch immer negativ besetzt. *Öffentliche Anerkennung* und *Mit 50 Jahren in den Ruhestand gehen* ist den weiblichen Führungskräften nicht gerade ‚sehr wichtig'." Dietachmayr, Karin: Die Situation weiblicher Führungskräfte in OÖ Großunternehmen, Linz 2009, 153.

Zudem ist Erwerbsarbeit mit *gesellschaftlichem Ansehen* verbunden. „Ein Mann ohne Erwerbsarbeit hat kein gesellschaftliches Ansehen.", so 67% der 2012 Befragten. Das sind erheblich mehr als 2002, wo nur 41% dieser Aussage etwas abgewinnen konnten. Spiegelt sich hier das Bewusstsein um die prekärer gewordene Arbeitsmarktsituation nach den Jahren globaler Wirtschaftskrise wider? Auf jeden Fall befürchten einen solchen Ansehensverlust mehr traditionelle (83%) denn moderne (57%) Männer, was in direktem Zusammenhang mit den entsprechenden Wertehierarchien und Männlichkeitsdefinitionen zu lesen ist.

Wenn Arbeit knapp wird

Wie wichtig Erwerbsarbeit ist, zeigt sich besonders dann, wenn diese knapp wird. Wie die Menschen auf Arbeitsplatzverknappung reagieren, wird schon länger erforscht.[74] In der vorliegenden Umfrage wurde dazu folgende Frage gestellt, zu deren Beantwortung eine Reihe von „Bevorzugungen" vorgelegt wurde:

Ich lese Ihnen nun einige Aussagen vor und würde Sie bitten, mir zu sagen, ob Sie den einzelnen Aussagen zustimmen oder nicht zustimmen. Sie können dabei auf einer 5-stufigen Skala fein abstufen, wobei 1 bedeutet „stimme voll zu" und 5 „stimme überhaupt nicht zu".

Wenn es nur wenige Arbeitsplätze gibt, dann haben ...
... Männer eher ein Recht auf Arbeit als Frauen.
... Gesunde eher ein Recht auf Arbeit als Behinderte.
... Inländer eher ein Recht auf Arbeit als Ausländer.
... jüngere Menschen eher ein Recht auf Arbeit als Ältere.
... Leute aus der Region eher ein Recht als Leute aus anderen Teilen Österreichs.
... Personen mit Unterhaltsverpflichtungen eher als Alleinstehende.

---

74 So etwa in der Europäischen Wertestudie oder in der Langzeitstudie Religion im Leben der ÖsterreicherInnen 1970–2010: Zulehner, Paul M.: Verbuntung, Ostfildern 2011.

Arbeit ist global, aber auch in vielen europäischen Ländern derzeit in einer bedrohlichen Weise knapp geworden. Das trifft vor allem auf die südlichen Regionen Europas zu. Österreich zählt zu den (noch) verschonten Ländern, obgleich sich auch hier strukturell der Arbeitsmarkt wandelt. Teilzeitarbeit nimmt ebenso zu wie schlecht bezahlte Niedriglohnarbeit und prekäre Arbeitsverhältnisse. Arbeitsplätze verlieren ihre langfristige Sicherheit. Dies verlangt von Menschen, auch ihre Einstellungen und Haltungen der Arbeit gegenüber zu verändern – eine Veränderung, die vielen nicht nur ökonomisch, sondern auch psychisch zu schaffen macht.[75] Arbeitsplatzknappheit fordert also zunehmend heraus.

Männer vor Frauen

Dass Männer eher als Frauen Zugang zu Arbeit haben sollten, falls diese nicht für alle reicht, steht mit dem traditionellen „Ernährermodell" in Zusammenhang: Es ist der Mann, der die Familie finanziell zu erhalten hat(te). Deshalb konnte in feudalen Zeiten nur heiraten, wer Grund und Boden hatte. „Lehen" wurden dazu geteilt, damit die Kinder heiraten können. Aus größeren Lehen wurden „Zulehen". Die meisten Männer ohne Einkommen waren faktisch heiratsbehindert. Seit der Industrialisierung hat das Arbeitseinkommen das Lehen abgelöst. Mit der ersten Antwortmöglichkeit wird ausgelotet, wie weit solche Muster in den Werthaltungen der Bevölkerung nach wie vor verankert sind.

---

75 „Die feministische Arbeitssoziologie macht darauf aufmerksam, dass die veränderten Anforderungen der Arbeitswelt auch deswegen unter dem Stichwort einer ‚Feminisierung von Arbeit' diskutiert werden, weil sie mit einer Prekarisierung einhergehen, die historisch für weibliche Arbeitsverläufe kennzeichnend war. Die Stabilisierung männlicher Hegemonie – die sich zum einen durch die Anpassung von Männlichkeit an ökonomische Anforderungen ereignet, zum anderen durch die Konkurrenz- und Wettbewerbsorientierung, die besonders für männliche Selbstverständnisse anschlussfähig ist (vgl. Forster 2009) – wird insofern ‚erkauft' um den Preis einer Prekarisierung, die sich aus den entsprechenden Lebensführungen ergibt." Fegter, Susann: Die Krise der Jungen in Bildung und Erziehung. Diskursive Konstruktion von Geschlecht und Männlichkeit, Wiesbaden 2012, 171.

38% der Männer fordern 2012 für sich und 29% der Frauen konzedieren den Männern ein vorrangiges Recht auf Arbeit. Erwartungsgemäß sind es mehr die Traditionellen (traditionelle Männer 53%, traditionelle Frauen 46%), die so denken: Was die Vermutung bestätigt, dass das „Ernährermodell" in unserer Kultur von einem Teil nach wie vor vertreten wird. Moderne, Frauen wie Männer, lehnen es ab (die Zustimmung beträgt bei modernen Frauen 3%, bei modernen Männern 4%).

Beachtlich ist allerdings, dass es zwischen 1992 und 2002 bei der Bevorzugung von Männern einen deutlichen Rückgang gab. Der Wert fiel bei Männern und Frauen um ein Drittel. Im zweiten Untersuchungsjahrzehnt hat er sich allerdings wieder rückgebildet.[76] Die Männer des Jahres 2012 denken wie die Männer von 1992. Bei den Frauen stiegen zwar die Zahlen im letzten Jahrzehnt gleichfalls, erreichten aber nicht mehr wie bei den Männern das Niveau von 1992, was sich darauf zurückführen lässt, dass sich auch immer mehr Frauen für das Familieneinkommen verantwortlich fühlen.[77]

---

76 Dem entspricht die Erfahrung vieler Frauen auf dem Arbeitsmarkt: „Die Mehrheit der Frauen sieht keine Chancengleichheit für Frauen und Männer bei Stellenausschreibungen (56%). [...] 57% der Frauen sagen, dass Männer bei Stellenbesetzungen bevorzugt werden. [...] Die Gründe für die Unterrepräsentanz von Frauen in Führungspositionen reihen die befragten weiblichen Führungskräfte wie folgt: Schwierigkeiten in der Vereinbarkeit von Familie und Beruf, männerdominierte Spielregeln beim Aufstieg nach oben, Frauen verzichten auf Karriere, weil sie Familie haben oder wollen, Bevorzugung männlicher Bewerber und zu wenig Ermutigung für Frauen, Führungsverantwortung zu übernehmen, männerdominierte Branche." Dietachmayr: Die Situation weiblicher Führungskräfte, 193.

77 Sehr stark ist diese Verschiebung und Verantwortungsübernahme im anglo-amerikanischen Raum festzustellen. In ihrem Debattenbuch *Das Ende der Männer und der Aufstieg der Frauen* schreibt die amerikanische Journalistin Hanna Rosin: „Mehr als ein Drittel der Mütter in den Vereinigten Staaten und Großbritannien sind Haupternährer der Familie, entweder weil sie Singles sind, oder weil sie mehr verdienen als ihr Ehemann." Rosin: Das Ende der Männer, 70.

	traditionell		modern			
	Männer	Frauen	Männer	Frauen	Männer	Frauen
1992	38%	36%	58%	60%	9%	10%
2002	27%	22%	45%	28%	14%	11%
2012	38%	29%	53%	46%	4%	3%

TABELLE 9: Recht auf Arbeit – Männer vor Frauen (1992, 2002, 2012 I Geschlecht I Geschlechterrollen)

Im Zuge der Präsentation der Umfrageergebnisse zeigt sich an dieser Stelle erstmals, dass die Entwicklung der Geschlechterrollen in den letzten zwanzig Jahren keineswegs in allen Bereichen kontinuierlich verläuft. Dieses Bild wird sich im Lauf der Darlegung der Ergebnisse wiederholen und vertiefen. Sobald das Bild anhand der präsentierten Daten entsprechend klare Konturen gewonnen hat, gilt es eine Deutung zu versuchen.
Die Lage der Männer auf dem Arbeitsmarkt (und dahinter im Bildungsbereich) wird heute sehr differenziert beurteilt.[78] Männer sind nicht mehr die Gewinner und Frauen die Verliererinnen[79]:

---

78 „Wenn der Wirtschaft eine Rezession – wie in der Finanzkrise 2008/09 – droht und Arbeitsplätze gefährdet sind, dann greifen zwei gegenläufige Reflexe: (1.) Einerseits das Haupteinkommen (= des Mannes) sichern. Stellen Verhandlungen des Mannes mit dem Arbeitgeber über flexible Arbeitszeiten oder Reduktion der Wochen Arbeitszeit ein Risiko dar [...] Damit wird der Rollenwandel in Richtung einer gleichgestellten Partizipation an Familie und Haushalt gebremst [...] (2.) Dazu gegenläufig führt gerade die Finanzkrise dazu, dass Frauen in der Phase der Familienbildung bei Erwerbsunterbrechung zur Sicherung des Familieneinkommens ihren beruflichen Wiedereinstieg beschleunigen." Wippermann u. a.: Männer: Rolle vorwärts, Rolle rückwärts, 208.

79 „Hier handelt es sich um eine radikale Transformation des Verhältnisses der Frauen zur Arbeit, darüber hinaus, ihres Verhältnisses zum Arrangieren von familiären und beruflichen Angelegenheiten. Die Mehrzahl der Frauen hört heute nicht auf zu arbeiten, wenn sie Kinder hat [...] Es zeugt ebenso von einer Angleichung männlicher und weiblicher Beschäftigungsmuster, die sich in den letzten Jahren ausgeprägt hat. Die Raten der berufstätigen Männer und Frauen im Alter von 25 bis 49 Jahren nähern sich einander fast vollständig an." Maruani, Margaret:

„Auch im Sektor Teilzeitbeschäftigung liegen Frauen beim Verdienst vorne. [...] Nur wird hier eben nicht die Öffentlichkeit ständig darauf aufmerksam gemacht, dass Männer in diesem Bereich deutlich weniger verdienen und deshalb für deren Gleichberechtigung noch einiges getan werden müsse. Die Trendwende auf dem Arbeitsmarkt geht immer mehr zu Lasten der Männer. ‚Junge, hoch qualifizierte Frauen unter 30 Jahren verdienen mehr als ihre männlichen Pendants', berichtete die *Financial Times Deutschland* am 22. Juni 2006. Zu diesem Ergebnis kommt eine neue Studie des Deutschen Instituts für Wirtschaftsforschung (DIW). Durchschnittlich sieben Prozent weniger als ihre weiblichen Kollegen verdienen hoch qualifizierte Männer unter 30 Jahren. Dass Männer das neue Opfer beruflicher Diskriminierung sind, ermittelten auch die Wirtschaftswissenschaftler Dr. Peter Riach und Dr. Judith Rieh in einer grundlegenden Untersuchung. ‚Wir waren völlig überrascht von dem, was wir herausgefunden haben', teilte Riach dem englischen *Guardian* mit. Die Forscher hatten hunderte angebliche Bewerbungsschreiben an verschiedene Firmen in unterschiedlichen Branchen gesandt und dabei jedes Mal dieselbe Qualifikation und Berufserfahrung angegeben, aber zwischen weiblichen und männlichen Absendern abgewechselt. Im Bereich Ingenieurswesen hatten die ‚Philips' noch immer bessere Chancen auf ein Vorstellungsgespräch als die ‚Emmas', aber die ‚Emmas' lagen nicht nur bei Sekretariatsaufgaben vorne, sondern auch in den Bereichen Bankwesen und Computerprogrammierung. Offensichtlich heuern in der modernen Berufswelt ganz ohne jede Quotenregelung die Arbeitgeber eher Frauen als Männer an. Wenn man sich daran erinnert, dass Christian Schwägerl in dem Eingangszitat zu diesem Beitrag Frauen als ‚motivierter und energievoller' als Männer beschrieb, lässt sich erkennen, woran das liegt. Jahrzehntelange Propaganda von Frauen als den besseren Menschen hat ihre Spuren hinterlassen. Der berufliche Abstieg des männlichen Geschlechts ist seit Jahren absehbar. ‚Laut Eurostat waren im April 2003 rund 43 Prozent mehr junge Männer arbeitslos als weibliche Jugendliche, Tendenz

---

Beschäftigung, Arbeitslosigkeit und Prekarität in Europa, in: Freiheit, Gleichheit, Geschwisterlichkeit, 158–172, 162.

steigend', berichtete das Mittelstands-Magazin *P. T.* im März 2007. Noch zwölf Jahre zuvor war das Geschlechterverhältnis so gut wie ausgeglichen. Was war geschehen? Eine gründliche Untersuchung der Männerrechtsorganisation MANNdat e. V., betitelt mit ,Die Berücksichtigung der Belange von Jungen durch die Bildungsministerien', weist darauf hin, dass diese Entwicklung schon im Erziehungssystem angelegt und offenbar politisch gewollt ist: Zwar ist bekannt, dass Jungen weitaus weniger lesen als Mädchen, es gibt aber nur in zwei Bundesländern Projekte, die sich dieses Problems annehmen. Dass es viel zu wenig Männer und damit auch zu wenig männliche Rollenvorbilder in erzieherischen Berufen gibt, konnte man seit Ende der 90er Jahre in diversen Artikeln erfahren. Getan wird dagegen nichts.' Aus solchen Analysen wird gefolgert, dass Buben auch eine zum Teil andere Art von schulischer Bildung brauchen als Mädchen. Die Studie ,Bubenarbeit in Österreich' (geschlechtergerechte Erziehung von Buben und Burschen) hat gezeigt, dass Buben in der Schule mehr Bewegung, mehr Pausen, disziplinäre Vorgaben und Leistungsanreiz brauchten [...]. Zwischendurch konnten geschlechtsspezifisch getrennte Gruppen in der Erziehung aber zum Vorteil von Buben und Mädchen gereichen."[80]

Gesunde vor Behinderten

Die Einbindung von Menschen mit Behinderung in das gesellschaftliche Leben ist in den letzten Jahrzehnten mit großem Elan vorangetrieben worden. Durch das Projekt der schulischen Integration (Inklusion) sollen Kinder und Jugendliche mit Behinderungen in den allgemeinen Schulunterricht eingebunden werden. Ähnliches wurde auch in anderen gesellschaftlichen Bereichen, vor allem in der Arbeitswelt in Angriff genommen.[81] Ist diese Integration zur Selbstverständlichkeit bzw. Normalität geworden oder werden Menschen mit Behinderung rasch wieder marginalisiert, wenn das

---

80 Berchtold, Johannes: Pionierarbeit und politischer Auftrag – 10 Jahre Männerpolitik in Österreich, in: Theunert (Hg.), Männerpolitik, 373–383, 380.

81 Plangger, Sascha Michael: Integration und Behinderung in der modernen Arbeitswelt, Dissertation, Innsbruck 2009 (http://bidok.uibk.ac.at/library/plangger-integration-diss.html).

Klima am Arbeitsmarkt rauer wird? In der Studie wurde gefragt, ob in Zeiten der Arbeitsplatzknappheit gesunde Menschen denen mit Behinderung vorgezogen werden sollen.

			traditionell		modern	
	Männer	Frauen	Männer	Frauen	Männer	Frauen
1992	22%	23%	29%	32%	7%	8%
2002	25%	21%	35%	21%	14%	17%
2012	33%	28%	46%	48%	6%	8%

TABELLE 10: Recht auf Arbeit – Gesunde vor Behinderten

Das Ergebnis enttäuscht. Die Bemühungen um Inklusion bzw. Integration von Menschen mit Behinderung stoßen in der Bevölkerung keineswegs auf wachsendes Verständnis. Die Angst um den eigenen Arbeitsplatz scheint größer zu sein als die Solidarität mit Menschen mit Behinderung. Es könnte aber auch sein, dass hinter diesen Zahlen die Einstellung steht, dass in Krisenzeiten jene Menschen am meisten arbeiten sollen, welche die größte Leistung bringen und damit den Karren Wirtschaft am ehesten aus dem „Dreck" ziehen können (ohne dass deshalb die Sorge für Menschen mit Behinderung vergessen wird).

Bei den Männern nahm in den letzten zwanzig Jahren der Anteil jener zu, die bei Knappheit die Gesunden bevorzugt sehen wollen. Der Wert stieg von 22% auf 33%. Der Anstieg ist besonders bei den Traditionellen stark, sowohl bei Frauen wie Männern. Moderne hingegen akzeptieren keine Zurückreihung von Menschen mit Behinderung, falls Arbeit nicht ausreichend zur Verfügung steht.

Inländer vor Ausländern

Die Gründe, Ausländer vom heimischen Arbeitsmarkt fernzuhalten, sind vielfältig. Einer davon ist die Knappheit von Arbeit. Kommt es zu einer solchen, dann flackert mit Regelmäßigkeit eine „Ausländerdebatte" auf. Wenn die Arbeit knapp sei, so die Forderung, sollen zuerst die Inländer bedient werden; bleibt dann noch Arbeit oder fehlen Kräfte für hochwertige oder niedrige Arbeit, dann könnten Ausländer „einspringen".

| | Männer | Frauen | traditionell | | modern | |
			Männer	Frauen	Männer	Frauen
1992	81%	75%	90%	83%	49%	56%
2002	56%	52%	73%	61%	38%	46%
2012	58%	45%	75%	62%	25%	29%

TABELLE 11: Recht auf Arbeit – Inländer vor Ausländern

1992 hatten 81% der Männer und 75% der Frauen Inländer bevorzugt. Die Traditionellen traten noch stärker für die Bevorzugung der Inländer bei Arbeitsplatzknappheit ein als die Modernen; aber auch von diesen gab mehr als die Hälfte den Inländern den Vorzug. Diese massive Ausländerabweisung hat sich in den letzten zwanzig Jahren deutlich abgeschwächt. Die Werte liegen im Schnitt der Gesamtbevölkerung 2012 bei der Hälfte jener von 1992. Bei den Modernen sind sie unter die 30%-Marke gesunken. Der Rückgang bei der Zurückstellung ausländischer Arbeitskräfte war allerdings in den ersten zehn Forschungsjahren erheblich stärker als in den letzten zehn Jahren.

2012 stehen in Österreich zwei gleiche „Fraktionen" einander gegenüber: hier die „Ausländer-raus" aus dem österreichischen Arbeitsmarkt, dort jene, die keinen Unterschied zwischen Inländern und Ausländern machen. Die Frage des Zugangs von Ausländern zum heimischen Arbeitsmarkt polarisiert das Land. Populisten nutzen diese Polarisierung.

Wir haben (nur in den beiden letzten Studien 2002 und 2012) noch die weitergehende Option abgefragt: „Wenn Arbeitsplätze knapp werden, sollte man die Ausländer wieder in ihre Heimat zurückschicken." Die Bereitschaft, ausländische ArbeitnehmerInnen in die Heimat zurückzuschicken, ist in den letzten zehn Jahren (außer bei den modernen Frauen) gewachsen. AusländerInnen sollten daher nicht nur knappe Arbeitsplätze nicht besetzen, sondern auch schon besetzte wieder freigeben – so die Meinung der Hälfte der Bevölkerung.

		traditionell		modern	
Männer	Frauen	Männer	Frauen	Männer	Frauen
2002	39%	42%	61%	53%	22%	38%
2012	52%	47%	63%	62%	23%	27%

TABELLE 12: „Wenn Arbeitsplätze knapp werden, sollte man die Ausländer wieder in ihre Heimat zurückschicken." (2012 | Geschlecht)

Jüngere Menschen vor älteren

Bei der Frage, ob bei knapper Arbeit die jüngeren oder die älteren Menschen bevorzugt werden sollen, konkurrieren zwei gesellschaftspolitische Anliegen:

- Auf der einen Seite steht die Sorge um die Arbeitslosigkeit Jugendlicher. Diese belaste die Biographie junger Menschen schwer. Sie verleihe jungen Menschen das Gefühl, nicht gebraucht zu werden. Das schädige nicht nur das Selbstwertgefühl der betroffenen jungen Menschen, Jugendarbeitslosigkeit kann auch krank oder kriminell machen. Längerfristig hat das für die Gesellschaft kostspielige und sozial destabilisierende Auswirkungen.
- Auf der anderen Seite steht die Sorge um die älteren ArbeitnehmerInnen. Sie seien erfahrener, kämen aber ihren Arbeitgebern teurer und hätten deshalb oft schlecht(er)e Karten am Arbeitsmarkt. Seien Ältere einmal aus dem Arbeitsprozess ausgeschieden, hätten es die meisten schwer, eine neue und gleich gut bezahlte Stelle zu bekommen. Argumentiert wird auch, dass Ältere den Jungen die Arbeit wegnehmen würden. Das könnten Ältere dadurch verhindern, dass sie frühzeitig in Pension gehen. Neuere Studien besagen aber, dass dieser Lösungsvorschlag untauglich ist.[82]

---

82 So in einem Bericht der OECD, der widerlegt, dass ältere Arbeitnehmer den Jungen Jobs wegnehmen würden, In: Die Presse vom 17. Juli 2013, 14. Solches Vorgehen sei lediglich ein „kostspieliger politischer Fehler". Jüngere und Ältere würden tendenziell in unterschiedlichen Branchen arbeiten und unterschiedliche Aufgaben übernehmen.

Ein Drittel der Befragten stellt sich auf die Seite der Jüngeren. Die Bevorzugung der Jüngeren hat in den letzten zwanzig Jahren zugenommen. Vor allem die Traditionellen haben dafür Sympathie, weniger die Modernen, die jeder systematischen Form der Bevorzugung gegenüber tendenziell kritisch eingestellt sind.

	Männer	Frauen	traditionell		modern	
	Männer	Frauen	Männer	Frauen	Männer	Frauen
1992	26%	30%	33%	34%	19%	19%
2002	30%	29%	35%	29%	19%	26%
2012	36%	36%	40%	51%	13%	18%

TABELLE 13: Recht auf Arbeit – Jüngere vor Älteren (1992, 2002, 2012)

Dass vor allem die jüngeren Befragten, Männer noch mehr als Frauen, für einen bevorzugten Zugang junger Menschen zum Arbeitsplatz plädieren, liegt nahe. Sie stehen vielfach in der Situation, überhaupt erst Zugang zum Arbeitsmarkt zu finden, was vielen, auch gut ausgebildeten jungen Menschen nicht leicht fällt: Nicht wenige sehen sich mit der Notwendigkeit konfrontiert, zunächst schlecht bezahlte und zeitlich befristete Praktikums- und Hospitantenstellen anzunehmen, wie die Rede von der „Generation Praktikum"[83] (oder „Generation Prekär") plakativ zur Sprache bringt.

	Männer	Frauen
bis 29	53%	44%
30-39	35%	24%
40-49	30%	31%
50-59	23%	34%
60 und mehr	35%	42%

TABELLE 14: Jüngere vor Älteren – nach Alter (2012 | Geschlecht)

---

83 Vgl. Stolz, Matthias: Generation Praktikum, in: Die Zeit vom 31. März 2005, 14.

Leute aus der Region eher als Leute aus anderen Teilen Österreichs

Die Vorzugsregel Region vor anderen Teilen Österreichs findet bei 44% der Männer und bei 39% der Frauen Zustimmung. Das hängt wohl damit zusammen, dass zur Arbeit pendeln zu müssen als belastend und der Lebensqualität abträglich gilt. Daraus resultiert die Erwartung, in der (Nah-)Region Arbeit finden zu können. Traditionelle, Männer wie Frauen, erweisen sich als regional gebundener als Moderne. Bei diesen hat das Kriterium in den letzten zehn Jahren stark an Zustimmung verloren.

			traditionell		modern	
	Männer	Frauen	Männer	Frauen	Männer	Frauen
2002	42%	40%	60%	57%	30%	34%
2012	44%	39%	49%	52%	12%	21%

TABELLE 15: Recht auf Arbeit – Leute aus der Region eher als Leute aus anderen Teilen Österreichs (2002, 2012 | Geschlecht)

Personen mit Unterhaltsverpflichtungen eher als Alleinstehende

Scheidungsväter haben in der letzten Zeit eigene Organisationen[84] gegründet, um auf ihre prekäre Lage aufmerksam zu machen.[85] Sie fühlen sich bei der Obsorge für das Kind benachteiligt. Zugleich

---

84 So z. B. den Verein „Väter ohne Rechte", in dessen Forderungen auch finanzielle Aspekte thematisiert werden, wie keine Exekution unter das Existenzminimum oder Berücksichtigung des geringeren Einkommens während der Väterkarenz bei der Unterhaltsbemessung. Vgl. http://www.wien-konkret.at/soziales/hilfseinrichtungen/vaeter-ohne-rechte/. Siehe auch http://www.vaterverbot.at.

85 Amendt, Gerhard: Scheidungsväter: Wie Männer die Trennung von ihren Kindern erleben, Frankfurt 2006. Boxberger, Darja: Scheidungsväter. Nicht selten vergessenes Familienmitglied; wie Männer die Auswirkungen und Folgen der Scheidung erleben und verarbeiten, Hildesheim 2008. Kanatschnig, Monika: Stressbelastungen und Bewältigungsreaktionen von emotionalen und realen Problemen nach familiärer Trennung und Scheidung aus der Sicht der Väter, Klagenfurt 1998.

macht nicht wenigen die Unterhaltspflicht für das Kind/die Kinder zu schaffen. Der Verlust der Erwerbsarbeit kann einen dann hart treffen.

Deshalb verlangen viele – sei es, weil sie selbst betroffen sind, sei es, weil sie Sorge haben, das könnte ihnen irgendwann auch passieren, sei es, weil sie es in ihrem Freundeskreis erleben –, dass Unterhaltspflichtige einen privilegierten Zugang zur knappen Arbeit haben sollen. Die Alleinlebenden, also jene, die (vermeintlich) ohne Sorgepflicht für andere sind (was im Einzelfall bei Alleinlebenden gar nicht zutreffen muss, wenn jemand etwa für pflegebedürftige Angehörige sorgt), sollen zurückstehen und ihnen vorrangig die Arbeit überlassen. Diese Option findet im Schnitt bei einem Drittel der Männer und Frauen Zustimmung. Die Werte bei den Modernen, insbesondere den modernen Frauen, sind – wie auch bei den anderen Beispielen – niedriger. Moderne scheinen den Zugang zu Erwerbsarbeit nicht an bestimmte Kriterien binden zu wollen.

		traditionell		modern	
Männer	Frauen	Männer	Frauen	Männer	Frauen
2002	42%	34%	55%	43%	37%	24%
2012	34%	34%	38%	48%	15%	5%

TABELLE 16: Recht auf Arbeit – Unterhaltspflichtige vor Alleinstehenden (2002, 2012)

Die Zustimmung zu einer solchen Vorzugsregelung fällt darüber hinaus in der sozialen E-Schicht[86] (41%) höher aus als in der höheren A-Schicht (25%).

Drei Gruppen

Ausländerpolitisch ist das ein wichtiges Ergebnis: Dass Fremde (Ausländer, Menschen aus anderen Teilen des Landes) zurückgestellt werden sollen, wollten 1992 51%, 2002 34%, 2012 25%.

---

86 Die Zuordnung zu einer der fünf Schichten basiert auf Einkommen, Bildung und Beruf.

Eine statistische Analyse dieser sechs Vorzugsregeln bei Arbeitsplatzknappheit lässt drei Gruppen erkennen:

- solche, die keinerlei Bevorzugung wünschen,
- andere, die bei allen vorgelegten Gruppen eine Bevorzugung wünschen,
- sowie eine dritte Gruppe, die vor allem für die Inländer und etwas abgeschwächt die Leute aus der Region vorrangig den Zugang zu knapper Arbeit öffnen möchten.

Der Anteil dieser drei Gruppen hat sich über die zwanzig Jahre merklich verschoben:

- Die keine Vorrangregeln wünschen, vermehrten sich von 7% (1992) über 25% (2002) auf 29% (2012). Darunter sind mehr Frauen (33%) denn Männer (25%).
- Der Anteil derer, die eine Bevorzugung aller genannten Gruppen wünschen, stieg nur leicht von 41% (1992) über 40% (2002) auf 47% (2012).

Arbeitszeitmodelle

Arbeitszeitmodelle spielen bei der Lebensplanung von Paaren zumal mit Kindern eine zunehmend wichtige Rolle. Bevor wir später dieser Frage im Zusammenhang mit dem Balanceakt Familie/Beruf näher nachgehen, soll jetzt – im Rahmen des Moduls Berufswelt – dargestellt werden, welche Arbeitszeitmodelle die Befragten sich wünschen. So lautete die einschlägige Frage, der eine Batterie von Antworten beigefügt worden war:

> Welches Arbeitszeitmodell wünschen Sie sich? Vollzeitarbeit, Teilzeitarbeit, flexible Arbeitszeit, Jahresarbeitszeit oder Lebensarbeitszeit?
> ... Vollzeitarbeit
> ... Teilzeitarbeit
> ... Flexible Arbeitszeit
> ... Jahresarbeitszeit (mit flexiblen Ausgleichsmöglichkeiten)
> ... Lebensarbeitszeit (mit Sabbatzeiten)

Es stehen Daten aus den Erhebungen der Jahre 2002 und 2012 zur Verfügung. Diese lassen eine kräftige Verschiebung erkennen: und zwar von flexibler Arbeitszeit hin zu Vollarbeitszeit. Die Verschiebung ereignete sich vor allem bei Männern. Hatten von diesen 2002 noch 45% flexible Arbeitszeit gewünscht, sind es 2012 mit 21% weniger als die Hälfte. 2002 hatten ähnlich viele Frauen wie Männer für sich eine flexible Arbeitszeit als gut befunden. 2012 sank die Zahl bei den Frauen auf 32%. Die Attraktivität von flexibler Arbeitszeit hat bei Frauen zu Gunsten von Vollzeit und Teilzeit abgenommen.

Insgesamt stark zugenommen hat in den letzten zehn Jahren der Wunsch nach Vollzeitarbeit. Eine solche möchten 67% der Männer und 40% der Frauen. Dafür sprechen eine höhere Bezahlung, bessere Aufstiegsmöglichkeiten sowie die Aussicht auf eine bessere finanzielle Lage in der Pension. Auch die Erfahrung spielt eine Rolle, dass Familien im wünschenswerten Fall zwei Vollzeit-Einkommen brauchen.

Teilzeitarbeit wird von Männern kaum gesucht. Hingegen hat sich eine von fünf Frauen im Jahr 2012 (20%) für diese Antwortmöglichkeit entschieden. Das ist aber weniger als im Jahr 2002: Da waren es noch eine von vier (25%).[87]

Innovative Arbeitszeitmodelle sind Sache einer Minderheit. Für Jahresarbeitszeit (mit flexiblen Ausgleichsmöglichkeiten) plädieren 6%, für Lebensarbeitszeit (mit Sabbatzeiten) 3%. Frauen und Männer haben hier gleiche Werte.

---

87 „Die Teilzeitquote von Frauen lag 2011 bei 44,0%. Der Zuwachs beträgt +0,2% im Vergleich zu 2010. Umgekehrt nahm die Teilzeitquote von Männern um 0,1% ab und liegt derzeit bei 8,9%. Der Zuwachs an Teilzeitstellen wurde entsprechend durch Frauen in Teilzeit gedeckt. Verhältnismäßig mehr Männer konnten vom Zuwachs der Vollzeitstellen profitieren." Maurer, Martina: Bericht Gleichstellung am österreichischen Arbeitsmarkt. Arbeitsmarktpolitik für Frauen Arbeitsmarktservice Österreich AMS, Wien 2011, 12.

		Vollzeit-arbeit	Teilzeit-arbeit	Flexible Arbeits-zeit	Jahresar-beitszeit (mit flexiblen Aus-gleichs-möglich-keiten)	Lebensar-beitszeit (mit Sabbat-zeiten)
2002	Männer	37%	4%	45%	10%	4%
	Frauen	27%	24%	42%	5%	2%
	alle	34%	10%	44%	9%	3%
2012	Männer	67%	2%	21%	6%	3%
	Frauen	40%	20%	32%	6%	3%
	alle	54%	11%	26%	6%	3%

TABELLE 17: Arbeitszeitmodelle (2002, 2012 | Geschlecht)

Ledige, Personen in Lebensgemeinschaften und Verheiratete haben unterschiedliche Arbeitszeit-Vorstellungen. Während von den verheirateten Männern 71% (und damit deutlich mehr als unter den Ledigen) vollzeitig arbeiten wollen, sind es unter den verheirateten Frauen 32% (und damit deutlich weniger als unter den Ledigen). In diesem Ergebnis spiegeln sich familiale Rollenverteilungen wider, die im Modul „Balance zwischen familialer und beruflicher Lebenswelt" eingehender thematisiert werden.
Ledige Männer wünschen eher flexible Arbeitszeiten als verheiratete.

		Vollzeitarbeit	Teilzeitarbeit	Flexible Arbeitszeit	Jahresarbeitszeit (mit flexiblen Ausgleichsmöglichkeiten)	Lebensarbeitszeit (mit Sabbatzeiten)
Männer	ledig	62%	2%	27%	7%	2%
	Lebensgemeinschaft	65%	2%	22%	6%	5%
	verheiratet	71%	3%	17%	6%	4%
	alle	**67%**	**2%**	**21%**	**6%**	**3%**
Frauen	ledig	46%	15%	30%	5%	3%
	Lebensgemeinschaft	45%	16%	30%	6%	3%
	verheiratet	32%	25%	33%	7%	3%
	alle	**40%**	**20%**	**32%**	**6%**	**3%**

TABELLE 18: Arbeitszeitmodelle nach Lebensstand (2012 | Geschlecht | Lebensstand)

Kinder im Haushalt verändern das Votum der Befragten nachhaltig, und dies erheblich stärker bei den Frauen als bei den Männern. Sind Kinder im Haushalt, ändert sich an der Vollzeitoption der Männer kaum etwas. Bei den Frauen hingegen sinkt deren Wert von 46% auf 28%. Dafür steigt der Wunsch nach Teilzeitarbeit von 15% auf 29% und der nach flexibler Arbeitszeit von 29% auf 36%. Was für Frauen in unserem Land das erwünschte Arbeitszeitmodell ist, wird somit nachhaltig von einem Kind/von Kindern im Haushalt mitbestimmt. Nicht so bei Männern.

		Vollzeit-arbeit	Teilzeit-arbeit	Flexible Arbeitszeit	Jahresar-beitszeit (mit flexiblen Ausgleichs-möglich-keiten)	Lebensar-beitszeit (mit Sab-batzeiten)
Männer	ja	64%	4%	24%	5%	4%
	nein	68%	2%	20%	7%	3%
	alle	**67%**	**2%**	**21%**	**6%**	**3%**
Frauen	ja	28%	29%	36%	5%	2%
	nein	46%	15%	29%	6%	4%
	alle	**40%**	**20%**	**32%**	**6%**	**3%**

TABELLE 19: Arbeitszeitmodelle – Kinder im Haushalt (2012 I Geschlecht I Kinder im Haushalt)

Wir sind mit dieser Analyse bereits in das Modul der privaten und hier wiederum der familialen Lebenswelt eingetreten.

Private Lebenswelten

Kaum ein Bereich des gesellschaftlichen Lebens ist heute in einer derart tiefgreifenden Veränderung wie jener, der mit Beziehungen, Ehe, Familie, Sexualität, Kindern und Pflege zu tun hat. Ein Moment an den Veränderungen ist eine wachsende Buntheit an Verbünden und deren Institutionalisierung/Verrechtlichung. Mit den Antworten auf folgende drei Fragen aus der Studie nähern wir uns diesem Bereich an:

Eine Frage Ihre Lebensweise in Bezug auf die Partnerschaft betreffend: Leben Sie ...
... immer allein
... zeitweise allein – zeitweise mit jemand anderen zusammen
... in gemeinsamem Haushalt mit einer Partnerin
... in gemeinsamem Haushalt mit einem Partner

[an Befragte, die zumindest zeitweise in einer Partnerschaft leben] Wie würden Sie diese Partnerschaft bezeichnen? Würden Sie sagen, „kurzfristig", „eine gewisse Dauer erwarte ich schon" oder „auf Dauer angelegt"?

... kurzfristig

... eine gewisse Dauer erwarte ich schon

... auf Dauer angelegt

Bitte geben Sie Ihren Familienstand an. Sind Sie ...

... ledig

... verheiratet

... verwitwet

... geschieden/getrennt

... in einer Lebensgemeinschaft

Alleinleben

Die Zahl der Personen, die allein leben, steigt in Europa. So lebt beispielsweise heute jeder Fünfte in Deutschland allein. Wie das Statistische Bundesamt in Berlin mitteilte, gab es 2011 rund 15,9 Millionen Alleinlebende. Deren Zahl hat sich in den vergangenen 20 Jahren deutlich erhöht. 1992 gab es 11,4 Millionen Alleinlebende. Das entsprach einer Quote von 14% im Vergleich zu 20% heute. In Großstädten ist der Single-Anteil am höchsten. In Ostdeutschland nahm die Zahl der Alleinlebenden seit der Wiedervereinigung um 57% auf 3,7 Millionen zu. In Westdeutschland stieg sie um 35% auf 12,1 Millionen. Die Zahl alleinlebender Frauen stieg seit 1991 um 16%, die alleinlebender Männer um 81%.[88]

Auch in Österreich nahm deren Zahl zu, von 16% im Jahre 2002 auf 27% im Jahre 2012. Diese Gruppe ist bunt: Manche verbünden sich nach einer Trennung/Scheidung nicht mehr. Andere leben von Haus aus gern allein, wieder andere finden keine Partnerin/keinen Partner. Für moderne Frauen, so unsere Studie, scheint es heute nicht einfach zu sein, einen zu ihnen passenden Partner zu finden. Alleinleben am Beginn des Lebens ist vielen Lust – assoziiert mit

---

88 In Deutschland lebt jeder Fünfte allein: Die Welt, 11. 07. 12.

Freiheit, Ungebundenheit, Selbstbestimmung –, am Ende hingegen wird es zur Last und birgt die Gefahr der Vereinsamung. Alleinleben bedeutet in den meisten Fällen nicht, beziehungslos zu leben. Die Zahl der Singlehaushalte steigt aber, auch deshalb, weil sie finanzierbar geworden sind. „Living apart together" ist eine beliebte (zeitweilige) Lebensgestalt.

Alleinleben ist nicht Ausdruck von ökonomistischem Egoismus: „Der Präsident des Statistischen Bundesamtes, Roderich Egeler, wies darauf hin, dass Alleinlebende häufiger von Armut bedroht sind. Nach den Alleinerziehenden seien Single-Haushalte diejenigen mit der höchsten Armutsgefährdungsquote. 2009 lag sie laut einer EU-Statistik mit 30% fast doppelt so hoch wie im Bevölkerungsdurchschnitt (15,6%)."[89]

Vielfalt „eheförmiger" Gemeinschaften

Die Auswertung der ersten Frage „Wie leben Sie?" zeigt: 52% der Männer lebten 2012 (2002: 60%) mit einer Partnerin im gemeinsamen Haushalt. Bei den Frauen waren es 2012 51%, die mit einem Partner zusammen waren (2002: 59%).

		immer allein	zeitweise allein – zeitweise mit jemand anderen zusammen	in gemein- samem Haushalt mit einer Part- nerin	in gemein- samem Haushalt mit einem Partner
2002	Männer	14%	22%	60%	4%
	Frauen	17%	20%	3%	59%
	alle	**16%**	**21%**	**31%**	**33%**
2012	Männer	27%	15%	52%	7%
	Frauen	28%	17%	4%	51%
	alle	**27%**	**16%**	**28%**	**30%**

TABELLE 20: Lebensorganisation (2002, 2012 | Geschlecht)

---

89 In Deutschland lebt jeder Fünfte allein.

Es sind zumeist ein Mann und eine Frau, die sich verbünden. Unter den Befragten gab es 2012 zudem 4% lesbische und 7% schwule Paare. Viele von ihnen wollen wie heterosexuelle Paare rechtlich als „Ehen" anerkannt werden, eine Forderung, die ein modernes Land nach dem anderen auch erfüllt. Man kann in den öffentlichen Diskussionen manchmal sogar den Eindruck gewinnen, dass homosexuellen Paaren derzeit mehr an der Verehelichung liegt als heterosexuellen Paaren. Für viele ist es ein Akt der „Entdiskriminierung".

Von den Männern, die mit einer Partnerin in einem gemeinsamen Haushalt leben, sind laut eigener Aussage 79% verheiratet und 21% bilden eine Lebensgemeinschaft (ohne Eheschließung). Bei den Frauen, die mit einem Partner leben, haben sich 76% als verheiratet eingestuft und 24% leben in einer Lebensgemeinschaft.

Aufschlussreich sind die übrigen Felder in der Tabelle. 21% der geschiedenen Männer und 29% der geschiedenen Frauen gaben an, „immer allein" zu leben. 15% der geschiedenen Männer und 30% der geschiedenen Frauen verbringen ihr Leben „zeitweise allein, zeitweise aber auch mit jemand anderem zusammen". Von den gleichgeschlechtlichen Paaren haben sich 86% der Befragten den Verheirateten zugeordnet (wobei daraus nicht ganz klar hervorgeht, ob sich die Heirat auf den gleichgeschlechtlichen Partner oder eine mögliche frühere heterosexuelle Partnerschaft bezieht). 14% leben in einer Lebensgemeinschaft. Bei den Frauen ist das Verhältnis etwas zu Gunsten der Lebensgemeinschaft verschoben: 67% sind verheiratet, 33% in einer Lebensgemeinschaft.

Die Ehe ist auf lebenslange Dauer angelegt, was aber nicht immer verwirklicht werden kann. Neben ihr finden sich heute variable Lebensformen. Die meisten Paare leben längere Zeit schon vor der Ehe zusammen, andere bleiben auf unterschiedliche Dauer in nicht standesamtlich und/oder kirchlich geschlossenen Lebensgemeinschaften.

89% der heterosexuellen Männer und Frauen, die mit einer Partnerin bzw. einem Partner zusammenleben, sagen, dass ihre Beziehung „auf Dauer angelegt" ist. Dies trifft auch auf die gleichgeschlechtlichen Partnerschaften zu. Sie unterscheiden sich von ihrer inneren Dynamik her in dieser Hinsicht nicht von heterosexuellen Paaren. Der Anteil derer, die nur eine „gewisse Dauer" erwarten, liegt mit rund zehn Prozent in allen Gruppen niedrig.

		kurz-fristig	eine gewisse Dauer erwarte ich schon	auf Dauer ange-legt
Männer	zeitweise allein – zeitweise mit jemand anderen zusammen	16%	65%	19%
	in gemeinsamem Haushalt mit einer Partnerin	0%	11%	89%
	in gemeinsamem Haushalt mit einem Partner	2%	6%	93%
Frauen	zeitweise allein – zeitweise mit jemand anderen zusammen	14%	63%	23%
	in gemeinsamem Haushalt mit einer Partnerin	0%	12%	88%
	in gemeinsamem Haushalt mit einem Partner	0%	10%	89%

TABELLE 21: Dauerhaftigkeit der Lebensorganisation (2012 | Geschlecht | Lebensorganisation)

Die hohe Ähnlichkeit von hetero- und homosexuellen Partnerschaften hinsichtlich ihrer inneren Dynamik im Blick auf Dauer, Verlässlichkeit und Verbindlichkeit macht verständlich, dass homosexuelle Paare für ihre Partnerschaft eine ähnliche Rechtslage fordern wie sie die Heterosexuellen schon lange in Anspruch nehmen können. Es ist die innere, auf Dauer angelegte „eheförmige" Verbundenheit gleichgeschlechtlicher Paare, die danach verlangt, in juridisch gefasster Verbindlichkeit zum Ausdruck gebracht zu werden.

In vielen Ländern ist das heute bereits rechtlich geregelt. Es gibt die Möglichkeit der „Verpartnerung", wie sie in Österreich etwas spröde genannt wird. Der Begriff ist auch insofern unangemessen, weil ja die beiden nicht erst durch die „Verpartnerung" Partner werden; ihre Partnerschaft wird „lediglich" rechtlich gefasst. Andere Gesellschaften machen keinen Unterschied bei der rechtlichen Fassung von Partnerschaften. Sie sehen unabhängig von der sexuellen Orientierung des Paares eine Heirat vor dem Standesamt vor.

Die christlichen Kirchen gehen in dieser Frage unterschiedliche Wege. Auch innerhalb der christlichen Konfessionen gibt es dazu unterschiedliche Ansichten: Protestantische Kirchen sind in Fragen der „Ehe" als einem „weltlichen Ding" (Martin Luther) für die moderne Verbuntung der Lebensformen offener als die Katholische, wobei in der Evangelischen Kirche derzeit heftige innere Auseinandersetzungen um die Sicht auf Ehe und Familie stattfinden.[90] Der Islam lehnt Heiraten unter Homosexuellen strikt ab, die Haltungen im Judentum sind analog zum Christentum je nach Ausrichtung sehr unterschiedlich und reichen von strikter Ablehnung bis zu selbstverständlicher Akzeptanz. Auch das Verhältnis des Buddhismus zu homosexuellen Lebensgemeinschaften ist sehr komplex und je nach Schule unterschiedlich.

Ritueller Gleichklang zwischen homosexuellen und heterosexuellen Paaren macht im gesellschaftlichen Diskurs dann weniger Probleme, wenn „Ehe" (Heirat) und Familie voneinander abgelöst betrachtet werden. Widerstand regt sich hingegen bei jenen Gruppen, für welche eine „Ehe" nicht nur der Liebe zwischen zwei erwachsenen Personen Ausdruck verleiht und diese „regelt", sondern wo sie auch dem Zeugen von Kindern dient. In einem solchen Konzept sind Ehe und Familie, Heiraten und Kinderkriegen unlösbar aneinander gebunden. Eine Eheschließung erweist sich dann als unangebracht, wenn oder weil die Zeugung von eigenen Kindern nicht möglich ist oder vom Paar dezidiert ausgeschlossen wird. Das katholische Kirchenrecht sieht in der Fähigkeit bzw. im Willen zum Kind einen Eheverhinderungs- bzw. einen Ehenichtigkeitsgrund. Schließt jemand bei der Heirat kategorisch Kinder aus, ist die katholische Eheschließung nichtig: Unter dieser Voraussetzung kommt im katholischen Verständnis keine gültige Ehe zustande.

Allerdings werden auch in der aktuellen profanen Diskussion um die rechtliche Regelung verlässlicher und dauerhafter Beziehungen unter gleichgeschlechtlich Liebenden Ehe und Familie enger miteinander verbunden gesehen, als man auf den ersten Blick meinen

---

90 Vgl. dazu das auch innerprotestantisch diskutierte Dokument der EKD: Zwischen Autonomie und Wirklichkeit. Familie als verlässliche Gemeinschaft stärken. Eine Orientierungshilfe der Evangelischen Kirche Deutschlands, München 2013.

könnte. Denn diese verlangen über die Verpartnerung (die hinsichtlich der Paardynamik natürlich einer traditionellen Eheschließung
ähnelt) hinaus auch, einen rechtlich anerkannten Lebensraum für
Kinder einrichten zu können, mit allen Rechten und Pflichten, die
heterosexuellen Eheleuten zustehen. Das kann für Kinder, die aus
früheren heterosexuellen Beziehungen in die Partnerschaft mitgebracht wurden, geschehen. Gefordert wird aber auch das Recht zur
Adoption von fremden Kindern: Eine soziale, von der biologischen
abgehobene Elternschaft kommt ins Spiel. Dass es eine solche
grundsätzlich gibt und geben muss, zeigen nicht nur die vielen „va-
terlosen Kinder" aus Kriegszeiten, sondern auch viele fachwissen-
schaftliche einschlägige Studien.[91]
In dieser Frage gehen derzeit die einzelnen Länder unterschiedliche Wege. Durchsetzen wird sich wohl ein pragmatischer Weg.
Denn sobald Personen, die bislang mit einer Person anderen Geschlechts verheiratet waren, wegen ihrer sexuellen Orientierung
diesen Lebensverbund verlassen, um einen gleichgeschlechtlichen
Partner zu „heiraten", kann es durchaus sein, dass er oder der Partner (sie oder die Partnerin) in diesen gleichgeschlechtlichen Ver-
bund eigene Kinder mitbringt. Dann stellt sich zunächst die Frage,
ob der andere Partner/die andere Partnerin das Recht bekommt,
formell auch der Vater/die Mutter dieser mitgebrachten Kinder zu
werden. Ob zu den mitgebrachten weitere Kinder adoptiert werden können, weitet die Frage zusätzlich aus. Darüber hinaus finden gleichgeschlechtliche Paare aber auch andere Wege, um ihren
Kinderwunsch zu erfüllen: Beispielsweise, indem sich ein homose-
xuelles und ein lesbisches Paar zusammentun, um Kinder zu bekommen und diese dann gemeinsam (also in einer „Großfamilie"/
Regenbogenfamilie mit zwei Vätern und zwei Müttern) großzu-
ziehen.
Anfragen an solche Konstellationen kommen nicht nur von Religionsgemeinschaften, die auf Grund ihrer Überlieferungen solche
Lösungen nicht befürworten, sondern bestenfalls „hinnehmen"
können. In all diesen Diskussionen ist zuerst die Frage zu stellen,
wessen Wohl dabei in den Vordergrund gestellt wird: jenes der Er-

---

91 Mehr dazu in Ahnert, Liselotte: Wieviel Mutter braucht ein Kind? Bindung, Bildung, Betreuung: öffentlich und privat, Heidelberg 2011.

wachsenen oder das der Kinder?[92] Steht das Kindeswohl im Mittelpunkt, dann gilt es zu erwägen, was ein Kind für seine Entwicklung braucht. In den meisten Fällen stehen dem Kind eine erwachsene Frau als Mutter und ein erwachsener Mann als Vater zur Seite. Ist das idealtypisch gesprochen die wünschenswerte Konstellation etwa auch für die Ausbildung der sexuellen Identität des Kindes? Wie ist das dann aber bei den Kindern, die in Kriegszeiten ohne präsenten Vater aufwachsen mussten, oder jenen, die durch frühen Tod die Mutter oder den Vater verloren haben? Können nicht zwei Frauen oder zwei Männer gute Eltern für ein Kind sein? Es wird verschiedentlich auch argumentiert, dass es Kinder in befriedeten gleichgeschlechtlichen Partnerschaften besser haben als in beschädigten heterosexuellen Ehen. Aber diese Argumentation leidet darunter, dass Ungleiches verglichen wird: Es wird eine gute homosexuelle Partnerschaft gegen eine schlechte Ehe ausgespielt. Und man weiß dann nicht, ob das gute Ergebnis tatsächlich für die homosexuellen Gemeinschaften spricht oder lediglich sichtbar macht, dass manche Ehen so beschädigt sind, dass sie ihre Aufgabe nicht erfüllen können – was ja auch in einer homosexuellen Verbindung der Fall sein kann.

Was also brauchen die Kinder, um gedeihen zu können? Studien, die bislang dazu vorliegen, kommen zu unterschiedlichen Ergebnissen. Die Frage selbst gilt es in Zukunft ohne ideologische Vorurteile fachlich fundiert zu diskutieren. Um der Kinder willen.

---

92 „Jahrzehntelang werden Väterrechte als Privilegien bewertet, die zur Frauenförderung entzogen werden müssen. Ebenso lange rangieren Mütterrechte im Schutz des Grundgesetzes vor Väterrechten. Selbst in der modernen Rechtschreibung scheint der Begriff ,Väterrechte' so ungewöhnlich, dass er automatisch vom Rechtschreibprogramm rot unterstrichen wird, während ,Mütterrechte' anstandslos durchlaufen. Kinder wurden immer mehr alleinig Müttersache und standen so wenig im öffentlichen Interesse, dass sie bis heute in Deutschland keine eigenen Kinderrechte im Grundgesetz haben. Geschweige denn ein verbrieftes, unantastbares, garantiertes Recht auf ihre beiden Elternteile und dauerhafte Teilhabe an deren Leben." Jäckel, Karin: „Die heroisierte Alleinerziehende und die verniedlichte Vaterlosigkeit des Kindes", in: Befreiungsbewegung für Männer, 57–90, 87.

Familiale Lebenswelten: Kinder

Die bisherigen Überlegungen haben bereits die Versuchung ange-deutet, dass die derzeitigen Debatten rund um die familiale Lebens-welt um die Erwachsenen, ihre Rechte und Pflichten kreisen. Das Ringen um die Gleichstellung von homosexuellen mit heterosexu-ellen Paaren hat lediglich den Kreis der Erwachsenen ausgeweitet. Das Wohl der Kinder ist bei vielen Diskussionen lediglich ein Un-terkapitel. Erwachsenenwohl geht vor Kindeswohl. Manchmal wer-den Kinder sogar für die Interessen von Erwachsenen instrumenta-lisiert: „Man(n)/Frau habe ein Recht auf ein Kind" – ein solcher Satz ist richtig und fragwürdig zugleich. Aus dem Subjekt „Kind" kann schnell ein Objekt werden. Wogegen Kant heftig protestiert: Nie dürfe ein Mensch für einen anderen Menschen verzweckt werden. In den folgenden Überlegungen wird diese einseitige Spur der Er-wachsenenrechte verlassen. Das Kind rückt in die Mitte. Nicht mehr um Partnerschaft, Ehe sowie – mit Blick auf die bunte Wirklichkeit ausgeweitet – um eheförmige Beziehungen geht es im Folgenden, sondern um Familie bzw. – wiederum auch sprachlich ausgeweitet – um „familiale Lebenswelten". Wir stehen für die vielfach geforder-te „Option für die Kinder": Und dies in einer kinderunfreund-lichen Gesellschaft[93] – zumindest einer Gesellschaft, in der immer weniger Kinder zur Welt gebracht werden.

Der erweiterte Begriff der „familialen Lebenswelten" wird verwen-det, um den vielfältigen Familienformen Rechnung zu tragen, de-nen aber eines gemeinsam ist: das „Familiale". Gemeint ist damit das, was Menschen brauchen, um wachsen und sich entfalten zu können. Brigitte und Peter L. Berger betonen in ihrer Familienso-ziologie, dass Menschen zum „Gedeihen" einen „Raum, geprägt von Stabilität und Liebe" benötigen.[94]

---

93 Ein Aspekt der „Kinderabweisung" ist die Entwicklung der Geburtenra-te. In den letzten zwanzig Jahren fiel die durchschnittliche Kinderzahl, so die Daten unserer Studien, von 1,41 im Jahre 1992 auf 1,21 im Jahre 2012. Der Anteil der Kinderlosen hingegen stieg bei den Männern von 37% auf 43%, bei den Frauen von 29% auf 35%. Letztere Zunahme ist mitbeeinflusst von der Tatsache, dass Männer wie Frauen heute im Durchschnitt später Eltern werden als noch 1992.

94 Berger, Brigitte und Peter L.: In Verteidigung der bürgerlichen Familie, Frankfurt 1984.

Vorweg sei hier auch schon angedeutet: Das Familiale bezieht sich nicht nur auf Kinder, sondern auch auf pflegebedürftige und sterbende Angehörige.

Zu zwei Aspekten werden im Folgenden Untersuchungsergebnisse und Reflexionen vorgelegt: Stören Kinder oder bereichern sie? Und: Was machen die Männer/Väter und Frauen/Mütter mit ihren Kindern?

Die einschlägigen Aussagen zum ersten Aspekt lauteten:

... Kinder stören heute die Lebensinteressen von Männern.
... Kinder stören heute die Lebensinteressen von Frauen.

		von Männern	von Frauen
2002	Männer	15%	16%
	Frauen	15%	23%
2012	Männer	19%	22%
	Frauen	22%	20%

TABELLE 22: Kinder stören heute die Lebensinteressen von Männern/ Frauen (2002, 2012 | Geschlecht)

22% der Frauen meinen 2012, dass Kinder die Interessen von Männern stören. Ebenso viele Männer sehen, dass heute Kinder Frauen stören. Die Ansicht, dass Kinder Männerleben irritieren, hat in den letzten Jahren zugenommen. 2002 waren nur 15% der Frauen/Männer dieser Ansicht.

Die Einschätzung durch Männer und Frauen unterscheidet sich: Dass Kinder Männer stören, denken sowohl mehr Frauen als auch Männer. Dass Frauen durch Kinder gestört werden, nimmt aus Männersicht zu, nicht aber aus Frauensicht – unter Frauen hat diese Einschätzung eher abgenommen.

In der bereits erwähnten Onlineumfrage wurde dieses Ergebnis engagiert diskutiert. Die Beiträge weisen in drei Richtungen:

Kreative Störung

Die Störung wird zunächst als ganz normal angesehen: Wenn in das Leben eines Paares ein Kind dazukommt, ändert sich notwendigerweise der gewohnte Lebensstil: von der Zeit für Zweisamkeit über die finanziellen Ressourcen, wenn ein Elternteil sich entscheidet, die eigene Berufstätigkeit zu reduzieren oder zu unterbrechen, bis zur Zeit und Energie für früher gepflegte eigene Interessen und Engagements. Dies bedeutet zunächst, sich anpassen, sich verändern, auf manches verzichten zu müssen, was nicht immer leichtfällt. Schon das kann als „Störung" des Bisherigen erlebt werden.

> Kinder sind ihrem Wesen nach Unruhe stiftend und „störend", wenn immer alles nach Plan laufen soll und die Arbeitswelt und Freizeitindustrie volle Flexibilität verlangt. Kinder bedeuten immer auch mindestens ein paar Jahre lang Verzicht. Außerdem belasten sie das Haushaltsbudget. (Frau, 41–50, verheiratet, 2 Kinder)
> Kinder verändern sehr den bisherigen Zeit- und Lebensplan eines Paares. Ich denke nicht an Störung der bisherigen Lebensinteressen, sondern die Entscheidung, neben der neuen Elternschaft die Partnerschaft nicht zu vernachlässigen. (Mann, 60+, verheiratet, 2 Kinder)

Auf diese Störung kann kreativ reagiert werden. Das Alltagsleben wird um das neue Familienmitglied herum umgebaut. Nicht die Störung ist also das Problem, sondern ob der Umbau angegangen wird und wie er gelingt:

> Ich finde es natürlich, dass Kinder die individuellen Lebensinteressen von Frauen und Männern „stören". Man kommt nicht mehr zu den vielen Interessen, denen man vorher ganz selbstverständlich nachgegangen ist. Das Entscheidende ist aber der Umgang mit dieser „Störung": Bin ich bereit, zu Gunsten des Kindes auf bestimmte Dinge zu verzichten? Das heißt aber nicht gleichzeitig, dass ich mein Leben vom Kind bestimmen lasse. Meines Erachtens wäre das Wort „beeinflussen" statt „stören" hier angebrachter. (Frau, 41–50, ein Kind)

Aus der „Störung" kann dem Paar eine Bereicherung zuwachsen. „Für einen Mann ist es eine Bereicherung, zur Betreuung seines kleinen Kindes in Erziehungsurlaub zu gehen." Dieser Aussage stimmen im Jahre 2012 45% aller Befragten, 39% der Männer und 51% der Frauen zu. Im höheren Prozentwert der Frauen schwingen einerseits eigene positive Erfahrungen, andererseits aber wohl auch der Wunsch mit, dass Männer auch tatsächlich in Karenz/Elternzeit gehen. 40% der Frauen halten folgende Position für sich für stimmig: „Eine Frau muss ein Kind haben, um ein erfülltes Leben zu haben." Auch wenn die restlichen 60% ihr Lebensglück nicht von Kindern abhängig machen wollen, so erleben doch viele Kinder als eine Bereicherung in ihrem Leben. Das äußert sich auch in folgenden Kommentaren der Onlineumfrage:

Ich empfinde Kinder prinzipiell als große Bereicherung meines Lebens und meines Alltags, wenn sie einen im Detail auch manchmal bis an die eigenen Energiegrenzen fordern oder der Alltag mit ihnen nicht immer leicht zu gestalten ist. Man muss ja schließlich täglich versuchen die Interessen von allen Familienmitgliedern aufeinander abzustimmen. Soziales Lernen aller Mitglieder ist jedoch auch ein positiver Nebeneffekt, der gesamtgesellschaftlich gesehen äußerst wichtig ist. (Frau, 51-60, 3 Kinder)
Diese Menschen tun mir leid, weil sie nicht wissen, wie beglückend es ist, Kinder zu haben. (Frau, 60+, 3 Kinder)
Das kommt darauf an, welche Interessen die Paare haben: Ich finde Kinder bereichernd und sie sind mein Interesse. Mein Mann empfand sie oft als störend, weil anstrengend, und sie hinderten ihn an der Umsetzung mancher materieller Wünsche. (Frau, 60+, 3 Kinder)

Eine Form der Bereicherung: Kinder machen Frauen zu Müttern und Männer zu Vätern – und das mit vielen neuen Erfahrungen:

Ein Vater ist ein richtiger Mann, eine Mutter ist eine richtige Frau. Das Lebensinteresse ist Weitergabe irgendwie. Störungen sind vielleicht mal konkret und zeitlich begrenzt. (Mann, 60+, verheiratet, 2 Kinder)

Kinder bereichern letztlich die ganze Gesellschaft. Mit Kindern investiert diese in ihre eigene Zukunft.

Kinder sind die Wiege des Lebens und der Liebe. Eine Gesellschaft, in der Kinder stören, hat ihre Zukunft aufgegeben. (Mann, 41–50, verheiratet, 3 Kinder)
Dummheit! In den Beziehungen zu Kindern jeglichen Alters wird das Leben in seiner ganzen Breite gelebt. Abgesehen davon ist die Zeit, die wir Kindern schenken, die wertvollste „Investition" in die Zukunft. (Frau, 60+, keine Kinder)

(Nicht mehr) Egoismus?

Manche reagieren auf das Ergebnis schockiert: Sie deuten es als großen und wachsenden Egoismus in unserer Gesellschaft und klagen, dass unsere Gesellschaft solchen Egoismus fördert. Ein ungezügelter Kapitalismus und die damit verbundene Konsum- und Freizeitindustrie werden als Ursache gegeißelt.

Dieses Ergebnis deutet auf wachsenden Egoismus innerhalb der Gesellschaft hin. (Frau, <30, keine Kinder)

Andere zeigen sich angesichts der Umfrageergebnisse erleichtert. Sie sind froh und zum Teil sogar überrascht, dass nicht mehr als 22% der Menschen in unserem Land Kinder als störend wahrnehmen.

Verhältnisse

Schließlich betonen einige, dass nicht das Kind stört, sondern die großen und ungelösten Probleme, die sich aus dem Zueinander von Beruf und Kind ergeben: Manche jüngere Menschen überfordert dies. Schwer wird es vor allem für jene, die ihren Lebensschwerpunkt im Beruf sehen. Dieses Teilthema wird im nächsten Modul ausführlich diskutiert werden.

Ich habe den Verdacht, dass Männer und Frauen sich immer mehr über ihren Beruf definieren. Der Mehrwert an Lebensqualität mit Kindern scheint mehr und mehr verloren zu gehen. Vielleicht auch deshalb, weil Frauen immer noch die Hauptlast tragen. Die Doppelbelastung von Erwerbsarbeit und Familienarbeit ist für viele nicht mehr aushaltbar. (Frau, 41–50, verheiratet, 3 Kinder)

Kinder sind für mich (m)ein natürlich gewachsenes Lebensinteresse; ich halte diese Extremmeinung für ein Indiz einer massiven Entfremdung großer Teile der Gesellschaft von bestimmten Lebensgrundlagen. [...] Gründe hierfür dürften von der Arbeitswelt geliefert werden oder auch in einem individualistischen Lebensstil zu suchen sein, der eher Konsum und Wellness als Ziel formuliert. Ist das zu klischeehaft? (Mann, 51–60, verheiratet, 2 Kinder)

Ich erlebe immer mehr junge Menschen, zu deren Lebensentwürfen Kinder nicht dazuzählen, ich finde das sehr irritierend. Das Leben scheint so schwierig, unvorhersehbar und anstrengend zu sein, dass man es nur ohne Kinder schaffen kann. (Frau, 51–60, keine Kinder)

Es ist eher bei den jüngeren Leuten die Verantwortung, die sie sehen, Kinder zu zeugen, ohne selbst eine beruflich sichere Zukunft, die auch planbar ist, zu haben. (Mann, 51–60, keine Kinder)

Da steckt zum Teil wohl auch Druck von Seiten der Arbeitgeber dahinter, weil Kinder (bei uns) die Karrieren vor allem von Frauen stören oder behindern. (Frau, 51–60, keine Kinder)

Tätigkeiten mit Kindern

Traditionellerweise waren Kinder den Müttern anvertraut. Die Väter hatten auch wenig Zeit für sie, weil sie in der Arbeit waren oder weil sie einen Teil ihrer Freizeit mit Freunden verbrachten.

Daran hat sich bis heute nur wenig geändert. Frauen machen weit mehr mit Kindern als Männer. Wenn Väter sich beteiligen, dann eher an den „sauberen" Tätigkeiten, wie spielen, spazieren gehen und Sport betreiben. Die Versorgungsarbeit hingegen verbleibt bei den Müttern: bei Krankheit pflegen, waschen/aufs Klo setzen/Babypflege, zum (Kinder-)Arzt gehen, Elternsprechtag und Schulfest besuchen, mit Kindern beten.

An dieser Arbeitsteilung hat sich in den letzten zehn Jahren nur wenig geändert. Mütter und noch mehr Väter sind – ihrer eigenen Einschätzung nach – etwas weniger in den aufgezählten Feldern mit Kindern tätig als noch vor zehn Jahren. Der Rückgang ist bei den Vätern noch etwas stärker als bei den Müttern. In Summe machen 2012 die Eltern weniger mit ihren Kindern als noch vor zehn Jahren.[95]

---

95 Daneben gibt es aber auch plausible Berichte, die darauf hinweisen,

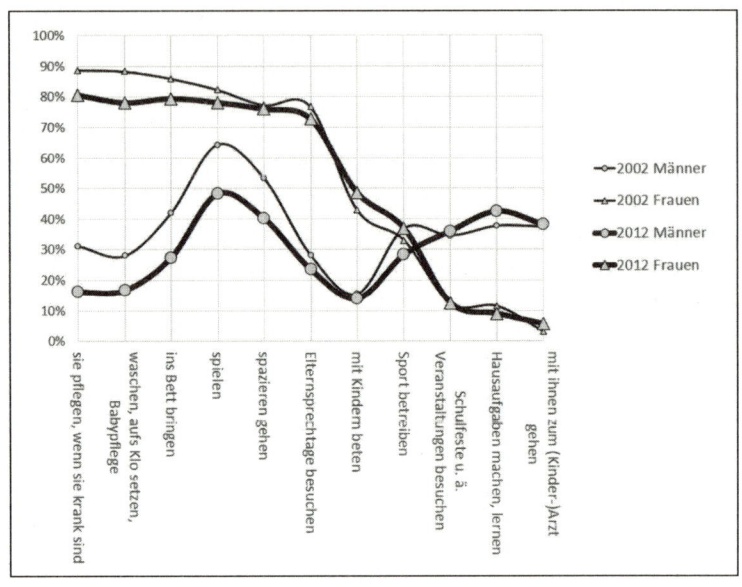

ABBILDUNG 5: Tätigkeiten mit Kindern
Welche der folgenden Tätigkeiten, die ich Ihnen nun vorlesen werde, verrichten Sie mit Ihren Kindern bzw. haben Sie mit den Kindern regelmäßig, gelegentlich oder nie gemacht, als diese noch klein waren?
(1 = regelmäßig; 2002, 2012 | Geschlecht)

dass eine nicht erwerbstätige Hausfrau und Mutter vor 40 Jahren etwa gleich viel Zeit in die Erziehung ihrer Kinder investierte wie eine berufstätige Mutter heute (zum Beispiel schon deshalb, weil die Haushaltsführung mehr Zeit in Anspruch nahm, mehr Kinder da waren und auch das Bewusstsein ein anderes war). Gestützt auf eine amerikanische Studie aus dem Jahr 2006 berichtet Sheryl Sandberg: „Wenn es im Arbeitsleben ein neues Verständnis dafür gibt, was normal ist, dann gilt das auch für zu Hause. So wie die Erwartungen an die Arbeitszeit der Menschen dramatisch gestiegen sind, sind auch die Erwartungen an die Zeit gestiegen, die Mütter mit ihren Kindern verbringen sollen. Im Jahr 1975 verbrachten Vollzeitmütter im Schnitt ungefähr elf Stunden pro Woche mit hauptsächlicher Kinderbetreuung (als solche definiert man die alltägliche Versorgung und Tätigkeiten, die das Wohlergehen eines Kindes fördern, wie beispielsweise Vorlesen und intensives Spielen). Außer Haus arbeitende Mütter verbrachten 1975 sechs

Moderne Väter übertreffen allerdings ihre traditionellen Kollegen um vieles. Beim Spazierengehen und Spielen übertreffen sie sogar die modernen Mütter. Diese sind ihnen aber bei den Versorgungstätigkeiten immer noch weit voraus.

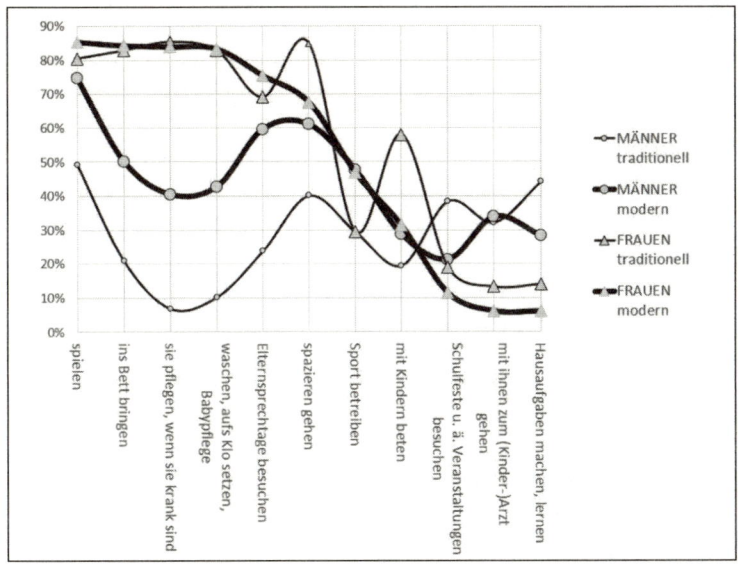

ABBILDUNG 6: Tätigkeiten mit Kindern
Welche der folgenden Tätigkeiten, die ich Ihnen nun vorlesen werde, verrichten Sie mit Ihren Kindern bzw. haben Sie mit den Kindern regelmäßig, gelegentlich oder nie gemacht, als diese noch klein waren?
(1 = regelmäßig; 2012 I Geschlecht I Traditionelle und Moderne)

Bildet man mit den Werten aller elf Tätigkeiten einen Summenwert, dann wird numerisch sichtbar gemacht, wie sehr die Sorge um die Kinder nach wie vor bei den Frauen liegt. Moderne Män-

Stunden mit derartigen Tätigkeiten. Heute verbringen Vollzeitmütter im Durchschnitt ungefähr siebzehn Stunden pro Woche mit hauptsächlicher Kinderbetreuung, während außer Haus arbeitende Mütter elf Stunden damit verbringen. Heutzutage verbringt eine berufstätige Mutter genauso viel Zeit mit hauptsächlicher Kinderbetreuung wie eine nichtberufstätige Mutter im Jahr 1975." Sandberg, Sheryl: Lean In: Frauen und der Wille zum Erfolg, Berlin 2013, 188f.

ner unterstützen dabei etwas mehr als traditionelle Väter. Aber die Kluft zwischen dem Einsatz von Frauen und jenem von Männern ist eklatant: Der Summenwert für alle Männer beträgt 272 Punkte, jener für alle Frauen 755. Das wachsende Engagement moderner Väter hat das Engagement der Mütter bislang nicht spürbar reduziert. Sehr kritisch vermerkt jemand in der Onlineumfrage:

Ich sehe die neuen Rollen nicht wirklich, in der gelebten Wirklichkeit sind die Frauen einer Doppelbelastung ausgesetzt (äußerste Anforderung im Beruf und unverkürzte Anforderung als Ehe-/Hausfrau und Mutter). Männer sonnen sich selbstverliebt bei der Wahrnehmung des Erziehungsurlaubs in der Rolle der „Neuen Väter", ohne den berufstätigen Frauen und Müttern wirklich Arbeit abzunehmen (nicht nur im Erziehungsurlaub). (anonym)
Kinder brauchen nicht nur Mütter, sondern auch Väter! (Frau, 41–50, 2 Kinder, alleinerziehend)

Insgesamt ist dieser Summenwert sowohl bei Frauen wie Männern in den letzten zehn Jahren kleiner geworden. Bei den Männern ging er von 385 auf 272 zurück, bei den Frauen von 810 auf 755. Beide, Frauen und Männer, machen heute offenbar weniger mit ihren Kindern als noch vor zehn oder zwanzig Jahren. Das muss nicht gleich schon qualitativ weniger Engagement bedeuten. Es kann aber durchaus der Fall sein, dass Mütter wie Väter immer weniger Zeit für die Kinder übrig haben, weil der Beruf und andere Aktivitäten zu viel davon beanspruchen. Es reicht nicht, wenn Väter mehr Zeit mit ihren Kindern verbringen wollen – es muss dies auch strukturell möglich, also mit ihrem Beruf vereinbar sein.

Der numerische Befund könnte – da es sich jeweils um die Selbsteinschätzung der Mütter und Väter handelt und viele Tätigkeiten nicht einfach nicht erledigt werden können (z. B. Kinder ins Bett bringen, waschen/aufs Klo setzen etc.) – jedoch auch anders gedeutet werden: Eltern haben höhere Ansprüche an sich selbst, sind selbstkritischer und nehmen die Spannung zwischen Familie und Beruf auch deutlicher wahr als noch vor 10 Jahren.

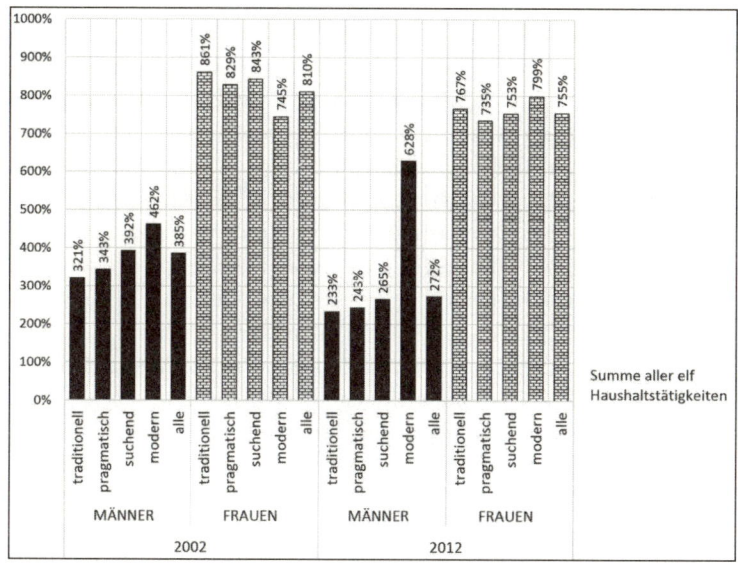

ABBILDUNG 7: Moderne Männer machen mehr mit Kindern als traditionelle
Welche der folgenden Tätigkeiten, die ich Ihnen nun vorlesen werde, verrichten Sie mit Ihren Kindern bzw. haben Sie mit den Kindern regelmäßig, gelegentlich oder nie gemacht, als diese noch klein waren?
(2002, 2012 | Geschlecht | Rollenbild | Summenprozente aller elf Tätigkeiten)

Väter gehen anders mit Kindern um

Dass Väter eher „saubere" Tätigkeiten mit ihren Kindern verrichten, wird manchmal belächelt. Neuere Forschungsergebnisse[96] zeigen jedoch, dass auch das Spielen der Väter mit ihren Kindern für deren Entwicklung von unersetzlicher Bedeutung ist. Die Wiener Entwicklungspsychologin Liselotte Ahnert schreibt dazu in ihrem Buch „Wieviel Mutter braucht ein Kind?":

96 Der Rolle der Väter wird in der Forschung derzeit erhöhte Aufmerksamkeit geschenkt. Vaterschaft wird untersucht: „Dabei verstehen wir unter Vaterschaft nicht nur die biologische, sondern auch die kulturelle Form der Fürsorge für ein Kind", so Liselotte Ahnert, Entwicklungspsychologin an der Universität Wien, über ein aktuelles Forschungsprojekt: http://medienportal.univie.ac.at/uniview/forschung/detailansicht/artikel/der-vater-das-bislang-unerforschte-elternteil/

„Väter verwenden einen wesentlichen Teil ihrer Zeit fürs Kind aufs Spielen. Sie spielen dann überraschender, unvorhersehbarer und herausfordernder als Mütter. Selbst im Umgang mit Säuglingen sind Väter oft wesentlich ungestümer als die Mütter. Sie vollführen die waghalsigsten Spielchen mit ihnen, werfen sie in die Luft und bringen sie mitunter in geradezu bedrohliche Situationen. Nicht von ungefähr werden diese risikoreichen Situationen Kamikaze-Spiele (selbstverletzende Spiele) genannt. Das Baby scheint jedoch zu wissen, dass ihm nichts passieren kann; schließlich fängt der Vater es immer wieder auf. [...] Ohne sich dessen bewusst zu sein, führen ihre Väter sie an das Erleben der Schwerkraft und der schnellen Bewegungen heran. [...] Väter erzeugen damit Stimulationszyklen, die rasant und dramatisch sind, weil sie unaufhörliche Wechsel zwischen Ruhe und Aufregung enthalten. Von daher können Kinder von ihren Vätern Verhaltensweisen lernen, die sie nur bei ihren Vätern finden ... Während die Mütter die innere Gefühlswelt des Kindes regulieren, steuern Väter des Weiteren das Erkundungsverhalten, das Kinder brauchen, um mit den Anforderungen der Umwelt später eigenständig zurechtzukommen. Dabei lehren sie ihnen auch, wie man Konflikte besser bewältigt. Öfter als die Mütter ermutigen sie die Kleinen, Ungewohntes auszuprobieren, und muten ihnen von Anbeginn mehr zu.

Väter unterscheiden im Umgang mit ihren Kindern außerdem stark nach Geschlecht. Während in den Augen der Mütter alle Babys Kinder sind, differenzieren Väter sehr früh zwischen Söhnen und Töchtern. Die Spielaktivitäten mit den Töchtern sind sanfter, vorsichtiger und unterstützender. Ihre Weiblichkeit wird hervorgehoben und bezeichnet. Die Väter sind wilder und direktiver im Spiel, aber auch strenger in der Disziplin mit ihren Söhnen.

Insgesamt gesehen sind die Väter für die Geschlechtsrollenfindung des Kindes von großem Wert. Vor allem brauchen Jungen ein väterliches Modell, um ihr Selbstbild vollständig zu entwickeln. Aber auch bei Mädchen ist die Rollenfindung sehr viel schwieriger und unvollständiger, wenn die väterliche Unterstützung für ihre eigenen weiblichen Orientierungen entfällt.

Väter sind weder schlechtere noch bessere Mütter. Sie gehen einfach anders mit ihren Kindern um. Aus all den Unterschieden kann jedoch der Schluss gezogen werden, dass Väter für die körperliche und psychische Entwicklung des Kindes sehr wichtig sind. Während die Mütter emotionale Zuwendung und Mitgefühl repräsentieren, können Väter Modelle für aktives Erkunden, Konflikt- und Problemlösen sein. Sie treten dem Kind eher als Spielpartner und Herausforderer entgegen und präsentieren sich gern als Lehrer und Mentor des eigenen Könnens. So ergänzen die Väter das mütterliche Modell und verhelfen ihren Kindern zu einem reichhaltigen Menschenbild."[97]

In ihrer Analyse geht Ahnert jedoch weitgehend von den traditionellen Rollenzuschreibungen männlich-weiblich bzw. väterlich-mütterlich aus, ohne diese weiter zu thematisieren. Offen bleibt deshalb die Frage, inwiefern diese Rollen in Familien auch unterschiedlich wahrgenommen werden können – also Väter emotionale Zuwendung und Mitgefühl und Mütter die Herausforderung und Bewährung im öffentlichen Leben repräsentieren können.[98] Von der entwicklungspsychologischen Forschung her kann jedoch als gesichert angesehen werden, dass Kinder für ihre Entwicklung beides brauchen: emotionalen Rückhalt und Mitgefühl, aber auch Herausforderung und Ermutigung.

Mit diesen Fragen nach dem „väterlichen/mütterlichen Aspekt in der Erziehung" und der damit in Verbindung gebrachten „Vorbildfunktion" betreten wir allerdings auch ideologisch vermintes Terrain: Wie viel Sozialisation in den bestehenden Geschlechterrollen tut Kindern gut – und wo schränkt eine solche ein? Wie viel Ermutigung zum Verlassen überlieferter Klischees ist hilfreich – und wann kippen „Gleichstellungsmaßnahmen" in Diskriminierung unter umgekehrten Vorzeichen? Während die einen – u. a. auf der Basis der nach wie vor bestehenden Segregation am Arbeitsmarkt – fordern, Mädchen zu fördern und zu ermutigen, sehen andere

---

97 Ahnert: Wieviel Mutter braucht ein Kind?, 82–85 passim.
98 Dass diese Möglichkeit jedenfalls besteht, ist z. B. nachzulesen in der jüngst erschienenen Autobiographie von Schwarzer, Alice: Lebenslauf, Köln 2012.

darin eine beginnende Diskriminierung der Jungen. Die Debatten darüber sorgen nicht selten für erhitzte Gemüter.[99]

Familiale Lebenswelten: Alte (Pflege)

Daheim/zuhause das Leben beenden können

Auf die Frage, wo jemand falls nötig gepflegt werden und sterben möchte, wünscht sich die Mehrheit der Menschen in Österreich, dass dies „daheim" geschieht. 50% stimmen der Aussage zu: „Wenn ich alt und pflegebedürftig bin, hoffe/wünsche ich, dass meine Familie mich pflegen wird." Dem entspricht, dass 2006 61% der Befragten in Österreich der Meinung waren: „Wenn ich alt werde und jemanden rund um die Uhr brauche, möchte ich nicht in ein Heim gehen müssen."
Zur Sorge um Kinder kommt somit im familialen Lebensraum das Einstehen für die älter werdenden eigenen Angehörigen dazu. Zwar ist das Älterwerden für viele Menschen eine „späte Freiheit" (Leopold Rosenmayr[100]). Ältere Menschen nützen diese Zeit auch

---

99 So z. B. Karin Jäckel: „Indem propagiert wird, Kinder würden erst durch geschlechtstypische Erziehung und Bildung zu Jungen und Mädchen, ist seit Jahren die oberste Maxime, Mädchen und Frauen durch gezielte Förderung stark zu machen. Im Gegenzug werden Jungen und Männer ebenso systematisch geschwächt, indem man ihnen sogenannte Privilegien entzieht. Dies führt bei Jungen seit Jahren zu einer eklatanten Benachteiligung in der Schule, dem, wie Studien zeigen, folgt, dass sie für gleiche Leistungen schlechtere Noten bekommen als Mädchen, seltener erfolgreich ihre Ausbildung beenden oder studieren und als Persönlichkeiten immer tiefgreifender verunsichert werden. Durch Ausgrenzung aus der Familie, behördlich geförderten Kindesentzug und Reduzierung der Väterlichkeit auf materielle Unterhaltsleistungen setzt sich die im Knabenalter beginnende Benachteiligung von Männern bzw. Vätern fort. De facto erleben heute weniger Kinder ihre leiblichen Väter als greifbare Familienangehörige als während der vergangenen Kriegszeiten." Jäckel, Karin: Die heroisierte Alleinerziehende und die verniedlichte Vaterlosigkeit des Kindes, in: Befreiungsbewegung für Männer, 57–90.
100 Rosenmayr, Leopold: Die späte Freiheit. Das Alter, ein Stück bewusst gelebten Lebens, Berlin 1983. Ders.: Blicke in die Zukunft des Alterns.

für sich: Sie reisen, wandern, sind ehrenamtlich tätig. Aber der Zuwachs an Lebensjahren bringt auch eine Zunahme an Pflegebedarf. Das Altern ereignet sich bei Männern und Frauen unterschiedlich. Das zeigt sich ganz krass am Beispiel des Alterssuizids:

„Suizidberichte klammern die Alterssuizidalität häufig aus. Bei 80% der Suizidenten jeden Alters liegt eine Depression vor, die bei Männern offenbar mit einem höheren Suizidrisiko einhergeht als bei Frauen. [...] Weitere Risikofaktoren für Suizid bei Männern sind: Scheidung, Trennung, Arbeitslosigkeit, Isolation und Desintegration, Perspektivlosigkeit, Alkohol/Drogen, chronische Erkrankungen und Schmerzen. [...] Während bei den Jüngeren die Relation zwischen Versuch und ‚gelungenem' Suizid bei zehn zu eins liegt, liegt sie bei den Älteren bei zwei zu eins. Alte Männer wählen eher die härteren und radikalen Methoden wie Erschießen, Erhängen, Sturz in die Tiefe."[101]

„Männer verfügen im höheren Lebensalter über kleinere außerfamiliäre Unterstützungspotenziale als Frauen. Nach den Ergebnissen des Deutschen Alterssurveys von 2008 haben im Alter von 55 bis 69 Jahren 19% der Männer (gegenüber 38% der Frauen) und im Alter von 70 bis 85 Jahren 14% (gegenüber 26%) Bezugspersonen außerhalb der Familie, die sie um Trost bitten können."[102]

Aber es gibt auch positive Signale bei älter werdenden Männern: Sie meistern die

„Herausforderung, ein zweites Leben zu beginnen. Nach 40 Berufsjahren, in denen oft wenig Raum war für die Entfaltung eigener Interessen, Begabungen und Wünsche, stehen Männer oft ratlos und überfordert vor einer großen Auswahl an Möglichkei-

Empirische Daten klären Überlegungen und Planungen, in: Die Freiheit hat kein Alter, Wien 2006, 77–86.
101 Hammer, Eckart: Schlaglichter auf eine Politik für alte(rnde) Männer, in: Theunert: Männerpolitik(en), 187–212, 200f.
102 Altern im Wandel (2010). Bundesministerium für Familie, Frauen, Senioren und Jugend (Hg.): Zentrale Ergebnisse des Deutschen Alterssurveys (DEAS), Berlin 2010, 39. Zitiert in: Hammer, Eckart: Schlaglichter auf eine Politik für alte(rnde) Männer, 187–212, 196.

ten. [...] Nach den Ergebnissen des Freiwilligensurveys gibt es eine hohe und steigende Engagementquote der 65–74-jährigen Männer, die innerhalb von fünf Jahren von 31% auf 39% gestiegen ist (Frauen: von 22% auf 27%). Männer sind häufiger engagiert als Frauen und investieren auch mehr Zeit. Darüber hinaus gibt es ein bislang unausgeschöpftes Potenzial von rund 20% der Älteren, die eine Bereitschaft für freiwilliges Engagement äußern. Die Beteiligung am ehrenamtlichen Engagement ist – mit zunehmender Tendenz – sozial ungleich verteilt: Je gehobener der bildungsbezogene, berufliche und ökonomische Status einer Person ist, desto eher wird diese ehrenamtlich tätig."[103]

2006 wurde in einer österreichischen Studie folgende Frage gestellt: „Wer soll Ihrer Meinung nach solche Personen betreuen, die rund um die Uhr jemand anwesend brauchen?" 20% haben mit „ich selbst" geantwortet; 14% nannten eine Frau, 1% einen Mann in der Familie; 6% plädierten für die Unterbringung in einem Heim. Schließlich wurden „helfende Personen" in Betracht gezogen; diese sollten nach Ansicht von 32% aus Österreich kommen, 10% dachten an Personen aus dem Ausland. Die zentrale Rolle kommt also den „Familien" zu, mit oder ohne zusätzliche Hilfe.[104]
Oft sind es die Lebenspartner, die dann füreinander einstehen. Sie geben etwas von der im Laufe der Jahre erhaltenen Liebe zurück, so sagen viele. Aber wenn der Partner/die Partnerin dazu nicht in der Lage ist, geht die Sorge auf die nächste Generation über. Das „familiale Lebensfeld" weitet sich auf diese Weise. Aus der Zweigenerationen- wird die Dreigenerationenfamilie. Diese wohnt nicht immer unter dem gleichen Dach. Was verbindet, ist die Sorge der Kinder um ihre eigenen Eltern.
In einer Rede des damaligen Vorsitzenden des Rates der Europäischen Bischofskonferenzen Kardinal Carlo M. Martini aus dem Jahre 1989 heißt es: „So wie die Eltern die Kinder zur Welt bringen, sollen künftig die Kinder die Eltern aus der Welt begleiten

---

103 Hammer: Schlaglichter, 196.
104 Die Studie wurde von Market-Linz durchgeführt. Zulehner, Paul M.: Jedem seinen eigenen Tod. Für die Freiheit des Sterbens, Ostfildern ²2002.

können."[105] Martini erhebt hier keinen moralischen Anspruch, sondern zielt auf die Frage ab, wie Familien das leisten „können". Diese Frage wird im Folgenden – auf die Daten der Umfrage gestützt – weiterverfolgt. Zu diskutieren ist, „who cares": Wer leistet diese familiale Aufgabe?

Berufszeit reduzieren

Pflegen gilt als weiblich. Frauen hält man im Bereich des „Lebensdienlichen" für kompetenter. Daher wird die Betreuung von pflegebedürftigen Familienangehörigen zumeist faktisch von Frauen übernommen. Doch spielt heute nicht mehr nur die Kompetenz eine Rolle, sondern auch die verfügbare Zeit. Viele Frauen sind, zumal in der „postfamilialen Phase", wenn also die Kinder aus dem Haus sind, berufstätig. Kommt es zu einem Pflegefall in der Familie, dann muss von der Berufszeit Pflegezeit abgezweigt werden. Dies zu tun, betrifft aber nicht nur Frauen, sondern ebenso Männer. 52% der Männer waren im Jahre 2012 (2002: 54%) der Ansicht, dass „auch Männer [...] Pflegedienste (Kinder, Alte, Kranke) leisten" sollen. Die befragten Frauen erwarten das zu 73% von den Männern (2002: 75%). Dass dies traditionell nicht als Männersache gesehen wird, zeigt die Aufschlüsselung nach Rollenbildern. Nur 35% der traditionellen Männer sehen das so, von den modernen hingegen 79%, Tendenz steigend (2002: 71%). Moderne Frauen erwarten dies 2012 zu 88% (2002: 83%).

58% der befragten Männer zeigen sich dazu bereit, diese Erwartung zu erfüllen. 42% haben hingegen laut Studie keine Bereitschaft, Berufszeit in Familienzeit umzubuchen. Die Bereitschaft von Frauen ist erheblich höher. Nur 21% wären zu einer Verringerung der Berufsarbeit nicht bereit: 79% hingegen schon. So lautete die entsprechende Testfrage in der Studie:

---

105 Martini, Carlo M: Umgang des heutigen Menschen mit Geburt und Tod: Herausforderung für die Evangelisierung, in: Die europäischen Bischöfe und die Neu-Evangelisierung Europas. Rat der europäischen Bischofskonferenzen (CCEE), hg. v. Sekretariat der Deutschen Bischofskonferenz und dem CCEE Sekretariat, Bonn-St. Gallen 1991, 316–327.

Angenommen, bei Ihnen zuhause würde jemand pflegebedürftig werden. Wie weit wären Sie in einer solchen Situation
bereit, Ihre berufliche Arbeit zu Gunsten von Pflegediensten
daheim zu verringern? Wären Sie bereit, Ihre berufliche Arbeit um 100 Prozent zu verringern, also für die Zeit der Pflege
ganz zu arbeiten aufzuhören, auf 75, auf 50 oder auf 30 Prozent zu verringern oder wären Sie dazu nicht bereit?

Für „die Zeit der Pflege" – denken Sie an eine Übergangszeit von Monaten oder an
unabsehbare Jahre? – würde ich zunächst zu 100% aufhören zu arbeiten, wenn ich
die Pflege psychisch und physisch schaffen könnte. – Meine Mutter war schwerst
dement und ich habe sie ins Heim gegeben, weil ich nach einer Woche am Ende
aller Kräfte war. So konnte ich sie besuchen und bei diesen Besuchen mich für sie
und das Pflegepersonal gewinnbringend nützlich machen. Mein Mann war 4 Monate
pflegebedürftig nach einem Unfall und ich war 100% zuhause. – Bei einer längeren
Pflegebedürftigkeit fände ich 50-75% Pflege und den Rest Berufstätigkeit eine gute
Mischung, dass die Welt noch größer bleibt als der Pflegebett-Raum. (Frau, 51-60,
2 Kinder)
Ich würde meine Berufsarbeitszeit zu 30% verringern, um meine Schwiegermutter zu
pflegen, wenn mein Mann auch zu 30% reduziert. Bei meiner eigenen Mutter würde es
mir schwerfallen, diese Forderung zu stellen. (Frau, 51-60, verheiratet, 1 Kind)

Das Ausmaß, in dem dieser Zeitumbau von Berufs- zur familialen
Sozialzeit erfolgen soll, variiert bei den Befragten. Vorgelegt wurden die Möglichkeiten 30 Prozent – 50 Prozent – 75 Prozent – 100
Prozent. Ein Viertel (25%) der Frauen würde ganz zu arbeiten aufhören (Männer 9%), fast ein Drittel (29%) ginge auf 50% zurück
(Männer 21%). Eine Reduktion auf 30% bzw. auf 75% finden wir
bei 12–15%. Dabei spielt das Haushaltsnettoeinkommen eine Rolle.

Wenn es eben geht, ist eine Pflege zuhause für den Erkrankten am menschen-
freundlichsten; das geht aber nur, wenn die Zeit der Pflege nicht über Jahre geht
(das ist wohl für alle eine Überforderung) [...] und wenn die Finanzierung der Familie usw. gesichert ist; wenn es finanziell keine Nöte gibt, dann müssen sich Eheleute
überlegen, wer was kann usw.; bei meinem Beruf wäre es schwer, weniger als 75%
zu arbeiten, [...] das ginge einfach nicht. (Mann, 41-50, verheiratet, 3 Kinder)

Unbeschadet solcher Bereitschaft, Berufszeit zu reduzieren, um daheim Angehörige zu pflegen, betonen in der Onlineumfrage sehr viele, dass dies letztlich in der „Familie" selbst ausgehandelt werden muss. Dabei wäre auch ein „Mix" zu erwägen, an dem Männer und Frauen (und erwachsene Kinder sowie Angeheiratete aus dem Großverbund) sich beteiligen. Es sind vorwiegend Männer, die solches Aushandeln befürworten und dabei zumeist auf ihre inflexiblen Arbeitsverhältnisse verweisen.

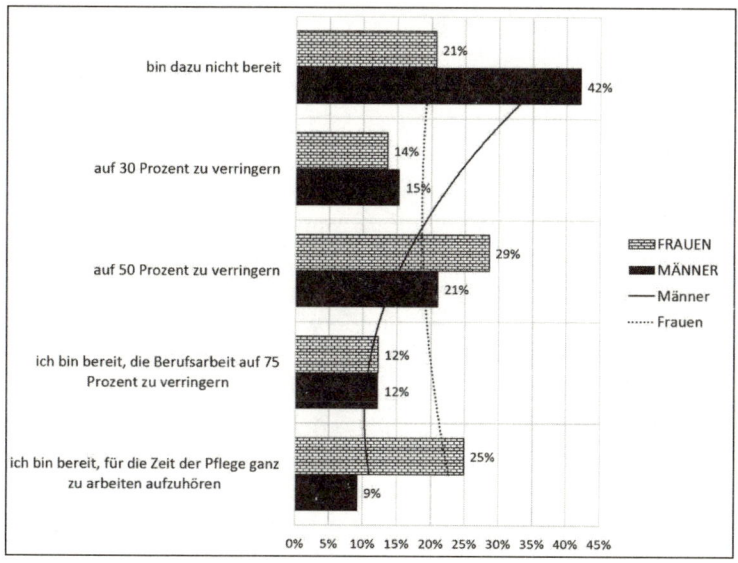

ABBILDUNG 8: Bereitschaft, die Berufsarbeit für Pflege daheim zu unterbrechen
Angenommen, bei Ihnen zuhause würde jemand pflegebedürftig werden. Wie weit wären Sie in einer solchen Situation bereit, Ihre berufliche Arbeit zu Gunsten von Pflegediensten daheim zu verringern? Wären Sie bereit, Ihre berufliche Arbeit um 100 Prozent zu verringern, also für die Zeit der Pflege ganz zu arbeiten aufzuhören, auf 75, auf 50 oder auf 30 Prozent zu verringern oder wären Sie dazu nicht bereit?
(2012 I Geschlecht I Trends)

In solchen Situationen ist eine tragbare und für alle Seiten zumutbare Lösung innerhalb der „Gesamtfamilie" zu suchen. Eine breite gemeinsame Basis ermöglicht eher Handlungsstrategien. (Mann, 60+, 2 Kinder)
Der-/diejenige, die es besser kann und leichter einen Zugang dazu hat. Gleichgültig, ob Mann oder Frau. Es hängt stark auch vom Arbeitgeber ab, wie flexibel man sein kann. (Mann, 31–40, keine Kinder)
Dieses Ergebnis überrascht mich – ich dachte, es wären weit mehr Männer, die nicht verringern wollen. (Frau, 31–40, verheiratet, 3 Kinder)
Ich habe einen zeitlich flexiblen Beruf (Universität/Wissenschaft) und mehrere Kinder. Der Beruf hat es mir ermöglicht, immer an der Pflege der Kinder beteiligt zu sein (50:50). (Mann, 60+, verheiratet, 3 Kinder)

Hindernisse

Es scheint für Frauen und Männer heute nicht einfach zu sein, Berufszeit in familiale Sozialzeit umzuwandeln. Das betrifft nicht nur die Sorge um Kinder, sondern auch jene für pflegebedürftige Angehörige. Wir sind den möglichen Hindernissen nachgegangen.

Denen, die nicht bereit sind, ihre Berufszeit zu verringern, wurde folgende Frage vorgelegt:

> Könnten Sie mir bitten sagen, welcher dieser möglichen Gründe auf der Liste bei Ihnen am ehesten zutrifft, warum Sie nicht zu Gunsten von Pflegediensten Ihre Berufsarbeit verringern möchten?
> ... weil ich dadurch meine Karriere gefährden würde
> ... weil ich mehr verdiene als mein Partner/meine Partnerin und das gemeinsame Einkommen zu niedrig werden würde
> ... weil ich das nicht als meine Aufgabe ansehe
> ... weil solche Aufgaben durch gute Einrichtungen (Kinderkrippen, Kindergärten, Pflegeheime, Hospizeinrichtungen) besser erfüllt werden können

Die Befragten mussten zwischen diesen Gründen wählen. Wir haben also eine Art Rangliste vor uns. 10% haben keines davon angekreuzt.

		weil ich mehr verdiene als mein Partner/ meine Partnerin und das gemeinsame Einkommen zu niedrig werden würde	weil ich dadurch meine Karriere gefährden würde	weil ich das nicht als meine Aufgabe ansehe	weil solche Aufgaben durch gute Einrichtungen (Kindergärten, Pflegeheime ...) besser erfüllt werden können	keiner davon
Männer	traditionell	14%	10%	22%	43%	10%
	pragmatisch	20%	33%	18%	18%	11%
	suchend	13%	16%	26%	32%	13%
	modern	8%	19%	5%	52%	16%
	alle	**15%**	**19%**	**21%**	**33%**	**12%**
Frauen	traditionell	28%	20%	40%	0%	13%
	pragmatisch	12%	24%	15%	35%	15%
	suchend	4%	14%	22%	29%	31%
	modern	11%	14%	9%	43%	23%
	alle	**10%**	**18%**	**16%**	**34%**	**22%**
alle		**13%**	**19%**	**19%**	**33%**	**16%**

TABELLE 23: Gründe gegen Reduzierung der Berufszeit zu Gunsten von Pflegezeit (2012 I Geschlecht I Geschlechterrollen)

Einkommen zu niedrig

13% der Befragten vermerken, dass sie „mehr verdienen als mein Partner/meine Partnerin und das gemeinsame Einkommen zu niedrig werden würde".

.

> Privat zu pflegen muss man sich „leisten" können – ich könnte nicht ganz auf mein Einkommen und einen unbefristeten Job verzichten, habe noch 2 studierende Kinder. Wenn, dann wäre das nur kurzfristig möglich, aber sicher nicht längere Zeit oder gar über Jahre. Auch die eigene Pension ist ein Thema, und auch dass ich, würde ich meine Arbeit längerfristig ganz aufgeben, nicht so leicht wieder eine passende Arbeit finden würde. (Frau, 51–60, 3 Kinder)
> Es ist inzwischen ein Armutsrisiko, nicht mehr nur ein Karriereknick, wenn man Arbeit reduziert oder gar ganz einen Arbeitsplatz aufgibt, um jemanden zu Haus zu pflegen. (Mann, 51–60, keine Kinder)

Dieses Argument wurde mehr von Männern (15%) als von Frauen (10%) geäußert. Dies verweist auf die ungleiche Einkommenssituation von Männern und Frauen zumal in Partnerschaften. Das ist nicht nur deshalb so, weil Männer bei gleicher Arbeit mehr verdienen und auch eher Aufstiegschancen hatten. Es hängt auch damit zusammen, dass Frauen – zunächst aufgrund der Kinder – erheblich mehr teilzeitig und damit niedriger entlohnt arbeiten als Männer.

Angst vor beruflichen Nachteilen

19% haben Angst, durch eine Reduzierung der Berufszeit ihre Karriere zu gefährden. Der Anteil der Männer und Frauen, die sich für diesen Grund entschieden haben, ist gleich groß. Auch um den Wiedereinstieg in den Beruf sind vor allem Frauen besorgt:
Nach dieser Angst wurde mit einem gesonderten Item an einer anderen Stelle (mit einer fünfteiligen Antwortmöglichkeit) nachgefragt:

> „Wenn ich in Karenz/Pflegekarenz gehe (Kinder, Alte, Sterbende), habe ich Angst, berufliche Nachteile hinnehmen zu müssen."

47% aller Befragten haben dem (voll) zugestimmt. Von den Männern waren es 2012 61% (2002 59%), unter den Frauen 44% (2002: 64%). Der Wert bei den Frauen sank deutlich; bei den Männern blieb er in etwa auf gleicher Höhe. Diese Angst haben vor allem die traditionellen Männer (58%), weniger die modernen (51%). Das sind für erstere niedrigere Werte als 2002 (traditionelle Männer: 73%, moderne Männer 44%). Anders bei den Frauen: Die traditionellen Frauen teilen diese Angst weniger (34%) als die modernen (40%). Diese Analysen zeigen: Modernisiert sich die Männerrolle, sind Männer eher bereit, Pflegezeit zu beanspruchen, als wenn sie traditionell bleibt. Allerdings meinte in der Onlineumfrage ein Mann:

Für Männer ist der Ausstieg riskanter bzw. schätzen sie das Risiko eines Komplettausstiegs realistischer ein. (Mann, 51-60, verheiratet, 3 Kinder)

Nicht meine Aufgabe

19% sehen Pflege nicht als ihre Aufgabe an. Darunter sind mehr Männer (21%) als Frauen (16%).

Ich kann nicht professionell pflegen und möchte dies lieber Profis überlassen. (Mann, 51-60, verheiratet, 1 Kind)

Wie sehr dies eine Nachwirkung des traditionellen männlichen Rollenverständnisses ist, zeigt sich daran, dass 22% der traditionellen Männern Pflegen nicht als ihre Aufgabe ansehen, unter den modernen hingegen lediglich 5%.

Besser durch professionelle Einrichtungen

Eher nicht bereit – man sollte endlich damit aufhören, Pflege in Heimen schlechtzureden. (Mann, 60+, 3 Kinder)

Durch ein Drittel der Befragten (33%) gelangte an die erste Stelle der Grund, dass „solche Aufgaben durch gute Einrichtungen (Kindergärten, Pflegeheime ...) besser erfüllt werden können".

Männer, vor allem moderne Männer (52%), haben höheres Vertrauen in professionelle Einrichtungen als traditionelle (42%). Traditionelle Frauen haben die Einrichtung überhaupt nicht als Grund genannt, Berufszeit nicht reduzieren zu wollen; moderne Frauen hingegen kommen modernen Männern nahe (43%).

Es sind also eher die Modernen, welche die Pflege tendenziell „enthäuslichen" und zugleich „professionalisieren", als die Traditionellen. Familiale Verpflichtungen scheinen bei jenen in den Hintergrund zu treten. Ein Detail: Moderne Frauen (23%) haben weniger oft „keine Gründe" angegeben als traditionelle Frauen (13%).

Men's care

Männerforschung hat sich in den letzten Jahren der Pflege durch Männer gewidmet. Die Erfahrungen pflegender Männer wurden analysiert. Das sind bemerkenswerte Erkenntnisse über „men's care" – Pflege durch Männer.[106]

Wen Männer pflegen

Kommt auf die Umstände an, wer pflegebedürftig und wer -fähig ist. Würde meine Frau bei Bedarf selbstredend pflegen. (Mann, 51-60, 2 Kinder)

Männer sind „wählerischer" als Frauen, wenn es um die Pflege geht:

- Im Unterschied zu Frauen, die Pflege für eine Art innere moralische Verpflichtung halten, sehen Männer darin eher eine – zu ihrem Selbstbild nicht zwingend dazugehörige – „freiwillige Verpflichtung".
- Männer sind vor allem zur Pflege ihrer Lebenspartnerin/ihres Lebenspartners im familialen Lebensraum bereit.
- Der Hauptgrund für die bevorzugte Pflege der Lebenspartnerin durch Männer ist Dankbarkeit.
- Die Bereitschaft von Männern, in der dritten Lebensphase ihre Partnerin zu pflegen, führt in diesem Lebensabschnitt zu ausgleichender Balance zwischen den Geschlechtern.
- Diese aus liebender Verbundenheit entspringende „freiwillige" Pflege der Lebenspartnerin erklärt zudem zu einem Gutteil mit, dass im Verlauf des Männerlebens der Anteil der Männer, die daheim pflegen, zunimmt.
- Allerdings: Jüngere pflegen seltener und tun sich auch schwerer.
- Am wahrscheinlichsten ist es also, dass Männer nach Beendigung ihrer beruflichen Tätigkeit jene Person pflegen, mit der sie zusammenleben.

---

106 Zulehner, Paul M.: Who cares? Männer und Pflege. Zusatzauswertung der Studie ‚Männer in Bewegung (2008)', Wien 2009, Manuskript, abrufbar auf http://www.zulehner.org/site/forschung.

- Anders als Frauen pflegen Männer normalerweise nicht Personen außerhalb der eigenen Familie: andere Verwandte, Freunde, Nachbarn und Bekannte.

Wie Männer pflegen

Ich würde nicht pflegen, sondern die Pflege organisieren und finanzieren. (Mann, 60+, verheiratet, keine Kinder)

Die Art und Weise, wie Männer pflegen, unterscheidet sich von jener der Frauen. Dies zu wissen, ist für das Gewinnen von Männern, das Heben ihrer Pflegebereitschaft sowie die Schaffung geeigneter struktureller Voraussetzungen wichtiger als die Klage über die (weithin gar nicht vorhandene) Unwilligkeit von Männern, sich in der Pflege zu engagieren. So pflegen Männer zu pflegen:

- Männer beteiligen sich an der Pflege daheim zunächst indirekt. Sie sind zunehmend bemüht, die hauptpflegende Person, nämlich die (Ehe-)Frau, zu entlasten.
- Männer machen mehr Sorge- als im engeren Sinn des Wortes Pflegearbeit. Sie meiden meist intime Pflegeleistungen.
- Je schwerer die Pflegefälle sind, desto wahrscheinlicher wird die Pflegearbeit an Frauen übertragen.
- Männer wählen einen pragmatischen, problemlösungsorientierten Zugang zur Pflegearbeit.
- Männer delegieren Tätigkeiten.
- Arbeitsintensive wie unangenehme (intime) Arbeiten werden Frauen überlassen.
- Männer suchen Abhilfe gegen soziale Isolation.
- Männer werden von zu Pflegenden weniger beansprucht als Frauen.
- Männer haben im Vergleich weniger informellen Support zu Frauen.
- Männer suchen vor allem emotionalen Support: primär in Workshops.
- Formeller Support gilt vielen Männern eher als unehrenhaft.
- Männer haben (wegen ihrer Art zu pflegen) weniger gesundheitliche Probleme als Frauen.

- Männer können sich im Gegensatz zu Frauen leichter vom Dauerpflegestress frei machen.
- Männer schöpfen aus (ihrer Art der) Pflege bei aller Belastung auch psychischen Gewinn.
- Männer halten sich emotional weithin heraus und versuchen eine sachlich-nüchterne Pflegeorganisation.

Organisierte Pflege

Viele, die sich heute der Herausforderung stellen, Angehörige zu pflegen, erleben sich als überfordert. Nicht selten ist Pflege ein 24-Stunden-Job. Und das ohne Unterbrechung. Pflege verlangt immer mehr nach fachlicher Kompetenz. Ausbildungen mit dem Ziel des Erwerbs und der Einübung von Kompetenzen werden wichtig. Und das nicht nur bei professionellen Pflegekräften, sondern auch bei den Angehörigen, die pflegen wollen.

Zudem kann Pflege das Beziehungsgefüge belasten. Überforderte neigen zur Gewalt. Aber auch jene, die gepflegt werden, haben oftmals über die nächste Generation ökonomische Gewalt, die zum Einsatz kommt. Spannungen sind häufig. Entlastung wird wichtig. Professionelle Beratung kann dazu beitragen.

Aufbau professioneller ambulanter Pflegedienste

Der Trend läuft in Richtung Aufbau einer professionellen ambulanten Pflege. Für die Bedürfnisse von Familien ist das nicht nur von Vorteil. Was Familien, die pflegen, brauchen, sind eine Art „Leihangehörige". Es braucht also bei den Pflegekräften nicht nur Professionalität, sondern erforderlich ist auch deren Akzeptanz durch die Pflegbedürftigen selbst. Das kann auch dadurch heikel werden, dass Pflegebedürftige manchmal menschlich empfindsam und wählerisch werden.

Ehrenamtliche Pflege

Die Bemühungen sozialstaatlich geordneter Pflegedienste werden heute ergänzt durch zivilgesellschaftliche Pflegemodelle. Hier tun sich Personen zusammen, die bereits einen akuten Pflegebedarf haben oder für einen künftigen Pflegebedarf vorsorgen wollen: also für die Zeit, in der sie selbst für einen Pflegefall verantwortlich werden oder wo sie selbst der Pflege bedürfen.

Es entstehen Vereine, die bei Pflegebedarf ehrenamtliche Pflegekräfte zur Verfügung halten. Für diese organisieren sie ausreichende Aus- und Fortbildung. Es wird auch eine Aufwandsentschädigung bezahlt. Wer mitmacht und sich so zu Pflegediensten verpflichten lässt, erhält im Gegenzug die Garantie, dass er Pflegekräfte aus dem Verein bekommt, sobald er selbst pflegebedürftig ist. Es ist ein Geben und Nehmen. Solidarität wird professionell organisiert. Pflege wird – obgleich ehrenamtlich – auf hohem Niveau sichergestellt.

Familiale Verbünde

Schließlich haben „Familien" in den letzten Jahren begonnen, sich zu familialen Verbünden zusammenzuschließen. Manche bauen räumlich nahe, was in manchen Ländern durch innovative Wohnbaupolitik gefördert wird. Andere praktizieren solch „verbundenes Wohnen", indem sie gemeinsam ein Mietshaus beziehen. Dort leben dann traditionelle Familien mit Alleinerziehenden, Singles und Pflegebedürftigen. Eine „großfamiliäre" Gemeinschaft entsteht. Manche formieren sich zu einer spirituellen Gemeinschaft. Die Kinder werden von den Hausbewohnern genauso gemeinsam umsorgt wie die Pflegebedürftigen.

Ein Beispiel dafür ist der Verband B.R.O.T. (eine Abkürzung für „Beten", „Reden", „Offensein" und „Teilen") in Wien, der durch Tochtergründungen bereits Schule macht. So stellt sich die Gemeinschaft auf ihrer Homepage vor:

„Wir sind ein Verband von B.R.O.T.-Gemeinschaften. Gemeinsam versuchen wir eine neue Normalität des miteinander Wohnens, d.h. des Umgangs mit sich selber, des Umgangs miteinander und des Umgangs mit der Umwelt (siehe auch §2 unserer Statuten).

Auf der Basis der christlich-sozialen Wertvorstellung wollen wir dies durch eine Ausgewogenheit von Arbeit und Gebet, von Engagement und Besinnung, von Eigenständigkeit der einzelnen Personen und der Verbindlichkeit gegenüber den Gemeinschaften verwirklichen.

Dies gelingt einmal besser und einmal schlechter – das Spannende daran ist der Prozess, das sich Einlassen auf neue Ansätze aus einer bewährten Tradition.

Kernpunkte der Gemeinschaften sind weiters das gemeinsame Planen der Wohnobjekte und das Miterleben, wie sie errichtet werden – obwohl sie KEIN Eigentum, sondern Nutzungsobjekte darstellen (in Anlehnung an das Genossenschaftsmodell). Der soziale Aspekt wird nicht nur innerhalb der Gemeinschaften wahrgenommen, sondern auch durch das Einplanen von kleineren Wohnungen für Gäste. Das sind Personen aus den unterschiedlichsten Gesellschaftsschichten, häufig in schwierigen Lebenssituationen, die für begrenzte Zeit in der Gemeinschaft mitleben.

Der Verband ‚Gemeinschaft B.R.O.T.' wurde gegründet, nachdem auf Initiative und mit Unterstützung von ‚Gemeinschaft B.R.O.T.-Hernals' eine weitere Gemeinschaft – ‚Gemeinschaft B.R.O.T.-Kalksburg' – entstand. Dabei stellten sich die Frage der Eigenständigkeit der Gemeinschaften einerseits und die der Zusammengehörigkeit andererseits. Am besten war dies durch die gemeinsame Gründung eines Verbandes zu lösen. So wurden 2006 die Statuten des Verbandes ausgearbeitet und eingereicht. Je Gemeinschaft wurden 7 Delegierte gewählt, die am 21.11.2007 in einer konstituierenden Sitzung den Verband ins Leben riefen. Seine Hauptaufgaben sind die Unterstützung der bestehenden Gemeinschaften bei der Erreichung ihrer Ziele, die Organisation gemeinsamer Aktivitäten und die Gründung neuer Gemeinschaften zu fördern. Darüber hinaus hat der Verband die Aufgabe, die Idee gemeinschaftlicher, solidarischer und selbst organisierter Wohnformen in Staat und Gesellschaft zu vertreten. In diesem Sinn wird auch die Anerkennung als Trägerverband für solche Wohnformen angestrebt."[107]

Konstituierung und Erhalt der familialen Lebenswelt

Der Mann war es vielerorts, der in den letzten Jahrhunderten die Familie zu „ernähren" und deren Bestand zu sichern hatte. Im Haus selber waltete und schaltete die Mutter zumeist mehrerer Kinder. Es gab so etwas wie „matriarchale Oasen"[108] inmitten des (Industrie-)

---

107 http://www.brot-verband.at/
108 „Die gesellschaftliche Macht der Männer ist eine unbestreitbare Tat-

Patriarchats. Wir fragen datengestützt in zwei Analysevorgängen, was davon geblieben ist. Ressortiert die Sicherungsarbeit für die familiale Lebenswelt immer noch beim Mann und die Beziehungsarbeit sowie die Innenarchitektur der Familie bei der Frau? Sorgt, knapp formuliert, er für das Einkommen, sie für das Auskommen? Und wer tut was mit den Kindern? 1992 traf die Formel „er fürs Einkommen, sie fürs Auskommen" noch weithin zu. 85% aller Männer hielten sich für verantwortlich dafür, „dass die materielle Existenz gesichert ist". Lediglich 16% sahen diese Aufgabe bei sich selbst. Umgekehrt hielten sich 23% der Männer dafür zuständig, „dass es gemütlich ist". 88% der Frauen sahen dies als ihre Aufgabe an. In Richtung „Einkommen" liegen auch die Aufgaben, „dass für die Zukunft geplant wird" (Männer 71%, Frauen 35%) und „dass notwendige Entscheidungen getroffen werden" (Männer 73%, Frauen 41%). Zum „Auskommen" zählen die Aufgaben, „dass über Spannungen und Probleme gesprochen wird" (Frauen 76%, Männer 46%), „dass über die Partnerschaft gesprochen wird" (Frauen 74%, Männer 36%) sowie „dass es bei einem Streit wieder zu einem Ausgleich kommt" (Frauen 71%, Männer 52%). „Dass etwas gemeinsam unternommen wird", da treffen sich Männer und Frauen mit je 51%.

Aus der Arbeitsteilung wurde in den letzten zwanzig Jahren zunehmend ein Miteinander. Viele Aufgaben werden jetzt gemeinsam gelöst. Aber es finden sich immer noch auf niedrigerem Niveau bei einer Minderheit die alten Aufteilungen. 52% der Frauen halten sich allein für die Gemütlichkeit zuständig (Männer 12%), 43% der Männer wissen sich allein für die Existenzsicherung verantwortlich (Frauen 16%).

---

sache. Die Macht der Frauen innerhalb der Ehe oder in der Partnerschaft. [...] ist dagegen ein Tabu. Fast niemand spricht darüber. Den Männern ist es peinlich ..." Martenstein, Herald: Männer sind wie Pfirsiche: subjektive Betrachtungen über den Mann: Mit einem objektiven Vorwort von Alice Schwarzer von heute, München 2009, 41.

Werden Traditionelle und Moderne miteinander verglichen, dann zeigt sich ein bemerkenswertes Phänomen. Der Zug zum gemeinsamen Meistern der familialen Aufgaben verläuft nämlich beim „Einkommen" anders als beim „Auskommen". Während bei der Existenzsicherung je 23% der Modernen sich allein verantwortlich wissen, sind es bei der Gemütlichkeit 55% der modernen Frauen und 16% der modernen Männer. Heißt dies, dass moderne Männer ihrer Partnerin im Innenbereich wenige Aufgaben abnehmen, moderne Frauen im Außenbereich aber solche „partnerschaftlich" hinzunehmen? Die Modernisierung der Geschlechterrollen wäre dann faktisch (hier einmal hinsichtlich der Sorgen für die Grundlagen der familialen Lebenswelt) für die Männer ein größerer Gewinn als für die Frauen.

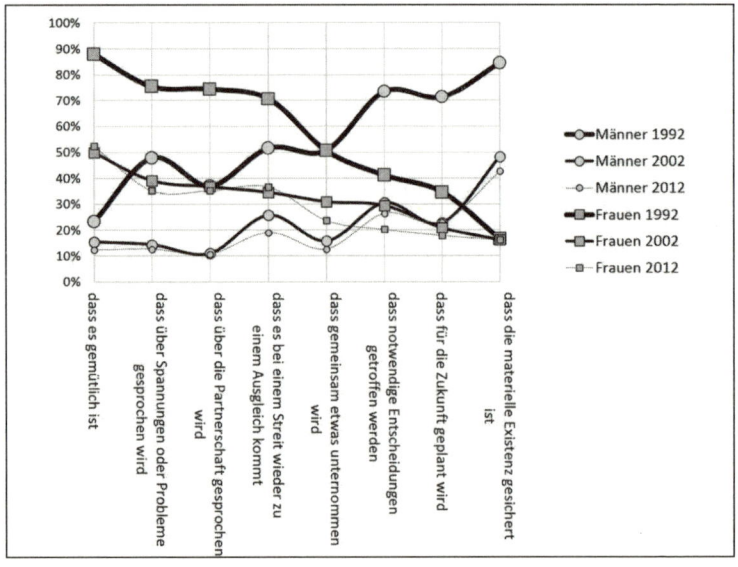

ABBILDUNG 9: Wer macht was in der Partnerschaft
Ich lese Ihnen nun Verschiedenes vor, was für eine Ehe bzw. Partnerschaft manchmal notwendig ist. Sagen Sie mir bitte, ob eher Sie, eher Ihre Partnerin oder Ihr Partner oder ob Sie gemeinsam dafür Sorge tragen.
(1 = eher ich; 1992, 2002, 2012)

Balance zwischen privater und beruflicher Lebenswelt

Die Balance zwischen privater (bzw. familialer) und beruflicher Lebenswelt ist ein Themenfeld, das sich bei genauerem Hinsehen als Nagelprobe in der Entwicklung der Geschlechterrollen erweist. Hier verdichten sich im konkret gelebten Alltag wie in einem Brennglas die Errungenschaften, aber auch die Herausforderungen und bleibenden Dysbalancen zwischen den Geschlechtern. Unübersehbar zeigt sich hier, dass Geschlechterpolitik in einem größeren Kontext zu gestalten ist. In einer erwerbsarbeitszentrierten Gesellschaft, wo Zeit mit der Familie und Zeit für den Beruf einem Großteil der Menschen als wichtigste Lebensbereiche erscheinen, stellt ein ausgewogenes Zueinander dieser beiden wichtigen Lebensfelder ein zentrales Thema dar, das oft unter dem Terminus *Work-Life-Balance* thematisiert wird.

Work-Life-Balance, Work-Work-Life-Balance und die Defizite des Begriffs

Sucht man bei Google nach dem Stichwort *Work-Life-Balance,* sieht man sich in 0,2 Sekunden mit 249 Millionen (!) Treffern konfrontiert, aber auch eine Recherche bei Amazon liefert allein zu diesem engen Suchbegriff im Sekundenbruchteil 1.681 Buchtitel zum Thema. Darunter finden sich solche zu Stressbewältigung, Zeitmanagement und psychologische Strategien für die Betroffenen sowie Modelle, Motivation und Appelle an bzw. für verantwortliche Führungskräfte, HR-Abteilungen und BeraterInnen. Dazu kommen neuere Titel, die das Thema selbst in Frage stellen, zum Teil in deftiger Sprache, etwa: „Work-Life-Bullshit: Warum die Trennung von Arbeit und Leben in die Irre führt."[109] Wie auch immer: Die Fülle an Selbsthilfe- und Fachliteratur zeigt, dass mit dem Spannungsfeld familialer Lebensbereich – beruflicher Lebensbereich ein Thema

---

109 Vašek, Thomas: Work-Life-Bullshit. Warum die Trennung von Arbeit und Leben in die Irre führt, München 2013.

angesprochen ist, das viele bewegt: Privatpersonen ebenso wie Professionals aus Wirtschaft und Politik.

Den KritikerInnen dieses Begriffs der Work-Life-Balance ist jedoch insofern zuzustimmen, als dieser in zweifacher Hinsicht irreführend ist.

Auf einen ersten Kritikpunkt weist die Wirtschaftsphilosophin und -ethikerin Ulrike Knobloch hin. Unser gegenwärtiges Wirtschaftsverständnis sei noch (zu) „stark vom Zeitalter der Industrialisierung geprägt. […] Unter Wirtschaft wird alles gefasst, was in Unternehmen produziert und über den Markt verkauft wird."[110] Demgegenüber gelte es aber, neben der Marktwirtschaft auch die Hauswirtschaft, neben der Erwerbswirtschaft auch die Versorgungswirtschaft zu berücksichtigen und die unbezahlte Arbeit stärker in die Wirtschaftsanalysen einzubeziehen. Die unbezahlte Arbeit wird jedoch heute in Theorie und Praxis noch viel zu sehr als beliebig verfügbare Ressource angesehen, die – vor allem von Frauen – ganz selbstverständlich und nebenher erledigt wird. Doch:

> „Wenn nun in einem Wirtschaftssystem der Markt dominiert und alles in Geld ausgedrückt wird, gehen die Anreize verloren, Arbeit unbezahlt zu erledigen. Warum sollte das noch jemand tun, wenn er oder sie dadurch lebenslang finanzielle Nachteile hat? In einer Marktgesellschaft, in der alles mit einem Preisschild versehen wird, ist es riskant, sich darauf zu verlassen, dass irgendjemand psychisch und körperlich anstrengende Arbeit unbezahlt erledigt und damit der Erwerbsbevölkerung den Rücken freihält."[111]

Deshalb müssten die Erwerbswirtschaft, in der der Erwerb von Einkommen im Vordergrund steht, und die Versorgungswirtschaft, der es um die Versorgung von Menschen geht, viel stärker in ihrer Wechselbeziehung gesehen werden, denn „die Erwerbswirtschaft ist auf die Versorgungswirtschaft angewiesen, sie setzt für ihr Funktionieren

---

110 Knobloch, Ulrike: Interview mit der Wirtschaftsphilosophin Dr. Ulrike Knobloch, in: Frauen und Männer – gleichberechtigt? Philosophisches Themendossier 8, 17–19, 17. http://www.philosophie.ch/assets/files/themendossiers/TD8.pdf
111 Knobloch: Interview, 18.

eine funktionierende Versorgungswirtschaft voraus"[112]. Und in diesem Kontext erscheint dann auch der Begriff der Work-Life-Balance als „zu unpräzise, weil er suggeriert, das Leben würde einerseits aus bezahlter Arbeit und andererseits aus erholsamen Stunden bestehen. Wir müssen aber nicht nur zwei Dinge ausbalancieren, sondern drei: bezahlte Arbeit, unbezahlte Arbeit und Freizeit."[113] Deshalb schlägt Knobloch vor, von einer Work-Work-Life-Balance zu sprechen, „um deutlich zu machen, dass die wahre Herausforderung darin besteht, eine Balance zwischen Erwerbsarbeit und Versorgungsarbeit zu finden und auch noch Zeit für uns selber zu haben".[114] Doch ein zweiter Kritikpunkt ist mit dieser Begriffserweiterung noch nicht behoben. Dieser besteht darin, dass Work-(Work-)Life-Balance unterstellt, dass die Arbeit – ob bezahlt oder unbezahlt – nicht sinnstiftender Teil des Lebens ist, sondern mit diesem erst in Balance gebracht werden muss.[115] Er erweckt den Anschein, dass Leben erst an den arbeitsfreien Abenden oder Wochenenden stattfindet und nur „Freizeit" echte Lebenszeit ist. Die Erfahrung vieler Menschen weist jedoch in eine andere Richtung: (Erwerbs-)Arbeit (und vielleicht noch mehr Versorgungsarbeit) trägt zur Sinnfindung entscheidend bei. 51% der Männer und 61% der Frauen waren 2012 überzeugt, dass Erwerbstätigkeit für ein sinnvolles Frauenleben heute unbedingt notwendig ist. Und sogar 63% der Befragten sind der Ansicht, dass Männer im Beruf ihren persönlichen Sinn finden.

Wenn hingegen Arbeit und Leben entkoppelt werden, gleichzeitig jedoch der Erwerbsarbeit ein extrem hoher Stellenwert beigemessen wird, leistet das einer schleichenden Ökonomisierung des gesamten Lebens Vorschub: Alles wird dann tendenziell der Ökonomie und ihrer Logik untergeordnet. Eine solche Kritik an der „Ökonomisierung"

---

112 Knobloch: Interview, 18.
113 Knobloch: Interview, 18.
114 Knobloch: Interview, 19.
115 Gegen eine solche Form der Arbeit wenden sich u. a. Förster, Anja/ Kreuz, Peter: Hört auf zu arbeiten! Eine Anstiftung, das zu tun, was wirklich zählt, München 2013. Sie wollen dazu ermutigen, die Arbeit zurückzuerobern als Teil unserer Identität. Sie sind überzeugt: Erst wenn wir wieder lieben, was wir tun, und aus Überzeugung arbeiten, erst wenn wir nicht mehr auf Kosten anderer Erfolg haben, werden wir das tun, was wirklich zählt.

leugnet nicht die Wichtigkeit der Wirtschaft, auch nicht des Gelderwerbs. Jedoch wendet sie sich gegen einen Ökonomismus, der mit seiner Dynamik (der Knappheit der Ressourcen, dem Dogma des Wachstums, der Konkurrenz etc.) alle anderen Lebensbereiche überformt und sie ihrer eigenen Logik beraubt. Vor diesem Hintergrund gilt es, die Herausforderung ohne den irreführenden Begriff der Work-Life-Balance zu beschreiben. Diese betrifft die Balance zwischen beruflichem und privatem (Zeit für Familie, Freunde, für sich selbst) Lebensbereich und wird oft besonders herausfordernd erfahren im Spannungsfeld von Erwerbsarbeit und Verantwortung für Kinder/für Pflegebedürftige. Wie sehr die Kinder eine Schlüsselrolle spielen, wird leicht daran ersichtlich, dass Personen/Paare ohne Kinder weniger Balanceprobleme haben als Personen/Paare mit Kindern, am stärksten trifft das Balanceproblem alleinerziehende Väter und Mütter. Dennoch leiden auch Personen/Paare ohne Kinder darunter, wenn „der Beruf die ganze Zeit auffrisst", manche sehen bei Kinderlosen hier sogar eine noch größere Gefahr, weil es kein so starkes „Gegengewicht" gibt, wie es die Familie darstellt. Burnout, also eine „auf den Arbeitsplatz bezogene Störung von Leistungsfähigkeit und Motivation"[116] (Joachim Bauer), gehört in unseren Breiten zu den häufigsten psychischen Erkrankungen der Gegenwart. Genaue Zahlen sind nicht verfügbar, Schätzungen zufolge sind jedoch bis zu 10% der Erwerbstätigen davon betroffen, Frauen aufgrund der Mehrfachbelastung häufiger als Männer.[117]

Ein Thema, das sich für Männer und Frauen nach wie vor unterschiedlich stellt

Nach wie vor betrifft der Balanceakt zwischen beruflichem und privat-familialem Lebensfeld Frauen und Männer auf unterschiedliche Weise. Zur Erinnerung: Frauen fühlen sich in mehr Bereichen

---

116 Joachim Bauer tritt für eine klare Unterscheidung zwischen Depression, die alle Lebensbereiche betrifft, und Burnout, das eine auf die Arbeit bezogene Störung ist, ein. Vgl. Bauer, Joachim: Arbeit: Warum unser Glück von ihr abhängt und wie sie uns krank macht, München 2013, bes. 107–112.
117 Vgl. http://www.imabe.org/index.php?id=1986 (letzter Zugriff: 29.10.2013).

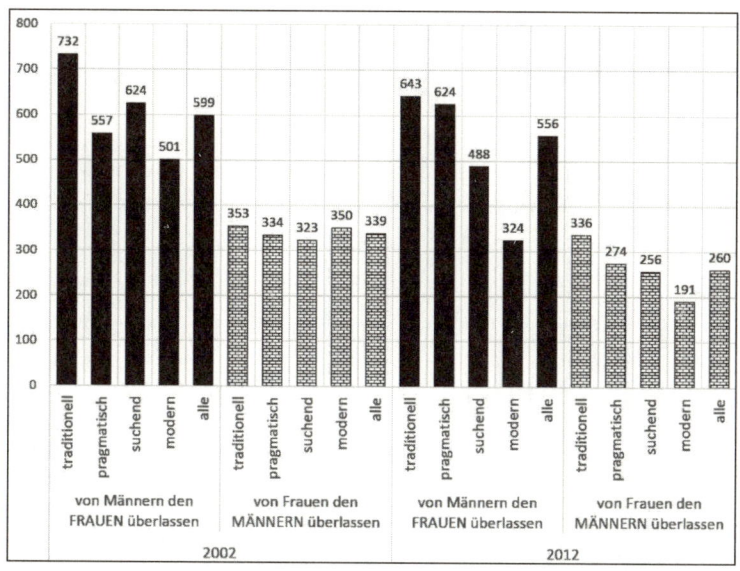

ABBILDUNG 10: Summe aller Haushaltstätigkeiten 2002 und 2012 (2002, 2012 | Geschlecht)

für Haushaltstätigkeiten zuständig als Männer. Diese überlassen – zumal die regelmäßigen und zeitintensiven Arbeiten – noch immer gerne den Frauen, die – wohl auch zu diesem Zweck und nicht nur der Kinder wegen – in einem höheren Ausmaß als Männer in Teilzeit arbeiten oder ganz aus der Erwerbsarbeit aussteigen. In den vergangenen zehn Jahren hat sich hier bei den Männern nicht allzu viel geändert. Umgekehrt zeigt sich bei den Frauen, dass diese 2012 noch weniger Tätigkeiten als vor 10 Jahren den Männern überlassen. Liegt das daran, dass Männer nur sehr selektiv bereit sind, in der „Hauswirtschaft" mitzuarbeiten? Oder liegt es auch daran, dass Frauen den Männern (zu) wenig zutrauen und Verantwortung (und damit auch häusliche Macht) nicht abgeben wollen?[118]

Zur Veranschaulichung hier eine Grafik, welche die abgefragten Haushaltstätigkeiten summiert. Noch nicht berücksichtigt ist da-

---

118 Ein Aspekt, warum gerade moderne Frauen so wenig dem Partner überlassen, ist vermutlich auch, dass ein relativ hoher Prozentsatz von ihnen allein lebt.

bei jedoch der zeitliche Aufwand, den Tätigkeiten bedeuten (z. B. bügeln vs. Müll wegtragen), und die Regelmäßigkeit, mit der sie anfallen (z. B. kochen vs. Bild aufhängen).

Eine zweite Grafik veranschaulicht im Detail, wer 2012 welche Tätigkeiten wem überlässt:

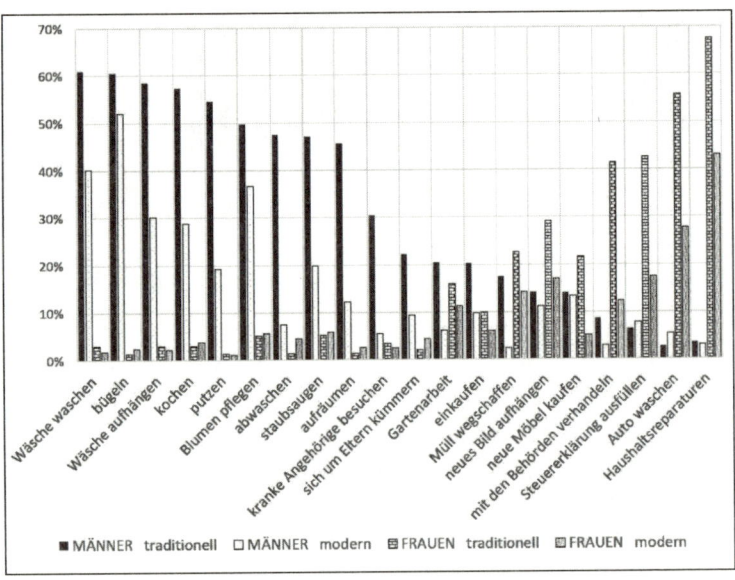

ABBILDUNG 11: Aufteilung Haushaltstätigkeiten 2012
Nun lese ich Ihnen verschiedene Haushalts- und Familientätigkeiten vor.
Sagen Sie mir bitte, ob Sie diese regelmäßig übernehmen, ab und zu oder ob Sie diese Ihrer Partnerin bzw. Ihrem Partner überlassen.
(2012 | Geschlecht | Traditionelle und Moderne)

Ähnlich wie bei der Aufteilung der Haushaltsarbeit verhält es sich auch im Bereich der Partnerschafts- und Beziehungsarbeit: Hier tragen zwar traditionelle Männer deutlich mehr Verantwortung hinsichtlich der materiellen Existenzsicherung, der zu treffenden Entscheidungen und der Zukunftsplanung – ansonsten jedoch sind es wiederum die Frauen, welche die Hauptlast der Verantwortung übernehmen und Beziehungsarbeit leisten. Die folgende Grafik zeigt das Verhältnis der Zuständigkeiten für Einkommen und Auskommen: Hier wird deutlich, dass diese Aufteilung zwar seit 2002 ausgeglichener geworden ist, aber insbesondere im traditionellen Cluster noch greift, und dass auch insgesamt eine bleibende Dysbalance zu verzeichnen ist.

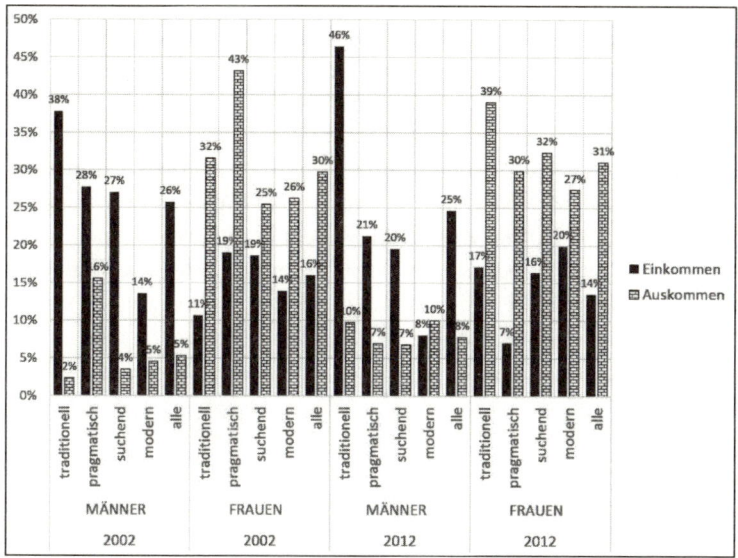

ABBILDUNG 12: Beziehungsarbeit – Zuständigkeit für Einkommen und Auskommen (2002, 2012 | Geschlecht | Rollenbild)

Dieser Befund spitzt sich nochmals zu, wenn Pflegetätigkeiten notwendig werden. Es wurde bereits ausführlich dargestellt: Nach wie vor sind Männer wesentlich weniger dazu bereit, zu Gunsten solcher Tätigkeiten ihre Erwerbstätigkeit zu reduzieren. Allerdings lässt die Bereitschaft auch unter Frauen – zumal den modernen – nach, sodass sich Pflege in einer alternden Gesellschaft immer deutlicher als Mega-Herausforderung der Zukunft abzeichnet.

Zuletzt seien hier – um das Bild zu vervollständigen – auch nochmals die Tätigkeiten mit Kindern erwähnt. Auch hier zeigt die Umfrage von 2012, dass Mütter nach wie vor deutlich mehr mit ihren Kindern tun als ihre Väter. Auch wenn solche Darstellungen nur bedingt aussagekräftig sind: Zählt man die Prozentwerte aller

Aktivitäten zusammen, kommen die Frauen im Schnitt 2012 auf 755 Punkte (2002: 810), die Männer hingegen auf 272 (2002: 385). Frauen machen also mehr als doppelt so viel mit den Kindern wie Männer, moderne Frauen machen in den meisten Bereichen nicht weniger, sondern sogar mehr mit ihren Kindern als traditionelle. Zudem zeigt der Vergleich der Zahlen für 2002 und 2012, dass der Gesamteinsatz von Männern mit Kindern in den letzten zehn Jahren erheblich stärker zurückgegangen ist (−113 Punkte) als bei Frauen (−55). Die einzige Ausnahme bilden die modernen Männer. Bei ihnen ist der Summenwert um 166 Punkte gestiegen, und zwar von 462 auf 628 – hier sind also eine merkliche Entwicklung in Richtung mehr Partnerschaftlichkeit gerade unter modernen Männern und Frauen und ein deutliches Interesse moderner Väter zu verzeichnen, aktiv Zeit mit ihren Kindern zu verbringen.

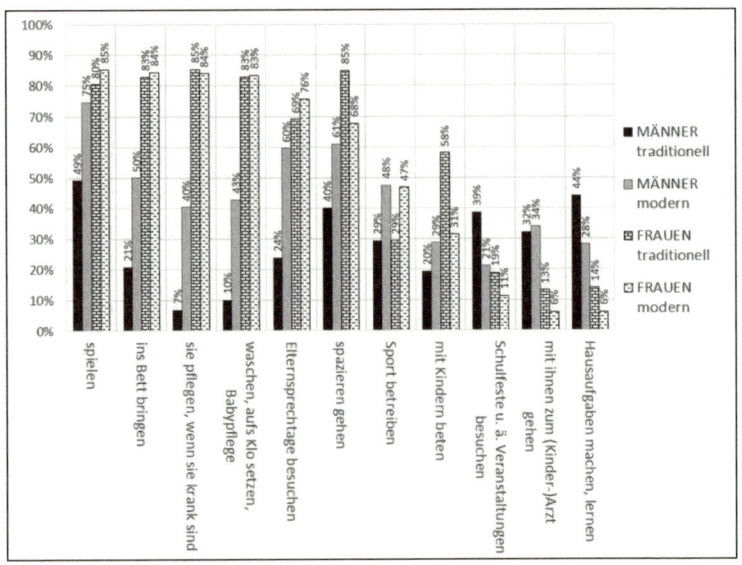

ABBILDUNG 13: Tätigkeiten mit Kindern
Welche der folgenden Tätigkeiten, die ich Ihnen nun vorlesen werde, verrichten Sie mit Ihren Kindern bzw. haben Sie mit den Kindern regelmäßig, gelegentlich oder nie gemacht, als diese noch klein waren?
(1 = regelmäßig; 2012 | Geschlecht | Traditionelle und Moderne)

Im Blick auf das Ungleichgewicht (selbst zwischen modernen Müttern und Vätern) stellt sich wiederum die Frage, warum das so ist: Liegt es am mangelnden Wunsch der Männer, die Erziehung ihrer Kinder aktiv mitzugestalten? Oder tun sich Frauen schwer, loszulassen, Verantwortung abzugeben? Sheryl Sandberg, COO und Verwaltungsrätin bei facebook.com, bringt es in ihrem Buch „Lean In" auf den Punkt: „So wie wir Frauen im Berufsleben den Rücken stärken müssen, so müssen wir Männern zu Hause den Rücken stärken. Ich habe wirklich häufig beobachten können, wie Frauen – unbeabsichtigt – ihre Männer durch zu viel Kontrolle, oder schlimmer noch, Kritik davon abgehalten haben, ihren Anteil zu übernehmen. Sozialwissenschaftler nennen das *maternal gatekeeping* (‚mütterliches Türstehen'), was ein schickerer Ausdruck für ‚Oh Gott, so geht das doch nicht! Geh weg und lass mich das machen!' ist."[119] Dies führt jedoch rasch dazu, dass Väter weniger tun. Deshalb gibt Sandberg entlastungssuchenden und -willigen Frauen den augenzwinkernden Rat: „Lassen Sie ihn dem Baby die Windeln so anziehen, wie er meint. Hauptsache, er tut es. Und wenn er aufsteht und sich ums Wickeln kümmert, bevor er überhaupt darum gebeten wird, dann sollte sie selbst dann lächeln, wenn er dem Baby die Windel um den Kopf wickelt. Wenn er die Dinge auf seine Art macht, wird er den richtigen Weg mit der Zeit schon finden. Doch wenn er gezwungen wird, die Dinge auf *ihre* Art zu machen, wird es nicht lange dauern, bis sie alles selber machen darf."[120]

Zusammenfassend: Frauen und Männer haben unter den in unserer Kultur gewachsenen gesellschaftlichen Bedingungen tendenziell unterschiedliche Startvoraussetzungen, wenn es darum geht, den Balanceakt zu meistern – zumal, wenn sie Familie haben. Traditionelle Rollenverteilungen, gesellschaftliche und familiäre Erwartungshaltungen sowie damit verbundene Selbstkonzepte sind zwar in Bewegung, von einer diesbezüglichen Gleichstellung von Frauen und Männern kann aber noch nicht die Rede sein.

Die eben erwähnten Daten machen es deutlich: Für Frauen besteht

---

119 Sandberg, Sheryl: Lean In: Frauen und der Wille zum Erfolg, Berlin 2013, 151.
120 Sandberg: Lean In, 152.

nach wie vor eine große Herausforderung darin, ihren Partner[121], so sie einen haben, zu einem „echten Partner" zu machen, der sie familiär auch tatsächlich entlastet, das heißt Verantwortung im Haushalt und in der Erziehung übernimmt. In diesem Kontext weist Sandberg auf eine nicht zu unterschätzende kontraproduktive Dynamik hin, die dann entsteht, „wenn Frauen ihrem Partner Aufgaben übertragen oder vorschlagen. Sie delegieren. Das ist grundsätzlich ein Schritt in die richtige Richtung, doch geteilte Verantwortung sollte eben auch genau das bedeuten: Jeder Partner muss für bestimmte Aufgaben verantwortlich sein, oder es passiert viel zu leicht, dass der eine glaubt, dem anderen lediglich einen Gefallen zu tun, anstatt seinen Anteil zu erledigen."[122]

Umgekehrt ist es für Männer nicht leicht, sich mehr im familialen Bereich zu engagieren, wenn sie dadurch Nachteile im Beruf zu erwarten haben. Wie bereits oben dargestellt, befürchten 2012 61 % der Männer negative berufliche Konsequenzen, wenn sie zu Gunsten von Kindern oder pflegebedürftigen Angehörigen in Karenz bzw. Pflegekarenz gehen würden. Zwar treffen diese Nachteile auch Frauen, doch für Männer wiegen sie aufgrund der überkommenen gesellschaftlichen (und vielleicht auch familiären) Erwartungen an sie als „Familienernährer" besonders schwer. Einen Hinweis darauf gibt auch die bereits erwähnte Einschätzung von 61 % der ÖsterreicherInnen, die 2012 überzeugt sind, dass Arbeitslosigkeit den Lebenssinn von Männern mehr bedroht als jenen von Frauen. Angesichts dieser Schwierigkeiten kann es Männer ermutigen, wenn

---

121 Sandberg nennt zwei Studien, die belegen, „dass gleichgeschlechtliche Paare die Hausarbeit viel gleichmäßiger untereinander aufteilen". Sandberg: Lean In, 149.

122 Sandberg: Lean In, 152. Zudem meint sie: „Ich bin felsenfest davon überzeugt, dass die mit Abstand wichtigste Karriereentscheidung, die eine Frau trifft, diejenige ist, ob sie einen Lebenspartner haben möchte und wer dieser Partner sein soll. Ich kenne keine einzige Frau in einer Führungsposition, deren Partner nicht voll und ganz – und damit meine ich voll und ganz – hinter ihrer Karriere steht. Ohne Ausnahme. Und im Gegensatz zu dem verbreiteten Glauben, dass es nur unverheiratete Frauen an die Spitze schaffen, hat die Mehrzahl der erfolgreichsten Unternehmensführerinnen einen Partner." Sandberg: Lean In, 153.

sie sich darüber im Klaren sind, wie sehr Kinder vom Engagement ihrer Väter profitieren können.

Der Balanceakt geschieht also niemals im luftleeren Raum, die genannten Ausgangsbedingungen gilt es im Folgenden im Blick zu behalten.

Die Frage der Vereinbarkeit von Familie und Beruf im internationalen Vergleich – ausgewählte Beispiele

An einigen Stellen wurde es bereits thematisiert: Die Frage nach der Vereinbarkeit zwischen Familie und Beruf, die mit der Balance von beruflichem und familialem Bereich engstens verbunden ist, stellt sich in verschiedenen Ländern unterschiedlich dar – und das nicht nur global betrachtet, wo die Differenzen natürlich enorm sind, sondern auch innerhalb der europäischen Staatengemeinschaft. Frankreich fällt dabei als jenes Land auf, in dem im Schnitt die meisten Frauen nach der Geburt des ersten Kindes wieder vollzeitig erwerbstätig sind, das aber mit 2,01 Kindern pro Frau auch eine der höchsten Fruchtbarkeitsraten in der EU hat. Österreich mit einer durchschnittlichen Zahl von 1,42 Kindern pro Frau liegt hier deutlich darunter.[123] Der Balanceakt Familie und Beruf scheint in Frankreich demnach besonders gut zu gelingen – immerhin wird er von der überwiegenden Zahl der Frauen gewählt und gelebt. Die französische Philosophin und dreifache Mutter Elisabeth Badinter, die sich intensiv mit Mütterlichkeitskonzepten beschäftigt hat, führt dies auf die grundsätzlich andere, kulturgeschichtlich gewachsene Haltung der Französinnen und Franzosen im Blick auf die Frauen- und Mutterrolle zurück. In ihrem Buch „Der Konflikt: Die Frau und die Mutter" beschreibt Badinter den „Sonderfall Frankreich":

„Wenn man von einem ‚französischen Sonderfall' reden kann, so hängt das damit zusammen, dass Französinnen im Unterschied zu den meisten anderen Europäerinnen seit langer Zeit eine wirkliche Anerkennung ihrer weiblichen Identität genießen. Die Gesellschaft des 18. Jahrhunderts hat die Versorgung

---

123 Informationen laut Eurostat: http://wko.at/statistik/eu/europa-geburtenrate.pdf (letzter Zugriff: 30.10.2013)

der Kinder durch Ammen zugelassen, und die Gesellschaft des 20. und 21. Jahrhunderts nimmt keinen Anstoß daran, dass Kinder mit der Flasche ernährt und schon bald nach ihrer Geburt in Betreuung gegeben werden. Kinderkrippen und Kindergärten belegen, dass das Modell der Teilzeitmutter in der Gesellschaft auf Einverständnis trifft. Weder die Mütter noch die Schwiegermütter und nicht einmal die Väter haben etwas dagegen einzuwenden. Es ist selbstverständlich, dass es der jungen Mutter zusteht zu entscheiden, welcher Lebensstil ihren eigenen Interessen und denen des Kindes am besten gerecht wird. Kein moralischer oder gesellschaftlicher Druck gebietet ihr, Vollzeitmutter zu sein, nicht einmal im Jahr nach der Geburt. Die französische Gesellschaft hat schon vor langer Zeit erkannt, dass nicht allein die Mutter für das Kind verantwortlich ist. Da die Väter immer noch nicht bereit sind, die elterlichen und häuslichen Aufgaben gerecht zu teilen, gilt der Staat als mitverantwortlich für das Wohl und die Erziehung der Kinder. Nach allgemeiner Überzeugung hat er Pflichten gegenüber der Mutter und ihrem Kind. Das geht sogar so weit, dass die öffentliche Meinung staatliches Versagen und unzureichende Betreuungsmöglichkeiten viel strenger beurteilt als mutmaßliche Unzulänglichkeiten der Mutter oder gar des Vaters."[124]

Das Modell Frankreich – so könnte man Badinters Thesen in dieser Frage zusammenfassen – führt vor Augen, dass der Balanceakt – neben dem verstärkten Engagement der Väter, das die französische Philosophin übrigens ganz klar einfordert – durch eine entsprechende Familienpolitik erleichtert werden kann, d. h. durch einen Staat, der sich in der Sorge um die nächste Generation mitverantwortlich weiß, sowie durch eine gesellschaftliche Grundhaltung, die Frauen neben ihrem Muttersein auch ein bleibendes Frausein mit darüber hinausgehenden und anderen, z. B. beruflichen, Interessen zugesteht.[125] Erinnert sei hier auch nochmals an Badinters These,

---

124 Badinter, Elisabeth: Der Konflikt. Die Frau und die Mutter, München 2010, 181–182.
125 Badinter weist allerdings auch darauf hin, dass das nicht notwendigerweise bedeutet, alle Frauen in eine durchgängige Erwerbsbiographie zu zwingen: „Die Familienpolitik in Frankreich ist diversifizierter als

dass ein weniger hohes Mutterideal (wie es die *englische Mummy* oder die *französische Maman* darstellt) es Frauen leichter macht, sich für Kinder zu entscheiden, als die hohen Ideale der deutschen Mutter oder der *italienischen Mamma*, die sich auf die Geburtenrate kontraproduktiv auswirken – und das auch deshalb, weil sie eine Balance von Familie und Beruf mit ihrer Forderung nach der Vollzeitmutter tendenziell verunmöglichen bzw. Frauen unter dieser Voraussetzung den Balanceakt nur mit dem ständig nagenden Schuldgefühl, eine Rabenmutter zu sein, vollbringen können.

Neben Frankreich zählen auch die nordischen Länder (Norwegen, Schweden, Finnland) zu den „Vorzeigestaaten", wenn es um moderne europäische Familienpolitik geht. In all diesen Ländern ist die Fertilitätsrate verhältnismäßig hoch, gleichzeitig wird kein großer Widerspruch zwischen der Berufstätigkeit von Frauen und ihrer Mutterrolle gesehen. Gerade im Blick auf Schweden wurde anhand der Daten der Europäischen Wertestudie (EVS) herausgearbeitet, dass hier in den 1960er und 1970er Jahren durch Änderungen in der Steuergesetzgebung, die Bereitstellung von Kinderbetreuungsplätzen und die Einführung des Elternurlaubs die Frauenerwerbsquote erhöht und das sogenannte Familienernährerregime durch ein Zweiverdienerregime erfolgreich abgelöst werden konnte. Dementsprechend ist laut den letzten Daten der EVS in Schweden die Zustimmung zur Müttererwerbstätigkeit ebenso hoch wie zu einer partnerschaftlichen Aufteilung der Haushaltstätigkeiten. Demgegenüber gehört Österreich – gemeinsam mit der Schweiz, Deutschland, Italien und Tschechien – zur Gruppe jener Länder, „in denen die Befragten vergleichsweise wenig an Partnerschaftlichkeit interessiert sind. Gleichzeitig sind diese Länder auch der Müttererwerbstätigkeit gegenüber zurückhaltend bis ablehnend eingestellt."[126]

---

in anderen Ländern und lässt auch Frauen, die ihre berufliche Tätigkeit unterbrechen möchten, damit sie sich um ihr unter drei Jahre altes Kind kümmern können, eine nicht unbedeutende (wenngleich unzureichende) Unterstützung zukommen. Nach dem 1985 für Eltern mit drei Kindern eingeführten Erziehungsgeld wurde diese Hilfe 2004 ausgedehnt, sodass Eltern (in Wahrheit Müttern) nun ermöglicht wird, ihre berufliche Tätigkeit nach der Geburt des ersten Kindes für sechs Monate zu unterbrechen." Badinter: Konflikt, 173–174
126 Kropf, Elisabeth/Lehner, Erich, Nach der Familie kommt die Familie:

Zusammenfassend sei nochmals Badinter zitiert, da sie auch explizit die Situation in Österreich anspricht:

> „Die verschiedenen Erfahrungen europäischer Länder zeigen, dass die Staaten mit dem höchsten Anteil berufstätiger Frauen zugleich die höchsten Geburtenraten vorzuweisen haben. Großzügige staatliche Hilfen allein reichen nicht aus, das ist überall festzustellen. In einem Land wie Österreich, das 2,3 Prozent seines Bruttoinlandsprodukts für den Familienetat verwendet (der damit einer der größten Europas ist), sorgt der deutliche Mangel an öffentlichen und privaten Kinderbetreuungseinrichtungen für eine niedrige Geburtenrate und einen hohen Prozentsatz kinderloser Frauen, besonders unter jenen mit einem hohen Bildungsgrad.“[127]

Der Balanceakt – in der Sicht der Österreicherinnen und Österreicher

Auf die Frage, wie den Österreicherinnen und Österreichern der Balanceakt zwischen Familie und Beruf gelingt, liefert die Geschlechterstudie 2012 zunächst ein überraschend positives Ergebnis: Ein hoher Prozentsatz gibt an, dass er ihnen „eher gut" gelingt, ein kleinerer, aber noch immer bedeutsamer meint „so halbwegs", nur relativ wenige geben zu, dass er ihnen schlecht gelingt. Bei der Interpretation dieser Daten ist jedoch zu berücksichtigen, dass die Menschen gern ein gutes Selbstbild pflegen und daher das „so halbwegs" vermutlich mehr Probleme signalisiert als die Formulierung vorderhand vermuten lässt. Wer gibt schon gern zu, sein eigenes Leben nicht meistern zu können! Insofern geben die relativ positiven Daten noch keinen Grund zur Euphorie.

Vor dem Hintergrund des zuvor hinsichtlich gesellschaftlicher Werthaltungen Gesagten (tendenzielle Ablehnung der Mütterer-

---

Lebens- und Partnerschaftsformen in Europa, in: Polak, Regina (Hg.): Zukunft. Werte. Europa. Die Europäische Wertestudie 1990–2010: Österreich im Vergleich, Wien u. a. 2011, 103–136, 118.

127 Badinter: Konflikt, 151.

werbstätigkeit, geringes Interesse an partnerschaftlicher Aufteilung der Haushaltstätigkeiten) verwundert es wenig, dass in Österreich Frauen im Blick auf die Verbindung von Berufstätigkeit und anderen Verpflichtungen eher Probleme wahrnehmen als Männer. Die Unterschiede sind jedoch relativ gering. Das sind die Ergebnisse auf die einschlägige Frage:

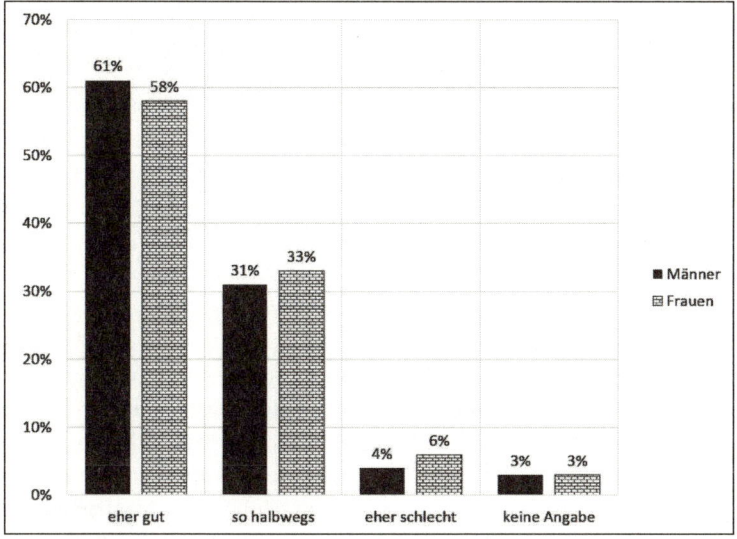

ABBILDUNG 14: Beruf und Familie unter einen Hut bringen
Ich möchte mich mit Ihnen über die Arbeitswelt, aber auch über den ganz normalen Alltag außerhalb der Berufsarbeit unterhalten. Ganz spontan: Würden Sie sagen, es gelingt Ihnen eher gut, so halbwegs oder eher schlecht, alles unter einen Hut zu bringen? Ich meine, der Berufsarbeit und den Verpflichtungen im Alltag gleichermaßen nachzukommen. Gelingt Ihnen dies eher gut/so halbwegs/eher schlecht?
(2012 I Geschlecht)

Warum den Balanceakt wagen?

Warum jedoch sollen und wollen Frauen und Männer heute überhaupt den Balanceakt Familie–Beruf wagen? Ist es nicht besser, wenn ein Elternteil (traditionell zumeist die Mutter) sich – zumindest eine Zeit lang, vielleicht sogar mehrere Jahre – ganz dem Kind/

den Kindern widmet? Im folgenden Abschnitt wird die Sicht der Österreicherinnen und Österreicher zu diesen Fragen dargestellt. Hintergründe und Rahmenbedingungen werden ausgeleuchtet. Vorangestellt sei diesen Reflexionen ein längeres Zitat aus dem Buch „Lean In" von Sheryl Sandberg, das ein – auf amerikanische bzw. amerikanisch-deutsche Forschung gestütztes – Plädoyer zu Gunsten einer wechselseitigen Ausweitung der Lebensfelder von Frauen und Männern darstellt. Es bringt mehrere zentrale Aspekte zur Sprache, auf die auch in der Geschlechterstudie 2012 Bezug genommen wird, und thematisiert die Erfahrungen oder immerhin die Hoffnungen jener Männer und Frauen, die den Balanceakt wagen.

„Forschungsergebnisse stützen [...] die Beobachtung, dass Gleichberechtigung zwischen Partnern zu glücklicheren Beziehungen führt. Wenn Ehemänner mehr Hausarbeit übernehmen, leiden die Ehefrauen seltener unter Depressionen, es gibt weniger Ehekrisen und die beidseitige Zufriedenheit steigt. Wenn Frauen außer Haus arbeiten und einen Teil des Geldes verdienen, bleiben Paare mit größerer Wahrscheinlichkeit zusammen. Sogar das Scheidungsrisiko halbiert sich, wenn die Ehefrau die Hälfte des Geldes verdient und der Mann die Hälfte der Hausarbeit erledigt. Bei Männern fördert die Beteiligung an der Kindererziehung Geduld, Empathie und Anpassungsfähigkeit – also Eigenschaften, von denen sie in all ihren Beziehungen profitieren. Frauen profitieren von selbstverdientem Geld durch mehr Mitsprache bei Entscheidungen zu Hause. Darüber hinaus sorgen sie damit für ihre finanzielle Absicherung, die in späteren Jahren wichtig wird, da Frauen meist länger leben als ihre Männer. Und schließlich – für viele ist das vielleicht der motivierendste Faktor – haben Paare, die sich die häuslichen Verpflichtungen teilen, mehr Sex."[128]

So weit die Gründe, die Sandberg für das Modell „Halbe-Halbe" anzuführen weiß. Auch die Österreicherinnen und Österreicher wurden nach Vorteilen gefragt. Dass ein relativ hoher Prozentsatz der Bevölkerung Erwerbstätigkeit von Frauen und Männern als bedeutenden Faktor für deren Lebenssinn ansieht, wurde bereits erwähnt. Darüber hinaus wurde mit folgenden Testitems nach der

---

128 Sandberg: Lean In, 165.

wechselseitigen Bereicherung von familialem und beruflichem Bereich und damit nach Vorteilen einer Verbindung von Familie und Beruf gefragt:

- Gutes Familienleben gibt Kraft für den Beruf.
- Partnerschaft hilft über berufliche Misserfolge hinweg.
- Ein erfüllender Beruf hilft auch über Beziehungsprobleme hinweg.

		Gutes Familienleben gibt Kraft für den Beruf.	Partnerschaft hilft über berufliche Misserfolge hinweg.	Ein erfüllender Beruf hilft auch über Beziehungsprobleme hinweg.
2002	Männer	87%	82%	52%
	Frauen	88%	82%	61%
2012	Männer	73%	61%	54%
	Frauen	79%	60%	55%

TABELLE 24: Familienleben und Berufsleben stützen einander (2002, 2012 | Geschlecht)

Zunächst sticht ins Auge, dass insgesamt von einem großen Bevölkerungssegment positive Wechselwirkungen wahrgenommen werden: Geht es in der Berufswelt gut, können Krisen in der Familienwelt besser gemeistert werden, andererseits können Störungen in der familialen Welt zu Irritationen in der Berufswelt führen. Dasselbe gilt auch umgekehrt: Probleme im Beruf können Druck auf die privaten Lebenswelten erzeugen,[129] andererseits sind Personen mit einem zu-

---

129 Liselotte Ahnert berichtet von solchen Belastungssituationen im Blick auf Berlin zur Zeit der Wiedervereinigung: „Interviews mit den Eltern ließen den Eindruck entstehen, dass die vielen grundlegenden sozial-politischen Veränderungen – hohe Arbeitslosigkeit im Ostteil, der Druck auf den Arbeitsmarkt und der Wegfall besonderer Vergünstigungen im Westteil – die Familien erheblich belasteten. Kein Wunder, wenn das Kind aus dem Zentrum des Familiengeschehens gerückt und die Mutter-Kind-Beziehung distanzierter wurde. Derartige Lebensum-

friedenstellenden familialen Hinterland beruflich stärker. Beruf und private Lebenswelt erscheinen wie zwei Beine: Am besten kommt man voran, wenn beide gesund sind. Ist eines verletzt, geht es trotzdem noch, auch wenn mit der Zeit die Gefahr besteht, dass das zweite Bein durch die stärkere Belastung in Mitleidenschaft gezogen wird. Sind beide Beine krank, geht es (sich) nicht mehr gut. Allerdings fällt auf, dass die positive Wirkung von Familie und Partnerschaft auf das Berufsleben (evtl. auch, wenn dort Schwierigkeiten auftreten) stärker wahrgenommen wird, als der umgekehrte Effekt, dass sich der Beruf entlastend auf den familiären Bereich bzw. mögliche Beziehungsprobleme auswirkt. Zudem zeigt sich, dass sich diese wechselseitig entlastende Funktion zum Zeitpunkt der letzten Umfrage 2012 gegenüber 2002 deutlich abgeschwächt zu haben scheint – sowohl bei Männern[130] als auch bei Frauen, und das in allen genannten Facetten.

Neben den genannten Vorteilen wechselseitiger Entlastung von familiärem und beruflichem Bereich wird eine Reihe weiterer Gründe ins Treffen geführt, warum es Sinn macht und wichtig ist, dass Männer und Frauen, Väter und Mütter heute erwerbstätig sind. Welche Interessen gilt es in diesem Kontext zu berücksichtigen?

Im Interesse der Wirtschaft

Ein Faktor, der immer wieder zu hören ist, sind die – gegenwärtig mit einem hohen Stellenwert versehenen („Geht's der Wirtschaft gut, geht's uns allen gut!") – wirtschaftlichen Interessen: Die Wirtschaft könne es sich heute nicht mehr leisten, auf das Potential der gut ausgebildeten Frauen zu verzichten. Von der Präsidentin des Internationalen Währungsfonds Christine Lagarde war 2013 im Zuge der Finanzkrise mehrfach medial zu hören, dass diese vermutlich weniger desaströs ausgefallen wäre, hätten mehr Frauen in verantwortlichen Leitungspositionen und Aufsichtsräten die Politik ihrer

---

 stände können selbst potenziell feinfühlige Mütter so überlasten, dass ihre Feinfühligkeit nicht zum Tragen kommt." Ahnert: Wieviel Mutter, 62–63.

130 Einzige Ausnahme bilden die Männer, insofern sie 2012 sogar mehr als 2002 eine entlastende Funktion des Berufs bei Beziehungsproblemen wahrnehmen.

Unternehmen mitgestaltet. Hier klingt an, dass Frauen besondere (weibliche?) Werte, Sichtweisen und Fähigkeiten in das ökonomische System einzubringen hätten, die zu dessen Verbesserung beitragen könnten.[131] Der Diskurs zu diesen Fragen ist freilich kontrovers. Während die einen vehement im Interesse einer zum Wohl der Menschen (und nicht nur einiger weniger Profiteure) gut funktionierenden Wirtschaft mehr Frauen in hohen Leitungsfunktionen einfordern, bezweifeln andere, ob Frauen angesichts der kapitalistischen Logik überhaupt etwas verändern könnten. Eine jener kritischen Stimmen ist die österreichische Psychotherapeutin und Wirtschaftscoachin Christine Bauer-Jelinek. Sie wirft – äußerst polemisch feministische Positionen karikierend – in die Debatte ein:

„Wenn endlich die ‚weiblichen Werte‘ wie ganzheitliches und kooperationsorientiertes Denken sowie Harmoniestreben und Fürsorge sich durchsetzten, dann wäre es um die Welt bald besser bestellt. Und vollends rätselhaft ist, warum man die Wirtschaft nun mit Quoten dazu zwingen muss, auf das Potenzial der Frauen nicht zu verzichten – und dies in einem kapitalistischen System, das in allen Bereichen auf Deregulierung pocht und darauf besteht, dass nur das Spiel der freien Kräfte für alle das beste Ergebnis bringen würde. Wenn Frauen für die Wirtschaft tatsächlich unverzichtbar wären, dann hätten sie das schon durch eine Steigerung ihres Marktwertes bemerkt. Nach den Prinzipien des herrschenden Wirtschaftssystems müssten diese weiblichen Übermenschen ja deutlich mehr verdienen als Männer, sie müssten wie Fußballstars um hohe Ablösesummen gehandelt werden."[132]

Bauer-Jelinek selbst geht davon aus, dass nicht das Geschlecht das Verhalten von Menschen bestimmt, sondern dieses Verhalten vielmehr von den Zielen und Werten der jeweiligen Gesellschaft ge-

---

131 Mehr zu Sinn und Problematik solcher Zuschreibungen, also „weibliche" und „männliche" Werte/Fähigkeiten/Eigenschaften, findet sich im Abschnitt „Was ist ein Mann? Was ist eine Frau?".

132 Bauer-Jelinek, Christine: Der falsche Feind. Schuld sind nicht die Männer, Salzburg 2012, 23–24.

prägt ist. Somit könnten Frauen – sofern sich die Grundsätze des Wirtschaftens nicht für alle änderten – in Führungspositionen auch nicht anders handeln als jene Männer, welche diese derzeit innehätten. Deshalb sei jede Vorstellung von Frauen als dem „besseren Geschlecht" als Mythos zu entlarven.

Eine grundsätzlich andere Position vertritt wiederum Sheryl Sandberg, die selbst als eine der reichsten und mächtigsten Frauen der Welt gilt. Zwar geht auch sie keineswegs davon aus, dass Frauen die besseren Menschen wären, doch sie bekennt sich zur Überzeugung, dass eine Welt, in der „Frauen die Hälfte aller Länder und Unternehmen führen und Männer die Hälfte aller Haushalte" eine bessere Welt wäre – eine Position, die sie mit der liberianischen Bürgerrechtlerin und Friedensnobelpreisträgerin Leymah Gbowee teilt und folgendermaßen begründet:

> „Die Regeln der Ökonomie und viele Studien zu Diversität besagen, dass sich unsere kollektive Leistung verbessert, wenn wir die gesamten personellen Ressourcen und Talente ausschöpfen. [...] Leymah und ich könnten nicht unterschiedlicherer Herkunft sein, und trotzdem sind wir beide zu der gleichen Schlussfolgerung gelangt: Die Umstände für alle Frauen werden sich verbessern, wenn es mehr Frauen in Führungspositionen gibt, die mit starker und mächtiger Stimme ihren Bedürfnissen und Anliegen Ausdruck verleihen."[133]

Theoretisch ist die Frage, ob es sich vorteilhaft auswirken würde, wenn global und national mehr Frauen in entscheidenden Positionen die Wirtschaft mitgestalten würden, nicht zu beantworten. Vermutlich gibt es derzeit auch noch keine ausreichende Erfahrungsbasis, um den Einfluss von hochrangigen weiblichen Führungskräften einzuschätzen. Kritische Stimmen wie Bauer-Jelinek geben zu bedenken, dass Frauen „als Führungspersonen keineswegs so kompetent und beliebt [sind], wie gerne behauptet wird"[134]. Angesichts der Erfahrungen mit den (im Vergleich zu Männern gesehen) bisher wenigen weiblichen Topmanagerinnen scheint jedoch ein Argument Sandbergs wichtig, um die Situation realitäts-

---

133 Sandberg: Lean In, 14–15.
134 Bauer-Jelinek: Der falsche Feind, 15.

nah einzuschätzen. Die Facebook-Managerin gibt nämlich zu bedenken, dass die Erfahrungen mit der ersten Generation weiblicher Führungskräfte nicht automatisch auf alle Frauen ausgedehnt werden dürften, denn diese Frauen wären – angesichts ihrer Sonderstellung aufgrund ihrer geringen Zahl – stark unter Anpassungsdruck gestanden. Statt für andere (Frauen) einzutreten, hätten sie sich oft darauf konzentriert, sich anzupassen. Das hätte sich jedoch mittlerweile geändert:

„Je mehr Frauen Machtpositionen erreichen, desto geringer wird der Anpassungsdruck und desto mehr werden sie für andere Frauen tun. Bereits heute zeigen Forschungsergebnisse, dass in Unternehmen mit mehr Frauen in Führungsrollen eine bessere Work-Life-Balance herrscht, das Gehältergefälle geringer ausfällt und mehr Frauen im mittleren Management arbeiten."[135]

Im Interesse des Staates

Ein weiteres Argument, das zu Gunsten von Frauen und Männern als Erwerbstätige angeführt wird (und somit für alle Eltern die Frage nach Vereinbarkeit von Familie und Beruf aufwirft), hängt mit der Erhaltung der sozialen Sicherungssysteme zusammen. Diese werden von den Erwerbstätigen mit ihren Steuern und Abgaben getragen. Laut Angaben der österreichischen Industriellenvereinigung stehen derzeit etwa 4,1 Millionen Nicht-Aktive 4,2 Millionen aktiven Erwerbstätigen gegenüber. Angesichts der demographischen Veränderungen (niedrige Geburtenrate, Alterung der Gesellschaft) wird sich – falls keine Gegenmaßnahmen getroffen werden – dieses Verhältnis in den kommenden Jahren und Jahrzehnten stark in Richtung der Nicht-Aktiven verschieben, was zu einer Überlastung der sozialen Sicherungssysteme führen wird. Bei konstanten Bedingungen (Geburtenrate, Frauenerwerbsquote, Pensionsantrittsalter) kommt der *future.monitor* der österreichischen Industriellenvereinigung zu folgendem Ergebnis: „Im Jahr 2050 schließlich stünden 5,3 Millionen Nicht-Erwerbspersonen nur mehr 4,1 Millionen Aktive gegenüber."[136]

---

135 Sandberg: Lean In, 240.
136 http://www.futuremonitor.at/ergebnisse.html (letzter Zugriff: 11.11.2013).

Maßnahmen dagegen liegen einerseits darin, Personen länger im Erwerbsleben zu halten (um fünf bis zehn Jahre höheres Pensionsantrittsalter), andererseits darin, mehr Frauen in den Erwerbsprozess einzubinden. 2008 lag die Frauenerwerbsquote laut Frauenbericht 2010[137] für die 15- bis 64-jährigen Frauen bei 68,6% (Männer: 81,4%), wobei die vergleichsweise bereits relativ hohe Erwerbsquote mit dem im EU-Schnitt sehr hohen Anteil an teilzeitbeschäftigten Frauen in Verbindung gebracht wird. Könnte die Erwerbsquote der Frauen auf jene der Männer angehoben werden, stünden 2050 5,0 Millionen Nicht-Erwerbstätigen 4,4 Millionen Erwerbspersonen gegenüber. Ideal wäre laut iv-*future.monitor* eine kombinierte Maßnahme aus Anhebung der Frauenerwerbsquote und Anhebung des Pensionsantrittsalters um fünf Jahre – auf diese Weise ließe sich das soziale Sicherungssystem weiterhin tragen. [138]

Im Interesse der Männer und Frauen

Neben den kurz angerissenen ökonomischen und gesellschaftlichen Gründen gibt es jedoch auch individuelle Gründe, die Männer und Frauen dazu veranlassen, den Balanceakt Familie–Beruf in Kauf zu nehmen bzw. anzustreben.

Sicherung materieller Lebensgrundlagen

Ein wesentlicher und grundlegender Faktor betrifft zunächst die Sicherung der materiellen Lebensgrundlagen für sich selbst, aber auch für die Familie und damit die Kinder – also die familien- bzw. individualökonomische Notwendigkeit. 50% der Österreicherinnen und 43% der Österreicher waren 2012 der Ansicht, dass sie es sich finanziell nicht leisten können, wenn nur ein Elternteil arbeitet und der andere beim Kind/bei den Kindern bleibt.

---

137 Vgl. Frauenbericht 2010. Bericht betreffend die Situation von Frauen in Österreich im Zeitraum von 1998 bis 2008, hg. von der Bundesministerin für Frauen und öffentlichen Dienst, Wien 2010, 125–189, 127. http://www.bka.gv.at/site/7207/default.aspx (letzter Zugriff: 11.11.2013).

138 http://www.futuremonitor.at/ergebnisse.html (letzter Zugriff: 11.11.2013).

> Ich finde, die Kinderzulagen sollten massiv höher sein. Ich als ledige Frau wäre bereit, auf einen rechten Lohnanteil zu verzichten, wenn er in eine staatliche „Erziehungsausgleichskasse" fließen würde, aus der die Kinderzulagen bezahlt würden. (Frau, 60+)
>
> Kinder kosten tatsächlich viel. Finanzielle Grundleistungen wie das Kindergeld sind also nicht so falsch, sondern wichtig. Erziehungsarbeit sollte gesellschaftlich einen höheren Stellenwert bekommen. Da liegen die Wertorientierungen falsch: Wer eine Maschine baut oder wartet, verdient wesentlich mehr als ein Mensch, der bei der Erziehung mitarbeitet. Berufliche Arbeit dient aber auch der Selbstverwirklichung. Frauen, die heute mindestens so qualifiziert sind wie die Männer, sollten diese auch beruflich leben können. (Mann, 41–50, verheiratet, 3 Kinder)

Die Anzahl jener, die so denken, hat in den vergangenen zehn Jahren deutlich zugenommen, bei den Frauen um 10%, bei den Männern um 4%. Der gefühlte ökonomische Druck ist gestiegen, die Sorge um das eigene finanzielle Auskommen und eine entsprechend stabile familienökonomische Situation ist somit individuell betrachtet ein wesentlicher Grund, warum in Familien beide Partner erwerbstätig sind.

Dass die Haltung zur Aussage, Mann und Frau müssten erwerbstätig sein, um finanziell durchzukommen, mit der sozialen Schicht korreliert, überrascht nicht. Bemerkenswert ist jedoch, dass auch 31% der Männer und 41% der Frauen aus der hohen A-Schicht so denken. Zeichnen sich hier wachsende Ansprüche in Bezug auf den Lebensstandard ab? Und inwiefern wird das Argument der finanziellen Notwendigkeit (gerade von Frauen aus den höheren Schichten) gebraucht, um die eigene Erwerbstätigkeit in einer Gesellschaft zu rechtfertigen, die gegenüber Müttererwerbstätigkeit kritisch eingestellt ist? Immerhin fällt auf, dass von Frauen der A- und B-Schicht 10% mehr als die Männer überzeugt sind, dass sie es sich nicht leisten können, wenn nur ein Elternteil arbeitet und der andere beim Kind bleibt.

Gerade im Blick auf Frauen zeigt sich zudem, dass die Entscheidung für eine möglichst durchgängige Erwerbstätigkeit angesichts der gegenwärtigen Rahmenbedingungen auch im Blick auf die Alterssicherung wichtig ist. Der österreichische Frauenbericht 2010 macht darauf aufmerksam, dass „aufgrund niedriger Erwerbsein-

		1 = stimme voll zu	2	3	4	5 = stimme überhaupt nicht zu
Männer	A-Schicht	7%	24%	10%	35%	34%
	B-Schicht	14%	24%	10%	22%	24%
	C-Schicht	22%	27%	7%	20%	19%
	D-Schicht	17%	21%	11%	19%	21%
	E-Schicht	12%	36%	9%	20%	22%
	alle	**17%**	**26%**	**9%**	**22%**	**22%**
Frauen	A-Schicht	15%	24%	13%	26%	25%
	B-Schicht	19%	30%	8%	15%	16%
	C-Schicht	24%	29%	4%	16%	16%
	D-Schicht	21%	27%	8%	15%	15%
	E-Schicht	22%	29%	6%	11%	13%
	alle	**21%**	**28%**	**6%**	**16%**	**17%**

TABELLE 25: „Wir können es uns finanziell nicht leisten, wenn nur ein Elternteil arbeitet und der andere beim Kind/bei den Kindern bleibt."
(2012 | Geschlecht | Schicht)

kommen und lückenhafter Versicherungsverläufe [...] die Pensionen der Frauen im Bereich der gesetzlichen Pensionsversicherung [...] nach wie vor deutlich niedriger [sind] als die der Männer." Altersarmut ist heute für nicht wenige Frauen ein Thema, besonders dann, wenn sie lange Zeit zu Gunsten der Familie auf eigene Erwerbstätigkeit verzichtet haben und dann die eheliche Lebensgemeinschaft zerbrochen ist.

Speziell im letztgenannten Fall des Scheiterns von ehelichen Lebensgemeinschaften bzw. wenn Mütter alleine ihre Kinder großziehen, sind Frauen auf eigene Erwerbstätigkeit angewiesen. Laut Frauenbericht zählen die Alleinerzieherinnen zu den am stärksten armutsgefährdeten Personen in Österreich. Vor diesem Hintergrund kommt der Bericht zum Schluss: „Frauenerwerbstätigkeit ist zentral für Armutsvermeidung."[139]

Unabhängigkeit

Auch der Wunsch nach Unabhängigkeit vom Partner ist ein wichtiger Grund für Frauen, erwerbstätig zu sein. Diese Unabhängigkeit von der Partnerin trifft umgekehrt natürlich auch auf die Erwerbstätigkeit der Männer zu. Da diese jedoch historisch gewachsen gesellschaftlich selbstverständlicher ist, wird im Folgenden der Fokus verstärkt auf die Frauen gelegt, die im Schnitt hinsichtlich „Unabhängigkeit vom Partner" Nachholbedarf haben.

Unabhängigkeit im Sinne von Eigenständigkeit ist schon innerhalb einer Partnerschaft ein guter Wert, weil Freiheit und Liebe einander eher fördern als behindern. Zudem gewinnt weibliche Unabhängigkeit angesichts steigender Scheidungszahlen für viele an zusätzlicher existenzieller Brisanz.

Unabhängigkeit vom Partner war einer der Gründe für die Berufstätigkeit, welche auch in den Umfragen der Geschlechterstudie 2012 vorgelegt wurden. Während Einkommenssicherung gleichsam die Basis für die Erwerbsarbeit bildet (zwei Drittel bis drei Viertel der ÖsterreicherInnen sehen über den Untersuchungszeitraum hinweg Einkommenssicherung als Hauptgrund für Berufstätigkeit), kommen mit Unabhängigkeit und Sinnerfüllung noch weitere geschlechterpolitisch relevante Gründe hinzu. An den Umfrageergebnissen fällt auf, dass das Bewusstsein für die Bedeutung der Erwerbstätigkeit für die Unabhängigkeit von Frauen seit der ersten Umfrage 1992 sowohl unter Frauen als auch unter Männern deutlich angestiegen ist – mit einem leichten Knick seit 2002. Ähnlich hoch liegen erwartungsgemäß die Werte im Blick auf die Bedeutung für die Unabhängigkeit vom Partner.

---

139 Vgl. Frauenbericht 2010, 193. Online: http://www.bka.gv.at/site/7207/default.aspx (letzter Zugriff: 11.11.2013).

		Berufstätigkeit ist der beste Weg für eine Frau, um unabhängig zu sein.	Erwerbstätigkeit macht Frauen von ihren Partnern unabhängiger.
1992	Männer	55%	
	Frauen	65%	
2002	Männer	75%	75%
	Frauen	84%	84%
2012	Männer	72%	78%
	Frauen	79%	81%

TABELLE 26: Erwerbstätigkeit macht Frauen unabhängig (1992, 2002, 2012 | Geschlecht)

Verwirklichung eigener Fähigkeiten und Potentiale

Darüber hinaus spielt, zumal wo das ökonomische Argument nicht mehr zwingend ist, der Wunsch nach Mitgestaltung von Welt und Gesellschaft für zahlreiche Frauen wie Männer eine zentrale Rolle für die Entscheidung, Familie und Beruf zu verbinden.[140] Wichtig ist vielen dabei die Verwirklichung eigener Potentiale und Fähigkeiten nicht nur im familial-häuslichen Bereich[141], sondern selbstverständlich auch in den unterschiedlichsten beruflichen Feldern.

---

140 Das schmälert nicht die Verdienste von vielen Frauen, die sich ehrenamtlich in gemeinnützigen Organisationen und religiösen Gemeinschaften engagiert haben und engagieren und auf diesem Weg einen unverzichtbaren Beitrag zur Gestaltung der sozialen Zusammenhänge im Land leisten. Eine steigende Frauenerwerbsquote führt dazu, dass angesichts der darauffolgenden Mehrfachbelastung weniger Frauen als bisher sich in der Lage sehen, zeitaufwändigere ehrenamtliche Tätigkeiten zu übernehmen.

141 Allerdings gibt es auch (selbst)kritische Frauenstimmen, welche sich eine stärkere Honorierung der Tätigkeiten von Frauen wünschen, so beispielsweise Birgit Kelle: „Denn wo von Frauen selbst definiert wird, dass die Teilhabe am gesellschaftlichen Leben erst außerhalb des Hauses beginnt, dort bekommt Frau dann eben auch nur die Anerkennung und eine Honorierung für Dinge, die außerhalb des Hauses stattfinden." Kelle: Dann mach doch, 204.

Die in den letzten Jahrzehnten enorm gestiegene Bildung unter Frauen trägt hier das Ihrige bei.[142] Die französische Philosophin Elisabeth Badinter spricht in ihrem Buch „Der Konflikt – Die Frau und die Mutter" die gesellschaftlichen Funktionen und Verpflichtungen von Frauen an, die in der französischen Kultur ganz selbstverständlich auch dann bestehen bleiben, wenn Frauen Kinder bekommen. Diese beschränken sich nicht auf ihre Rolle als Mütter und Erzieherinnen, was an sich schon eine wichtige gesellschaftliche Funktion ist. Dass diese oft zu wenig wertgeschätzt wird, wird heute teils sachlich (z. B. Hinweis auf die Bedeutung der Versorgungsarbeit/der Hauswirtschaft für die Erwerbswirtschaft durch die Wirtschaftsethikerin Ulrike Knobloch), teils polemisch (z. B. Birgit Kelle mit ihrem gegen den Feminismus gerichteten Plädoyer für mehr Selbstbestimmung von Frauen) eingemahnt. Der Aspekt der Potentialentfaltung und Weltgestaltung geht einher mit dem Sinnpotential der Arbeit: Erwerbsarbeit wird – wie bereits erwähnt – von 61% der Frauen (und 51% der Männer) als notwendig für ein sinnerfülltes Frauenleben angesehen. Ein Vergleich mit den beiden früheren Erhebungen zeigt, dass die Erwerbsarbeit im Blick auf Sinnerfüllung in den letzten 20 Jahren massiv an Bedeutung gewonnen hat – und das bei Männern und Frauen.

Im Interesse der Kinder?

Es gibt also ökonomisch, sozialpolitisch, finanziell und persönlich-biographisch gute Gründe, die für die Berufstätigkeit von Männern *und* Frauen, Müttern *und* Vätern sprechen. Und wie sieht es mit den Interessen der Kinder aus? Sind sie die Leidtragenden – jene, die die Nachteile dieser Option zu tragen oder gar auszubaden haben? Oder ist es auch in ihrem Sinn, wenn ihre Mütter und ihre Väter berufstätig sind – und das nicht erst dann, wenn Mama und Papa sowieso „out" sind, weil in der Pubertät die Peers die zentralen Ansprechpersonen geworden sind?

---

142 Inzwischen liegt der Frauenanteil bei den MaturantInnen bei 60%, auch hinsichtlich Universitätsabschlüssen haben sie seit 2004/2005 die männlichen Kollegen überholt. Einzig unter den DoktoratsabsolventInnen sind Frauen noch unterrepräsentiert, dort lag ihr Anteil laut Frauenbericht 2010 bei 42%. Vgl. Frauenbericht 2010, 77–123, 79.

Zur Beantwortung dieser Fragen ist es notwendig, einen genaueren, entwicklungspsychologisch geschärften Blick auf die Bedürfnisse (kleiner) Kinder zu werfen und zu fragen: „Wieviel Mutter [Vater] braucht ein Kind?"[143] Dieser entwicklungspsychologischen Fragestellung ist der nächste Abschnitt gewidmet. Hier werden zunächst einige mehr äußerliche Faktoren angesprochen, aufgrund derer auch Kinder von der Berufstätigkeit beider Elternteile profitieren. Ein erster Aspekt betrifft – analog zu den Erwachsenen – die finanzielle Absicherung bzw. das Armutsrisiko, wo diese Berufstätigkeit beider nicht gegeben ist. In den reichen europäischen Ländern sind es vor allem abrupt veränderte Lebensläufe (etwa durch missglückte Berufseinstiege, Trennungen oder Scheidungen), die zu Armutssituationen für Erwachsene und damit auch für die von ihnen abhängigen Kinder führen können. Armut äußert sich dabei nicht nur als Mangel an materiellen Ressourcen, sondern auch in der Notwendigkeit, sich hinsichtlich Lebensqualität und Sozialleben einschränken zu müssen. Oft kommen dann in der Folge noch gesundheitliche Belastungen, bedingt durch einseitige Ernährung und schlechte Wohnbedingungen, dazu. Laut der NICHD-Studie[144] (US-amerikanische Längsschnittstudie des National Institute of Child Health and Human Development) zeigt sich,

„dass Armut mit ungünstigen Entwicklungsverläufen verbunden ist. Kinder in Armut zeigen intellektuelle Entwicklungsverzögerungen und mehr Verhaltensprobleme als Vergleichskinder, die keine Armut kennen. Die schlechten Entwicklungsergebnisse werden dabei maßgeblich auf ein unangemessenes Elternverhalten und ein schlechtes Beziehungsklima in der Familie zurückgeführt. Das Leben für Kinder in Armut ist damit vor allem mit Beziehungs-, Bildungs- und Betreuungsarmut in der Familie verbunden. Eine öffentliche Betreuung kann dann ein gutes Korrektiv sein."[145]

Insofern kommt die Vermeidung von Armut auch den Kindern zugu-

---

143 Vgl. Ahnert: Wieviel Mutter.
144 Vgl. NICHD Early Child Care Research Network, Duration and developmental timing of poverty and children's cognitive and social development from birth through third grade, *Child Development*, 76, 795–810.
145 Ahnert: Wieviel Mutter 260.

te – und das in einem umfassenden Sinn. Ein weiterer Faktor, der zu Gunsten der Erwerbstätigkeit der Mütter (und damit beider Eltern) angeführt wird, ist die mit dem Sinnpotential der Arbeit verbundene Lebenszufriedenheit, die sich auch auf die Kinder auswirkt. Zufriedene Mütter (und Väter), so heißt es, sind bessere Eltern für ihre Kinder als solche, die alle außerfamiliären Lebensinteressen opfern und dann mit ihrem eigenen Leben nicht wirklich einverstanden sind, vielleicht sogar missmutig oder depressiv werden.

Auch „Gluckenmütter", die – gut gemeint – das Kind zu ihrem *einzigen,* dafür mit umso mehr Ehrgeiz betriebenen Lebensprojekt machen, sind für das Kind selbst nicht nur ein Gewinn. Wenn Kinder sich dann perfekt entwickeln müssen, sorgt das für eine gehörige Portion Druck für Mütter und Kinder. Vielleicht soll das Kind auch noch all die ungelebten Anteile in der Biographie der Mutter kompensieren, was nicht nur leicht zu Frustration führt, sondern auch dem Kind ein Leben aufzwingt, das nicht sein eigenes ist. So zeigt sich die Entwicklungspsychologin Liselotte Ahnert überzeugt, dass „Kindererziehung [...] nur dann gelingen [kann], wenn Mütter parallel auch ihren nicht mütterlichen Teil entwickeln"[146].

Deshalb ist heute auch im akademischen Kontext davon die Rede, dass es nicht darum geht, perfekte Mütter (bzw. Väter) zu sein, sondern hinreichend gute. Gewährsmann in diesem Kontext ist der britische Kinderarzt Donald Winnicott, der mit seinen Forschungen aufzeigen konnte, dass die *„good-enough mother"* mit ihren Fehlern längerfristig die kindliche Entwicklung letztlich sogar mehr fördert als die „perfekte".

Im Interesse der alten Menschen?

Und wie sieht es mit den alten, pflegebedürftigen Menschen aus? Sind sie die Leidtragenden, weil der Balanceakt Beruf–Familie Zeit und Energie der Menschen bindet und wenig freie Kapazitäten für die Pflege Alter und Sterbender bleibt? Oder ist es auch in ihrem Interesse, dass möglichst viele Frauen und Männer in den Erwerbsprozess eingebunden sind?

---

146 Online: http://www.zeit.de/2011/19/Muetter-Interview-Ahnert (letzter Zugriff: 12.11.2013).

Hingewiesen wurde bereits auf die Tatsache, dass die Erwerbstätigen mit ihren Steuern und Abgaben das soziale Sicherungssystem und mit ihm auch die Pensionen finanzieren. Insofern profitieren auch die älteren Menschen davon, wenn sich die Jüngeren auf den Balanceakt Familie–Beruf einlassen. Unterdessen zeigt sich allerdings, dass ihr vielfach geäußerter Wunsch, zu Hause gepflegt zu werden und sterben zu können, im Zuge der Modernisierung der Geschlechterrollen schwerer realisiert werden kann. Männer und zunehmend auch Frauen sind nicht bereit oder in der Lage, ihre Arbeitszeit zu Gunsten von Pflegetätigkeiten zu reduzieren – die entsprechenden Studienergebnisse dazu wurden weiter oben bereits ausführlich diskutiert. Insofern erweist sich der Balance-Akt Familie–Beruf für ältere, pflegebedürftige Menschen heute tatsächlich als ambivalentes Faktum und die Frage, wie Pflege in Zukunft geleistet bzw. organisiert werden kann, als eine der sozialen Herausforderungen der kommenden Jahrzehnte.

Voraussetzungen

Ein Kampf zwischen divergierenden Meinungen

Offen geblieben ist bislang die Frage, wie viel elterliche (bzw. mütterliche) Präsenz und Engagement kleine Kinder benötigen, um sich sowohl physisch als auch emotional und intellektuell gut entwickeln zu können. Die Einschätzungen in diesem Punkt sind sehr unterschiedlich – und auch die kulturell und politisch in Europa favorisierten und beschrittenen Wege differieren deutlich: von Frankreich, wo eine sehr frühe außerhäusliche Betreuung schon bei Kleinstkindern seit Jahrzehnten (bzw. Jahrhunderten) der Normalfall ist, bis zu Ländern wie Italien, Deutschland oder Österreich, wo man der Müttererwerbstätigkeit kritisch gegenübersteht.

Vorab die Ergebnisse der einschlägigen Fragen im Längsschnitt der österreichischen Geschlechterstudie 1992–2002:

	1992		2002		2012	
	Männer	Frauen	Männer	Frauen	Männer	Frauen
Eine berufstätige Frau kann ihrem Kind genauso viel Wärme und Sicherheit geben wie eine Mutter, die nicht arbeitet.	46%	57%	44%	54%	54%	64%
Ein Kleinkind wird wahrscheinlich darunter leiden, wenn die Mutter berufstätig ist.	71%	67%	64%	59%	71%	63%
Mindestens solange die Kinder noch klein sind, ist es besser, wenn die Frau zu Hause bleibt.			45%	36%	51%	46%

TABELLE 27: Auswirkungen der Berufstätigkeit auf Kinder (1992, 2002, 2012 | Geschlecht)

Die Daten weisen hier auf eine widersprüchliche Meinungslage hin: Vergleicht man die Zustimmungswerte 2012, dann zeigt sich, dass 64% der Frauen zwar der Ansicht sind, dass eine berufstätige Frau ihrem Kind ebenso viel Wärme und Sicherheit geben kann wie eine Mutter, die nicht arbeitet. Gleichzeitig denken aber auch 63% der Frauen, dass ein Kleinkind wahrscheinlich unter der Berufstätigkeit der Mutter leiden wird. Auch fällt auf, dass Männer gegenüber der Berufstätigkeit von Müttern kritischer sind als Frauen. Weiters zeigt sich, dass die skeptische Haltung gegenüber der Müttererwerbstätigkeit in den letzten zehn Jahren sowohl unter Frauen als auch unter Männern zugenommen hat – ein Trend, den Elisabeth Badinter auch für das der Müttererwerbstätigkeit gegenüber grundsätzlich positiv eingestellte Frankreich beschreibt.

Was sind die Hintergründe dieser Entwicklung? Badinter sieht vor allem einen unterschwelligen ideologischen Krieg dafür verantwortlich, der auch, aber nicht ausschließlich in Frankreich geführt werde. Der wiedererstarkende Naturalismus, der eine fatale Allianz mit ökologischen Bestrebungen und einem essentialistischen (Differenz-)Feminismus eingehe, predige eine Art „Rückkehr zur Natur" und verheiße „den Frauen, den Müttern, den Familien, der Gesellschaft, ja der gesamten Menschheit Glück und Weisheit"[147]. Unter Berufung auf den Mutterinstinkt und die „natürliche Ordnung" flöße er all jenen Frauen Schuldgefühle ein, die nicht bereit wären, alles für ihre Kinder zu opfern. Dazu kämen die Auswirkungen der Wirtschaftskrise und die schwierige Situation am Arbeitsmarkt mit oft schlechten Arbeitsbedingungen:

„Die Frauen einer neuen Generation, die eine Rechnung mit ihren feministischen Müttern zu begleichen hatten, waren die Ersten, die den Sirenengesängen des Naturalismus ihr Ohr liehen. Wenn die Arbeitswelt trügerisch ist – so dachte man –, wenn sie einem nicht den Platz zugesteht, den man verdient, wenn sie einem weder den sozialen Status noch die finanzielle Unabhängigkeit bietet, auf die man gehofft hat, warum soll man ihr dann Vorrang in seinem Leben einräumen? Die finanziellen Zwänge ließen oft keine Wahl, aber gleichzeitig kamen viele Frauen zu der Überzeugung, dass der Status der Familienmutter genauso viel wert sei wie jeder andere und dass die Betreuung und Erziehung ihrer Kinder ihr Meisterwerk werden könnten. Im Gegensatz zu ihren ständig gehetzten Müttern, die mehr schlecht als recht mit ihren beruflichen und familiären Anforderungen herumjongliert hatten, waren die Töchter empfänglich für die neue Losung: die Kinder zuerst! Gleichzeitig hörte man immer mehr von den Gesetzen der Natur und der Biologie, vom ‚Wesen' der Mutter und vom ‚Mutterinstinkt', die den Frauen immer weitergehende Pflichten den Kindern gegenüber auferlegten. Kinderärzte und zahlreiche ‚Spezialisten' für Mutterschaft diskreditierten die Grundsätze ihrer Vorgänger – manchmal sogar ihre eigenen, die sie nur wenige Jahre zuvor noch vertreten hatten – und fanden zurück zu den Argumenten eines Plutarch oder eines Rousseau, die es so gut verstanden hatten, all jenen Schuldgefühle einzuflößen, die gegenüber dem Ruf der Natur

147 Badinter: Konflikt, 46.

taub blieben. Es ist ein unterirdischer Krieg, den Naturalisten und Kulturalisten untereinander austragen. Und jenseits davon bekämpfen einander die selbsternannten ‚Anwälte' der Kinder (die sie gegen die ahnungslosen oder gleichgültigen Mütter verteidigen wollen?) und diejenigen, die sich dagegen wehren, dass die Freiheiten der Frauen wieder eingedämmt werden sollen. Bis heute wissen wir nicht, wie dieser Krieg enden wird."[148]

Etwas anders beurteilt die Situation beispielsweise die deutsche Journalistin und vierfache Mutter Birgit Kelle. Sie sieht in dieser Entwicklung eher ein authentisches Bedürfnis von Frauen und Müttern, die sich nicht mehr bevormunden und einen bestimmten Lebensstil vorschreiben lassen wollen – weder von den Patriarchen von einst noch von den Feministinnen der Gegenwart. Denn, so der kritische Einwurf von Kelle: Früher hätten die Männer den Frauen vorgeschrieben, wie sie zu leben hätten, was sie tun durften und was nicht. Heute würden das die Feministinnen und Gleichstellungsbeauftragten – ihnen bringt die Journalistin keine große Sympathie entgegen – machen. Frauen kämen dadurch erneut unter Rechtfertigungszwang, wenn sie nicht das Modell „vollzeitberufstätige Frau/Mutter" wählten. In all den Diskussionen werde auch viel zu wenig über die Kinder, deren Bedürfnisse und Wünsche gesprochen. Denn:

„Fraueninteressen sind nicht gleich Familieninteressen und schon gar nicht gleich Kinderinteressen. Manchmal widersprechen sie sich sogar explizit.
Um das mal vorwegzuschicken: Kein einjähriges Kind, dem man wirklich die Wahl lässt, verbringt den Tag lieber mit zwei Dutzend Fremden als mit seiner Mutter oder seinem Vater. Diese Wahl lassen wir den Kindern aber nicht. Zwar geben alle Politiker vor, sie sorgten sich in dieser Sache allein um das Kindeswohl, doch in Wirklichkeit sollen Kinder heute nur noch funktionieren, müssen sich vom ersten Atemzug an bilden lassen und dürfen vor allem ihren berufstätigen Müttern kein schlechtes Gewissen machen.

---

148 Badinter: Konflikt, 43–45.

Deswegen ist ein Betreuungsgeld angeblich auch ein ‚Fehlanreiz‘, weil es diese wertvolle Krippenbildung verhindert, von der man so viel hört, und das vor allem bei Kindern aus ‚Problemfamilien‘ mit ‚Migrationshintergrund‘ aus ‚bildungsfernen‘ Schichten."[149]

Die beiden genannten Autorinnen veranschaulichen mit ihren jeweils polemischen Werken – die ausführlichen Zitate haben den Stil der Auseinandersetzung erkennbar gemacht – die Bandbreite der Meinungen, die heute das Feld prägen. Doch wie steht es nun tatsächlich um die Bedürfnisse der Kinder – zumal in den ersten Lebensjahren?

Bedürfnisse von Kindern

Diese Frage sucht die Wiener Entwicklungspsychologin Liselotte Ahnert unter Rückgriff auf zahlreiche psychologische Studien der vergangenen Jahrzehnte in ihrem Buch „Wieviel Mutter braucht ein Kind?" zu beantworten. Der Buchtitel ist zugegebenermaßen nicht sehr geschlechterbewusst gewählt – es handelt sich nicht um eine dem Genderdiskurs verpflichtete, sondern entwicklungspsychologisch ausgerichtete Arbeit, die versucht, sachlich und ideologisch unaufgeregt der Frage nachzugehen – und sie nicht aus der Perspektive der Erwachsenen, sondern „aus dem Blickwinkel des Kindes"[150] zu beantworten. Dass die Mutter, von der im Titel die Rede ist, nicht notwendigerweise die leibliche Mutter ist, sondern dass es hier um die Frage nach der primären (ersten und vorrangigen) Bezugsperson geht, zeichnet sich bereits auf den ersten Seiten ab – ebenso kommt die bedeutsame Rolle, die den Vätern zukommt, zur Sprache, wobei diese etwas stereotyp beschrieben wird.

Der interessierten Leserin/dem interessierten Leser wird bei der Lektüre schnell klar, dass es die eindeutige, allgemeingültige Antwort auf die im Titel gestellte Frage nicht gibt. Zu unterschiedlich sind die einzelnen Kinder, die Konstellationen, in denen sie geboren werden und aufwachsen, zu verschieden auch die gesellschaftlichen Rahmenbedingungen. Eine knappe Antwort wäre somit wissenschaftlich unseriös, weshalb Ahnert auch verschiedene As-

---

149 Kelle: Dann mach doch, 150.
150 Ahnert: Wieviel Mutter, IX.

pekte und Fragestellungen bedenkt und so ein vieldimensionales Bild liefert. Einige zentrale Eckpfeiler ihrer Analysen werden im Folgenden dargestellt.

Von Anfang an auf Beziehung eingestellt

Menschenkinder sind von Geburt an auf Beziehung eingestellt: Das zeigt sich schon daran, dass unter all den Reizen an Farben, Formen und Kontrasten bereits „gleich nach der Geburt das menschliche Gesicht die größte Aufmerksamkeit"[151] erhält und auch der Gehörsinn sozial bezogen ausgerichtet ist. Lieselotte Ahnert schließt aus den erstaunlichen sozialen Leistungen von Babys, „dass die soziale Kommunikation und die Interpretierbarkeit von Kommunikationsangeboten zu den grundlegendsten Entwicklungsbedürfnissen des Kindes gehören" und der „Aufbau von sozialen Beziehungen zur Mutter und anderen Bezugspersonen [...] die vorrangigste Entwicklungsaufgabe für die ersten Lebensjahre"[152] darstellt. Dementsprechend fatal ist es, wenn kein solcher sozialer Austausch zustande kommt. Erfahrungen mit sogenannten „wilden Kindern", also Kindern, die ohne menschliches Umfeld aufwachsen[153], zeigen, welch fundamentale Bedeutung der menschliche Umgang für ein Kleinkind hat. Ohne diesen entwickelt sich nämlich keinesfalls das autonome Wesen bzw. der „Naturmensch", wie dies im 18. Jahrhundert im Anschluss an Rousseau noch erwartet worden war, sondern „ein in vielerlei Hinsicht tief und dauerhaft behindertes und verstörtes Wesen. Ohne Betreuung und soziale Kontakte durch andere Menschen wird aus einem Säugling offenbar kein richtiger Mensch"[154]. Mit der entsprechenden Zuwendung jedoch ist ein Menschenkind wie kein anderes Wesen fähig, sich in andere hineinzuversetzen und über Imitation zu lernen.

---

151 Ahnert: Wieviel Mutter, 6.
152 Ahnert: Wieviel Mutter, 6.
153 Es gibt dafür eine ganze Reihe von wissenschaftlich belegten Beispielen: Kinder, die von ihren Eltern in der Wildnis ausgesetzt wurden oder durch Unglücks- und Todesfälle plötzlich allein waren und von Tieren großgezogen wurden. Das der Legende nach berühmteste Geschwisterpaar sind wohl Romulus und Remus, die unter Wölfen groß geworden sind.
154 Ahnert: Wieviel Mutter, 12.

Bedeutung der Mutter – sichere Bindung als Basis

Dabei – so Ahnert gestützt auf den britischen Kinderarzt Donald Winnicott – hat die Mutter eine fundamentale Funktion im Leben eines Kindes: „Mutterliebe – die glücklicherweise auch bei nichtleiblichen Müttern vorkommt – ist auf jeden Fall der Ausgangspunkt für eine Beziehung, die für Neugeborene und Säuglinge nicht nur lebenswichtig, sondern auch lebensprägend ist."[155] Ausführlich beschreibt sie deshalb, wie biologische Mechanismen (z. B. die Ausschüttung des Bindungshormons Oxytocin[156]) die Zuwendung zum Kind unterstützen, wie jedoch andere Mechanismen (beispielsweise die postpartale Depression) den Beziehungsaufbau auch empfindlich stören können.

Doch nicht nur Mütter, auch Väter und andere Betreuungspersonen können intuitiv gut mit Kindern umgehen – man spricht in diesem Kontext von intuitivem Elternverhalten: „Es könnte bei der Evolution des Menschen eine wesentliche Rolle als Überlebensvorteil gespielt haben, weil eben nicht nur die Mutter befähigt ist, die sensorische, kommunikative und mentale Entwicklung der Nachkommen optimal zu fördern."[157]

Was Kinder jedoch auf jeden Fall brauchen – ob die primäre Bezugsperson nun die leibliche Mutter, der Vater oder eine andere Person ist –, ist liebevolle Zuwendung.[158] Dementsprechend entsteht eine enge emotionale Beziehung/Bindung zu jener Person/jenen Personen, zu denen das Baby in den ersten Lebensmonaten den intensivsten Kontakt hat. Meistens sind das die Mütter, zu denen Kinder die primäre Bindung aufbauen. Diese Bindung ist für das Kind zugleich Sicherheits-, Zuneigungs- und Unterstützungssystem, das ihm hilft, in ständig wachsenden Radien die Welt zu erkunden

---

155 Ahnert: Wieviel Mutter, 25.

156 Ahnert berichtet über die Ausschüttung dieses Hormons beim Stillen, es spielt aber auch in anderen Kontexten, z. B. beim Geschlechtsverkehr, eine wichtige Rolle und kommt auch im männlichen Körper vor.

157 Ahnert: Wieviel Mutter, 39.

158 Auch wenn die Übertragung von Ergebnissen aus der Tierforschung auf den Menschen immer mit Vorsicht zu verwenden ist, ist es doch vielsagend, dass im Experiment mit Rhesusaffenbabys gezeigt werden konnte, „dass das Bedürfnis nach Zuwendung und Geborgenheit weitaus größer war als das nach Nahrung". Ahnert: Wieviel Mutter, 42.

und sich darin zurechtzufinden. Aufbauend auf John Bowlbys Bindungstheorie[159] hat die Kanadierin Mary Ainsworth zum Thema frühkindliche Bindung geforscht und mit der „Fremden Situation" eine Möglichkeit gefunden, verschiedene Bindungsqualitäten zu unterscheiden. Ainsworth spricht von *sicher* gebundenen, *unsicher-vermeidend* gebundenen, *unsicher-ambivalent* gebundenen und *desorganisierten* Kindern. Wie ein Kind gebunden ist, hängt von der Verfügbarkeit und Angemessenheit und damit von der Feinfühligkeit[160] der primären Bezugsperson/Mutter ab. Nach der sogenannten Baltimore-Studie stand die Feinfühligkeit der Betreuung in den ersten drei Lebensmonaten in engem Zusammenhang mit der Bindungssicherheit des Kindes gegen Ende des ersten Jahres: Feinfühlige Mütter hatten sicher gebundene, weniger feinfühlige unsicher gebundene Kinder. Allerdings wurden die Ergebnisse dieser Studie auch kritisch hinterfragt und gerade mit Blick auf die Mutter-Kind-Bindung über das erst Lebensjahr hinaus auch relativiert. Denn mit steigendem Alter erwiesen sich auch Achtung vor der Individualität und dem Streben nach Autonomie als wichtige Elemente, sodass es letztlich darum geht, eine gute Balance zwischen Geborgenheit und Selbstständig-werden-Lassen zu finden. Angesichts der großen Anzahl an unsicher gebundenen Kindern in Deutschland kam man zudem zum Schluss, dass auch diese Form der Bindung als normale Variante anzusehen sei. Der bereits zitierte britische Kinderarzt Donald Winnicott erteilte mit dem Begriff der *„good enough mother"* dem Traum von der perfekten Mutter eine Absage und zeigte auf, dass diese hinreichend gute Mutter dem wachsenden Autonomiebedürfnis des Kindes gerechter wird „als die perfekte, die sich allen kindlichen Wünschen ohne Grenzen hingibt. Darüber hinaus soll die Mutter auch für sich selbst

---

159 Bowlby, John: Bindung als sichere Basis. Grundlagen und Anwendung der Bindungstheorie, München ²2010.

160 „Mit Feinfühligkeit ist gemeint, dass (1) eine Mutter den Signalen des Kindes gegenüber aufmerksam sein und sie bemerken muss, (2) sie ohne Verzerrung wahrnehmen und richtig deuten muss, (3) die Signale beantworten und in der Lage sein muss, sich in die kindliche Situation hineinzuversetzen, und (4) prompt auf die kindlichen Signale reagiert."

eine ‚gute Mutter' sein und auf ihre eigenen Bedürfnisse achten."[161] Dennoch bleibt die Bedeutung der Bindung zwischen der Mutter oder einer anderen, engagierten Betreuungsperson und dem Kind für dessen Entwicklung von großer Bedeutung: Die Entwicklung der Emotionsregulation und die Herausbildung der emotionalen Selbstregulierung hängt nach Ahnert davon ebenso ab, wie die Entwicklung psychischer Widerstandsfähigkeit (*Resilienz*).

Bedeutung und Rolle der Väter

Vaterrollen sind in Bewegung. Das zeigen die Ergebnisse der österreichischen Geschlechterstudie, das spiegelt sich auch in der in den 1980er Jahren in den USA entstandenen Vaterforschung in der Psychologie wider. Diese geht davon aus, dass weniger biologische Verhaltensmechanismen als soziale Konventionen die Väterlichkeit unserer Zeit prägen – zumal in einer Konstellation, in der in Patchwork-Familien Männer zunehmend häufig mit Kindern zusammenleben, die biologisch gesehen nicht ihre eigenen sind. In dieser komplexen Situation scheint es für viele Männer nicht leicht, ihre soziale Rolle als Vater zu finden. Ahnert nennt eine Reihe von Versuchen, die Vielfalt der Väterrollen durch Typisierung zu überblicken: Historisch gab es zunächst das Urbild des *patriarchalen* Vaters, der zugleich Hausherr einer größeren Hausgemeinschaft war, sodann den traditionellen Vater, dessen Hauptaufgabe in der Sicherung des Lebensunterhalts der Familie lag. Hier wird sodann zwischen einem *traditionellen* Ernährer, der seine Funktion ausschließlich in der materiellen Versorgung wahrnimmt, und einem modernen Ernährer, der sich darüber hinaus auch an wichtigen Zukunftsentscheidungen für das Kind beteiligt, unterschieden. Der reflexive Vater entwickelt seine Vaterrolle bewusst ausgehend von reflektierten eigenen Kindheitserinnerungen. Der egalitäre Vater bemüht sich intensiv um eine Vater-Kind-Beziehung und gestaltet partnerschaftlich das Familienleben mit, der generative Vater bringt sich darüber hinaus auch noch aktiv in das größere Familiennetz, das auch die Großeltern umfasst, ein. Gegenwärtig existieren diese verschiedenen Vaterschaftsmodelle nebeneinander und gehen teils

---

161 Ahnert: Wieviel Mutter, 65.

ineinander über. Ahnert fasst die Entwicklung der letzten 20 Jahre folgendermaßen zusammen:

„Seit den 1990er Jahren nimmt jedoch die Zustimmung zu ganzheitlichen, egalitären und auch generativen Vorstellungen über Väterlichkeit zu. Von daher orientiert sich das neue Leitbild auf die aktive Vaterschaft, in die Verantwortung und Zeit investiert wird. Leider zeigen einige aktuelle Meinungsbefragungen an jungen Männern eine nach wie vor traditionelle Betonung der Tätigkeitsschwerpunkte von Mann und Frau. Danach will fast die Hälfte der Männer die klassische Aufgabenteilung beibehalten, wonach ‚der Mann arbeiten geht' und ‚die Frau die Kinder versorgt'. Bei der anderen Hälfte der befragten Männer setzt zumeist der Rückgriff auf diese althergebrachten Vorstellungen spätestens dann ein, wenn das erste Kind geboren ist. Dann zeigt sich eben auch, ob die Gesellschaft den Männern faire Chancen für die Wahrnehmung einer aktiven Vaterschaft eingeräumt hat. In der derzeitigen Arbeitsmarktsituation wird allzu oft eine möglichst lange Anwesenheit am Arbeitsplatz mit hoher Arbeitsmotivation gleichgesetzt und an künftige Karrierechancen gebunden. Kein Wunder, wenn die jungen Väter nach der Geburt des Kindes sogar noch länger arbeiten als zuvor und ein Vereinbarkeitsproblem zwischen Familie und Beruf jetzt zunehmend auch für Männer besteht."[162]

Treffender könnte man die Entwicklungen, auf die auch die Ergebnisse der Geschlechterstudie hinweisen, kaum zusammenfassen. Betont sei an dieser Stelle das Bedauern der Entwicklungspsychologin, die sich aus ihrer fachlichen, auf das Wohl der Kinder hin fokussierten Sicht, mehr Präsenz der Väter und mehr egalitäre und generative Vaterschaft wünscht. Dies zu ermöglichen und durch entsprechende Anreizsysteme auch zu fördern, ist mit Sicherheit eine der ganz großen Aufgaben einer Politik, die das Wohl der Kinder ebenso sehr im Blick hat wie ein partnerschaftlich-faires Miteinander von Frauen und Männern in der Familie und am Arbeitsmarkt.

Interessant sind Studien zu Einfühlungsvermögen und Betreu-

---

162 Ahnert: Wieviel Mutter, 75–76.

ungseinsatz von Vätern: Wie Ahnert berichtet, zeigen diese, dass Väter, die an der Geburtsvorbereitung teilgenommen haben und bei der Geburt dabei waren, zunächst mehr Einfühlungsvermögen und größere Herzlichkeit gegenüber den Säuglingen aufweisen als unvorbereitete, dass sich diese Unterschiede aber bereits nach einigen Wochen nivellieren – und das auch hinsichtlich des tatsächlichen Betreuungseinsatzes. Dafür, ob ein Vater sich aktiv an der Betreuung und Pflege des Kindes beteilige, erweise sich allein die Einstellung der Mutter als entscheidend:

> „Wenn sie ihrem Mann die Kompetenz absprach, das Baby angemessen betreuen zu können, dann rührte der Vater kaum einen Finger. [...] Leider werden Väter auch außerhalb der Familie oft als die unerfahrenen Betreuer ihrer Kinder angesehen. [...] Sie würden dann zuweilen auch geringschätzig behandelt und sollen einen muttergerechten Zuschnitt verpasst bekommen."[163]

Wichtig sei jedoch, dass ein Mann auch Mann bleiben dürfe, wenn er Vater werde, und dass die Vaterschaft unter Ausnutzung der Besonderheiten väterlicher Fürsorge gestaltet werde. Dabei solle eine Väterlichkeit entwickelt werden, „die sich mit der Lebenswirklichkeit von Kindern auseinandersetzt, und zwar auf eine andere Weise, als sie die Mütter bieten können"[164].

Mütter sind jedoch – so Ahnert – mit Ausnahme des Stillens nicht als der fähigere Elternteil prädestiniert: „Mütter wie Väter verfügen [...] über ein annähernd gleiches intuitives (unbewusstes) Handlungswissen für den Umgang mit Säuglingen. Väter gehen jedoch einfach anders mit ihnen um, und zwar schon von den ersten Lebenstagen an."[165] Worin sie sich von den Müttern konkret unterscheiden, wurde bereits im Abschnitt „Väter gehen anders mit Kindern um" ausführlich dargestellt. Ahnert weist zudem darauf hin, dass die Verfügbarkeit des Vaters im Vergleich zur Verfügbarkeit der Mutter für den Bindungsaufbau eine untergeordnete Rolle spielt. Wichtig sei jedoch, dass der Vater von Anfang an mithelfe,

---

163 Ahnert: Wieviel Mutter, 81.
164 Ahnert: Wieviel Mutter, 81–82.
165 Ahnert, 82.

die Partnerschaft nach der Geburt des Kindes konstruktiv umzustellen, da ansonsten die Geburt eines Kindes vom Paar oft als für die Partnerschaft sehr belastend gesehen werde. Hier sei zu fragen, was der Vater beitragen könne, um die familiäre Triade gut zu konstituieren und aktive Vaterschaft auszubilden.

Vielgestaltige Kinderbetreuung

Kinderbetreuung war und ist weltweit ein sehr vielgestaltiges Phänomen – die Formen reichen von ausschließlich mütterlicher Betreuung über multiple Betreuungssysteme im Verwandten- und Bekanntenkreis bis hin zur Betreuung in öffentlichen Einrichtungen. Im Zuge der Diskussionen um eine möglichst gute, die Entwicklung des Kindes fördernde Betreuungsart wurden auch ursprüngliche Formen der Kinderbetreuung untersucht, die sich entwickelten, lange bevor Argumente wie „Chancengleichheit der Frauen" eine Rolle spielten. Untersucht wurden Stämme in Afrika und Südamerika, die sehr abgeschieden lebten und sich lange ihre ursprüngliche Lebensform bewahrt hatten.[166] Diese Untersuchungen zeigten, dass bereits die ursprünglichen Betreuungsformen sehr stark differierten und von ausschließlich mütterlicher Betreuung in den ersten Lebensjahren bis hin zu multiplen Betreuungsformen mit starker Einbindung der Väter und anderer Stammesmitglieder reichten. Deutlich wurde dabei auch, dass ausschließlich mütterliche Betreuung für die Entwicklung der Kinder keinesfalls immer von Vorteil ist – zumal dann, wenn Frauen sehr viele Kinder zur Welt bringen und mit den Bedürfnissen der vielen kleinen Kinder allein gelassen werden und überfordert sind. Hier erweisen sich multiple Betreuungssysteme als zielführender, denn:

„Hohe mütterliche Betreuungsanteile garantieren nicht mit Notwendigkeit eine bestmögliche Entwicklung für das Kind. Vor allem sind es isolierte Mutter-Kind-Situationen, die sich eher negativ auf die Betreuungsmuster auswirken. [...] Demnach können Mütter, die sich unterstützt fühlen und auch unterstützt werden, ihre eigene Fürsorglichkeit offensichtlich besser entfal-

---

166 Vgl. Ahnert: Wieviel Mutter, 93–108.

ten und sich besser auf die Reaktionsmuster des Babys einstellen, als wenn sie mit der Betreuung des Kindes gänzlich allein gelassen werden."[167]

Als problematisch zu sehen sind entwicklungspsychologischen Erkenntnissen zufolge somit einerseits Betreuungsarrangements, bei denen sehr viele verschiedene, wechselnde Betreuungspersonen und -orte involviert sind und die ein hohes Stundenvolumen umfassen. Die große Verschiedenheit an Betreuungskontexten, -abläufen und -regeln kann für Säuglinge und Kleinkinder eine Überforderung darstellen und ist zudem aufgrund der hohen Komplexität (Tagesmütter, Kindermädchen, Babysitter, institutionelle Kindereinrichtungen, Großeltern) auch störanfällig. Andererseits wird jedoch auch die andere Extremgruppe kritisch gesehen: die ausschließlich durch Mütter betreuten (Einzel-)Kinder. Hier seien Verengungen im sozialen Erfahrungsraum und ein wechselseitiges Ausgeliefertsein von Müttern und Kindern zu befürchten, wenn das Mutter-Kind-System nicht offen für Entwicklungsimpulse von außen ist.[168]

Wichtige Faktoren außerfamiliärer Kinderbetreuung

Auch wenn die Situation in Österreich noch etwas anders ist: Sowohl in den USA als auch in Europa ist die öffentliche Tagesbetreuung schon ab dem Säuglingsalter die Regel und nicht die Ausnahme. Das hat mit veränderten Lebensbedingungen (Rückgang der Mehr-Generationen-Haushalte, alleinerziehende Eltern, ökonomische Zwänge) zu tun. Während öffentliche Betreuung von Kindern im Vorschulalter mittlerweile weitestgehend als Ergänzung zur Familie und Schulvorbereitung anerkannt und geschätzt wird, werden Auswirkungen auf Säuglinge und Kleinkinder unter drei Jahren kontrovers diskutiert: Schadet die außerfamiliäre Betreuung den Kindern? Oder können sie sogar davon profitieren? Um diese Fragen beantworten zu können, bedarf es zunächst eines Blicks auf die vorherrschenden Betreuungsarrangements.

Möchten Eltern ihre Kinder von anderen, dafür bezahlten Personen

---

167 Ahnert: Wieviel Mutter, 108–109.
168 Vgl. Ahnert: Wieviel Mutter, 108–113.

(mit)betreuen lassen, stehen sie heute in Europa vorrangig vor der Wahl zwischen Tagesmüttern/Tagespflege und ErzieherInnen in professionellen Einrichtungen. An ersteren wird die höhere Flexibilität, die familialere Umgebung, die intensivere Zuwendung durch den geringeren Betreuungsschlüssel sowie das damit gegebene geringere Infektrisiko geschätzt. Die Betreuung in professionellen Kindereinrichtungen hingegen punktet mit professionellen Kompetenzen der ErzieherInnen und dem Bildungsaspekt.

Bindung

Von einem entwicklungspsychologischen Standpunkt aus betrachtet ist gerade bei Kindern unter drei Jahren nicht so sehr der Bildungs-, sondern der Bindungsaspekt von großer Bedeutung: Sowohl in der Tagespflege als auch in der professionellen Kinderbetreuung geht es darum, dass sichere Bindungsbeziehungen entstehen. Das verlangt von den Betreuenden ein hohes Maß an Einfühlungsvermögen und Bereitschaft, sich eine eigene Bindung zum Kind zu erarbeiten (die übrigens relativ unabhängig von den Bindungserfahrungen des Kindes im familiären Bereich ist).

Fragt man nach Qualitätskriterien für außerfamiliäre Kinderbetreuung, spielt es eine wichtige Rolle, „dass sie die soziale und emotionale Anpassung sowie intellektuelle Entwicklung des Kindes unterstützt und ein Beziehungsklima schafft, das kindliches Lernen fördert"[169]. Dementsprechend ist auf die Faktoren

- Strukturqualität: materielle Ausstattung, Angemessenheit der Räume, Betreuungsschlüssel,
- Orientierungsqualität: Vorstellungen, Überzeugungen, Werte der ErzieherInnen sowie
- Prozessqualität: alltägliche Abläufe und Interaktionsgefüge, Planung etc.

zu achten.

Bei Kindern unter 18 Monaten kommt dem Betreuungsschlüssel eine ganz zentrale Rolle zu: Dieser sollte laut europäischem Netzwerk der öffentlichen Betreuung und anderer einschlägiger Organisationen für diese Altersgruppe bei 1:3 bis 1:4 liegen. Das heißt:

---

169 Ahnert: Wieviel Mutter, 154.

„Betreuungsqualität braucht gut ausgebildete Erzieher/innen, aber auch Rahmenbedingungen, die sich an den Entwicklungserfordernissen der Kinder orientieren."[170] Insgesamt hat die Child Care Research der letzten Jahre gezeigt, „dass familienbetreute Kinder keine grundsätzlich andere intellektuelle und sprachliche Entwicklung nehmen als tagesbetreute Kinder"[171]. Im Einzelfall sind aber sehr wohl Unterschiede festzustellen, die von der *Qualität* der familiären und außerhäuslichen Betreuung abhängen. Bei schlechter öffentlicher Betreuung kann die Entwicklung gebremster ausfallen als bei familiärer Betreuung, exzellente öffentliche Betreuung kann umgekehrt zumal für jene Kinder ein großer Gewinn sein, die aus anregungsarmen Familien kommen. Vergleicht man exzellente mütterliche mit exzellenter öffentlicher Betreuung, so zeigt sich jedoch, dass in den ersten Lebensmonaten (konkret ist die Rede von den ersten 9 Monaten) die mütterliche Betreuung noch besser ist als die öffentliche.[172] Für die Zeit danach gilt jedoch nicht nur hinsichtlich der intellektuellen und sprachlichen, sondern auch hinsichtlich der emotionalen Entwicklung, dass weniger das Faktum als die Qualität der öffentlichen Betreuung dafür verantwortlich ist, wie sich diese auf die Kinder auswirkt.

Als einer der Schlüsselfaktoren, wenn Kinder in Tagesbetreuung kommen, erweist sich die Gestaltung des Ablösungs- bzw. Trennungsprozesses. Trennung von der primären Bezugsperson bedeutet für das Kind (und meist auch für diese Bezugsperson) zunächst einmal Stress, der im Alter zwischen 10 und 18 Monaten besonders stark ausfällt. Insgesamt erweist es sich aus entwicklungspsychologischer Perspektive als wichtig, dass sich Eltern für die Eingewöhnungsphase der Kinder genügend (etwa zwei Wochen) Zeit nehmen: Erfolgt die Eingewöhnung abrupt und ohne elterliche Begleitung, erzeugt das nicht nur Stress für Kinder und ErzieherInnen, sondern kann auch das Bindungsmuster des Kindes von einem sicheren ins unsichere kippen lassen. Lässt man dem Kind genug Zeit, eine Beziehung zur Erzieherin zu entwickeln und

---

170 Ahnert: Wieviel Mutter, 157.
171 Ahnert: Wieviel Mutter, 179.
172 Vgl. Ahnert: Wieviel Mutter, 170–177.

sich im neuen Umfeld zurechtzufinden, „ist jedoch jedes Kind fähig, einen fürsorglichen Ersatz in Abwesenheit der Mutter anzunehmen"[173].

Die Anwesenheit der Mütter in diesem Eingewöhnungsprozess hat sich auch für sie selbst als hilfreich erwiesen, da es ihren eigenen möglichen Trennungsängsten entgegenwirkt. Sie können so Sicherheit gewinnen, dass ihr Kind während ihrer Abwesenheit in guten Händen ist, und „zudem Sicherheit darüber gewinnen, dass sich ihre Berufstätigkeit nicht zum Nachteil ihres Kindes auswirken wird, sodass sie ein positives Selbstbild als Mutter und berufstätige Frau entstehen lassen können"[174].

Öffentliche Kinderbetreuung wird auch deshalb geschätzt, weil sie – gerade für Einzelkinder – einen wichtigen Ort sozialen Lernens darstellt und den sozialen Bedürfnissen der Kinder nach Bekanntschaft mit Peers entgegenkommt. Bereits Kleinkinder ab etwa 18 Monaten schließen frühe Kinderfreundschaften, die natürlich auch mit Konflikten einhergehen können, welche jedoch wiederum das soziale Lernen vorantreiben.

Bildung

Neben der Bindung ist die Bildung ein wichtiger Faktor, welcher Kinder schon möglichst früh auf die ständig wachsenden Herausforderungen in der Gesellschaft und besonders am Arbeitsmarkt einer dynamischen und globalen Wirtschaft vorbereiten und sie dafür fit machen soll. Die Entwicklungspsychologin Ahnert spricht in diesem Kontext auch vom „Wahn um die Frühförderung", die zu einer Obsession geworden sei. Demgegenüber betont sie – gerade im Blick auf kleine Kinder –, dass Kinder vor allem von Menschen lernen, mit denen sie in sozialen Interaktionen stehen und an die sie emotional gebunden sind. Deshalb hänge „der Ertrag früher Bildungsprozesse von Beziehungs- und Bindungsprozessen ab"[175].

---

173 Ahnert: Wieviel Mutter, 194–195.
174 Ahnert: Wieviel Mutter, 202.
175 Ahnert: Wieviel Mutter, 239.

... Könnte es sein, dass wir in unserer Gesellschaft wieder ein bisschen mehr Gelassenheit brauchen, was Kindererziehung bedeutet, Kinder werden auf sehr hohe Sockel gehoben, müssen schon sehr früh Bildungsansprüchen genügen und die Erwartungen an Ehen und Familien und Eltern sind nahezu übermenschlich. Folge sind möglicher psychischer Stress und Belastungsstörungen (Burnout bei Eltern, Depressionen bei Großeltern, ADHS bei Kindern???). (Frau, 31-40)

Angesichts der beschriebenen Rahmenbedingungen (Bedürfnisse der Kinder, Bedürfnisse der Eltern, gesellschaftliche Anforderungen) plädiert Ahnert gemeinsam mit anderen Experten dafür, das Nebeneinander von familiärer und öffentlicher Betreuung zu einem Miteinander, zu „gemeinsame[r] Erziehungsverantwortung von Eltern und Erzieher/innen"[176] weiterzuentwickeln. So könnten allfällige Vorurteile (über Rabenmütter, Kinderaufbewahrung, Abschiebung der Erziehungsverantwortung etc.) abgebaut und den Kindern die Übergänge erleichtert werden. Bestehen vertrauensvolle und unterstützende Verbindungen zwischen den Mikrosystemen der familialen und der öffentlichen Betreuung, bedeutet das Aufwachsen in unterschiedlichen Welten für die Kinder auch eine zusätzliche Entwicklungsanregung, die sie dank der sicheren Bindung an Eltern und Betreuungspersonen gut meistern können. Als Grundvoraussetzung für das Gelingen eines solchen Miteinanders bedarf es jedoch entsprechender gesamtgesellschaftlicher Rahmenbedingungen: „Eine Gesellschaft, die ihre Kinder schätzt, muss auch Eltern und alle anderen Betreuungs- und Lehrpersonen der Kinder schätzen."[177]

Sind diese Rahmenbedingungen gegeben, kann sich das geteilte Betreuungsfeld jedoch als sehr gute Möglichkeit für alle Beteiligten erweisen. Studien haben ergeben, dass Eltern von tagesbetreuten Kindern die Erziehungsverantwortung keineswegs an die öffentliche Institution abschieben, sondern die getrennt verbrachte Zeit durch eine höhere Betreuungsintensität in der gemeinsamen Zeit wettmachen. Auch wenn es mit Sicherheit nicht immer einfach ist, nach einem langen Arbeitstag noch angemessen auf die Bedürfnisse des Kindes zu reagieren, helfen diese Eltern den Kindern durch

---

176 Ahnert: Wieviel Mutter, 248.
177 Ahnert: Wieviel Mutter, 251.

viel Körperkontakt und lange Gespräche etc. am späteren Nachmittag und vor dem Schlafengehen, die Erfahrungen des Tages zu verarbeiten und zur Ruhe zu kommen. Ahnert schließt daraus, dass auch tagesbetreute Kinder keineswegs in öffentlicher Betreuung *anstatt* zu Hause aufwachsen, sondern der Familie bleibende Bedeutung zukommt:

„Die Grundaussage aus der Bindungstheorie, wonach die sensitive Betreuung einer Mutter die wichtigste Grundlage für eine gesunde emotionale Entwicklung des Kindes ist, bleibt damit unangefochten. Wenn es sich dabei nicht um die traditionelle kontinuierliche Form der mütterlichen Betreuung handelt, sondern diskontinuierlich ist und in einem geteilten Betreuungsumfeld stattfindet, werden andere Wege der Aufrechterhaltung der Mutter-Kind-Beziehung wirksam. In der Regel gelingt es jedoch gerade Müttern mit einem hohen Anspruch an ihren Beruf besonders gut, die Sensitivität in der Betreuung der Kinder aufrechtzuerhalten. Wenn sie ihre Arbeit als vorteilhaft für sich selbst, das Kind und die Familie ansehen, können sie mit größerem Selbstverständnis eine gute Beziehungsqualität zu ihren Kindern entwickeln."[178]

Vor diesem Hintergrund wird nochmals deutlich, welch große Bedeutung gesamtgesellschaftliche Stimmungs- und Meinungslagen zur Müttererwerbstätigkeit haben. Müssen oder wollen Mütter arbeiten und sagen ihnen die gesellschaftlichen Plausibilitätsstrukturen gleichzeitig, dass eine erwerbstätige Mutter eine „Rabenmutter" ist, wird es schwerer sein, ein positives Selbstbild als arbeitende Mutter aufzubauen und auf dieser Basis eine gute Beziehungsqualität zu den Kindern mit der Berufstätigkeit in Einklang zu bringen.

Bedürfnisse von alten Menschen

Anders als kleine Kinder, die ihre Wünsche noch nicht explizit oder gar reflektiert zum Ausdruck bringen können, steht es bei älteren Menschen: Es wurde bereits darauf hingewiesen, dass laut den Ergebnissen der österreichischen Geschlechter- und Solidaritätsstudie

---

178 Ahnert: Wieviel Mutter, 259.

ein sehr hoher Anteil der Menschen im Land im Alter gerne zu Hause gepflegt werden möchte und auch zu Hause sterben können möchte. Jene, die dann pflegen sollten (erwachsene Kinder), stehen aber meist selbst im Erwerbsleben und fürchten auch zu einem guten Teil um ihren beruflichen Lebensweg, wenn sie zu Gunsten von Pflegetätigkeiten ihre Arbeit einschränken oder zeitweilig sogar aufgeben. Viele wollen nicht pflegen, andere glauben, dass das in einer professionellen Einrichtung besser geschehen kann.

Eine Lösung, die heute von vielen in Österreich gewählt wird, ist die Anstellung (relativ billiger) Betreuungskräfte aus dem Ausland, die phasenweise bei der zu pflegenden Person leben und diese rund um die Uhr betreuen. Die Wirtschaftsethikerin Ulrike Knobloch weist jedoch zu Recht auf die problematischen Aspekte hin, die diese „Lösung" der Pflegeproblematik beinhaltet, so wertvoll und unentbehrlich sie momentan im Einzelfall sein mag[179]: Die Migrantinnen aus den Niedriglohnländern sind es nämlich, welche oft hohe soziale Kosten für diese Arrangements tragen. Zwar wurden inzwischen rechtliche Rahmenbedingungen geschaffen, welche den (in der überwiegenden Mehrheit weiblichen) Betreuungskräften eine legale Beschäftigungsmöglichkeit einräumen. Doch haben diese Frauen oft selbst Kinder, die sie in ihren Heimatländern in der Obhut Verwandter und Freunde zurücklassen (müssen), und das nicht nur für acht oder neun Stunden täglicher Arbeitszeit, sondern jeweils für mehrere Wochen oder gar Monate. Man spricht in diesem Kontext von einer internationalen Sorgekette, in deren Verlauf die schlecht bezahlte Care- und Versorgungsarbeit auf das jeweils schwächere Glied abgeschoben wird: Von den Männern auf die Frauen, und von den reichen und gut gebildeten Frauen in den Ländern des Westens auf Migrantinnen aus Niedriglohnländern.[180] Langfristig gesehen verhindert ein solches Vorgehen, dass zukunftsfähige, dauerhaft tragbare und sozial gerechte Lösungen für die sich abzeichnende Sorgekrise gesucht und gefunden werden.

---

179 Vgl. Knobloch: Themendossier 19.
180 Rohm, Lisa: Grenzenloses Sorgen. Transnationale Lebensweisen und Sorgetätigkeiten von rumänischen und slowakischen Pendelmigrantinnen in der 24-Stunden-Betreuung in Wien, Wien 2012.

Gelingensfaktoren und Perspektiven

Zusammenfassend könnten folgende Faktoren genannt werden, die zu einer Entlastung im immerhin von 60% der Österreicherinnen und Österreicher als „sehr schwierig" eingeschätzten Balanceakt zwischen Beruf und privatem/familiärem Lebensfeld beitragen könnten: Qualitativ hochwertige Kinderbetreuung mit kleinen Kindergruppen, bestens qualifizierten Betreuungspersonen, ein altersgemäßer Betreuungsschlüssel (1:3 bis 1:4 bei Kindern unter 18 Monaten) sowie entsprechende Betreuungszeiten würden jene Väter und Mütter entlasten, die – aus welchen Gründen auch immer – entweder berufstätig sein müssen oder sein wollen.

Ein entsprechend hohes „Elterngehalt" und eine klar geregelte Anrechnung der Zeiten für die Pension verbunden mit einer entsprechenden Unterstützung beim Wiedereinstieg könnte jene wachsende Gruppe von Müttern und Vätern entlasten, welche für eine bestimmte Zeit (während die Kinder klein sind) auf Beruf und Karriere ganz oder teilweise verzichten möchten, um sich ganz dem Kind/den Kindern widmen zu können.

Gesellschaftlich würde das eine entsprechende Pluralitätstoleranz voraussetzen: dass Frauen, die Beruf und Familie verbinden möchten und damit einen wichtigen Beitrag sowohl zum sozialen Sicherungssystem leisten als auch ihre Kompetenzen im Arbeitsmarkt einbringen, nicht als egoistische „Rabenmütter" denunziert, sondern nach den gegebenen Möglichkeiten unterstützt und in ihrer Entscheidung wertgeschätzt werden. Dies zumal deshalb, weil diese Frauen ihre Kinder auch nicht einfach „abgeben", sondern sich – wie die von Ahnert vorgelegten Studien zeigen – in der Zeit, die sie mit ihrem Kind /ihren Kindern zusammen sind, nach Kräften bemühen, die Zeiten der Trennung zu kompensieren. Andererseits dürften aber auch Menschen, die für die Erziehung ihrer Kinder (oder die Pflege kranker Angehöriger) auf Erwerbsarbeit ganz oder teilweise verzichten, nicht als vorgestrige „Heimchen am Herd" abgewertet werden (und die Männer nicht als unattraktive Softies), sondern müsste ihre Versorgungsarbeit geschätzt und auch finanziell entsprechend honoriert werden. Auch in der Onlineumfrage ist das ein Thema:

> Ich [...] finde es aber vor allem wichtig, dass eine Gesellschaft ermöglicht, dass verschiedene Lebensmodelle und Rollenmodelle verwirklicht werden können, sich gegenseitig ergänzen, statt sich zu bekämpfen. (Frau, 41–50, verheiratet, 2 Kinder) Die Menschen sollen wählen können und die Unterstützung bekommen, die sie brauchen. Zufriedene Eltern sind wohl die beste Hilfe für die Kinder beim Start ins Leben. (Mann, 51–60, verheiratet, 2 Kinder)

Vielleicht wäre das sogar einer der vielversprechendsten Wege, Männern diese Care-Tätigkeiten erstmals schmackhaft zu machen bzw. sie zumindest als sinnstiftende Tätigkeiten zugänglich zu machen. Denn wer will schon freiwillig dort hin, wo alle anderen weg wollen, weil niemand dieses Tätigkeitsfeld schätzt?

Grundlegend für die Wertschätzung verschiedener Lebensmodelle wäre eine fundamentale Haltungsänderung – die zahlreiche andere Aspekte des Lebens mitbetreffen würde: Wie viel sind uns Menschen, wie viel sind uns Dinge wert? Wer verdient mehr: Wer eine Maschine oder ein Computersystem entwickelt oder wer Kindern durch einfühlsame Kommunikation soziale Kompetenzen vermittelt? Wie viel Konsum brauchen wir wirklich, um glücklich zu sein – und wann kippt das System, sodass uns die Menge der (materiellen) Güter und die damit verbundenen Konsumentscheidungen eher belasten als erfreuen[181] und sodass die Umwelt aufgrund des ressourcenintensiven Lebensstils massiv in Mitleidenschaft gezogen wird. Solange es in diesen Fragen keine Veränderung gibt, werden die einen ein schlechtes Gewissen haben, weil sie glauben, Rabenmütter zu sein, die anderen werden sich belächelt und geringgeschätzt fühlen – und beide werden ihr Lebensmodell umso entschiedener zu rechtfertigen bzw. zu verteidigen suchen. Derzeit machen leider immer noch viele Mütter diese Erfahrung – wie auch facebook-COO Sheryl Sandberg beschreibt:

> „Berufstätige Eltern haben damit zu kämpfen, dass sie für so vieles Verantwortung tragen. Mütter aber müssen zusätzlich noch die unverschämten Fragen und anklagenden Blicke aushalten, die uns vergegenwärtigen, dass wir sowohl unseren Beruf *als auch* unsere Kinder vernachlässigen. Als ob man uns daran erinnern

---

181 Vgl. Schor, Juliet. The overspent American: Upscaling, downshifting, and the new consumer, New York 1998.

müsste. Den meisten Frauen, die ich kenne, geht es damit genauso wie mir: Wir sind extrem gut darin, uns Sorgen zu machen,
ob wir allem gerecht werden. Wir vergleichen unsere berufliche
Leistung mit der unserer Kollegen, die meistens Männer sind und
im Allgemeinen weniger Verantwortung zu Hause tragen. Dann
vergleichen wir unsere Bemühungen zu Hause mit der von Voll-
zeitmüttern, die sich ausschließlich um ihre Familien kümmern.
Wenn Außenstehende uns dann auch noch daran erinnern, dass
wir Probleme damit haben – und ja eigentlich scheitern müssen –,
dann ist das nur noch das bittere Sahnehäubchen auf einem oh-
nehin schon matschigen Kuchen."[182]

Echte Freiheit in der Entscheidung setzt aber eine echte Wahlmög-
lichkeit zwischen guten (bzw. zumindest akzeptablen) und auch
entsprechend honorierten Alternativen voraus. Und sie hat auch
mit wirtschaftlicher Machbarkeit zu tun: Wenn Frauen es sich nicht
leisten können, Berufszeit zu reduzieren – und Männer es sich noch
weniger leisten können –, dann ist das keine Wahlfreiheit. Doch
stellt sich auch die Frage, wie solche Wahlfreiheit jeweils auf hohem Niveau gesamtgesellschaftlich finanziert werden kann.

Früher hatte ein Einkommen für eine Familie gereicht, heute müssen meist beide
Elternteile arbeiten. Siehe dazu meine obigen Skizzen zur kapitalistischen Lebenssi-
tuation. Der Markt wirkt analog zur mittelalterlichen Heiratserlaubnis. Heute geht es
zwar nicht um die Heiratserlaubnis, aber implizit doch darum, ob jemand in eigenen
Kindern genetisch und kulturell „weiterleben" darf. Eigentlich ist das ein unerhörter
Eingriff, über den aber aus „emanzipatorischen" Gründen nicht gesprochen werden
kann. Der Mensch gilt eben unter diesen Bedingungen als Arbeitskraft und Konsu-
ment. Auch die gleichzeitig beschworenen „Menschenrechte" werden so fokussiert,
dass sie letztlich diesem Zweck dienen: Zuführung von Arbeitskräften. Historisch
völlig in Kontrast zu den Ahnengalerien der Aristokratie. Die Politik hat es hier nicht
leicht, weil sie ja die Macht in dieser Gesellschaft repräsentiert. Was die Politik tun
kann? Siehe oben (Transferzahlungen, Arbeitsorganisation). Der Vorschlag, einfach
die materiellen Ansprüche zu Gunsten der Kinder zurückzustellen, ist nicht einfach
umzusetzen, weil dadurch den Kindern auch wieder Möglichkeiten genommen werden. Vielleicht nur eine Lebensperspektive in Randgruppen, die eine kapitalistische
Gesellschaft auch gerne zulässt (siehe USA). (Mann, 60+, verheiratet, 3 Kinder)

---

182 Sandberg: Lean In, 172–173.

Mit wachsender Deutlichkeit melden sich auch im öffentlichen Diskurs Stimmen zu Wort, die ein grundsätzliches Umdenken verlangen – und das Eintreten der Familien für ihre Interessen und zukunftsweisende Regelungen: Solange es den Verantwortlichen politisch weniger weh tut, bei den Familien zu sparen als woanders, werden sie das weiterhin tun.

Dieses Eintreten für entsprechende familienfreundliche Regelungen betrifft nicht nur die Politik, sondern auch den wirtschaftlichen Bereich. Derzeit halten 67% der Männer und 72% der Frauen in Österreich die Wirtschaft für nicht familienfreundlich – wobei diese Einschätzung seit 2002 jeweils um ca. 10% gestiegen ist. Auch hier besteht jedoch nur eine Chance auf Verbesserung, wenn Männer und Frauen sich gemeinsam für familiengerechtere Wege engagieren. Die Forderung nach einer familienfreundlicheren Wirtschaft ist indessen weit verbreitet. In der Onlineumfrage spricht eine Teilnehmerin notwendige Veränderungen im Blick auf Arbeitsbedingungen ebenso an wie entsprechende Verbesserungen im Bereich der Kinderbetreuungseinrichtungen und Schulen:

> Arbeitszeiten sollten von DienstnehmerInnen flexibler gestaltet werden können, damit familiäre Angelegenheiten besser in den Alltag integriert werden können. Es ist noch immer so, dass Flexibilität vor allem von den DienstnehmerInnen erwartet wird, für die Vorgaben der Dienstgeber oder für die Wirtschaft insgesamt und ihre „Spielregeln", die oft sehr rigide und nicht menschengerecht sind. Da bräuchte es unbedingt einen Perspektivenwechsel. [...] (Frau, 51-60, 3 Kinder)

Und last, but not least sei nochmals auf die Frage der Care-Thematik im Alter hingewiesen: Die Frage der Pflege und des guten Lebens im (hohen) Alter wird – angesichts der immer älter werdenden Bevölkerung – eine der ganz großen Herausforderungen der nahen Zukunft. Es ist dringend öffentlich zu diskutieren, wie damit in unserem Land umgegangen werden soll (und welche Wege keinesfalls beschritten werden sollen).

Frauen und Männer im Modernisierungsstress

Zwanzig Jahre Entwicklung der Geschlechterrollen

Das ist eine der Stärken der vorliegenden Studien über die Entwicklung der Geschlechterrollen in Österreich 1992–2002–2012: Sie stellen nicht nur dar, wie sich heute Männer und Frauen selbst verstehen und sich in ihrer kulturell eröffneten Wahlfreiheit auf unterschiedliche Rollentypen verteilen. Als Langzeitstudie geben die drei Untersuchungen im Zehnjahresabstand auch einen Einblick in die Entwicklung der Rollenbilder in den letzten zwanzig Jahren und wie sich die Befragten den unterschiedlichen Rollen zuordnen.

Statistische Vorbemerkungen

Bevor datengestützt diese Entwicklung nachgezeichnet wird, sind ein paar methodische Vorbemerkungen angebracht. Wer dafür kein Interesse hat, kann bei der Lektüre gleich zum nächsten Abschnitt „Zwei unterschiedliche Jahrzehnte" springen.

Clusteranalysen ordnen die Gesamtheit der Befragten entlang der Antworten auf eine Reihe einschlägiger Items (Einzelaussagen). Das Ordnen geschieht entlang der Mittelwerte. Er werden „Cluster" gebildet: Trauben von Menschen, welche die Aussagen ähnlich beantwortet haben. Wie viele solche Cluster errechnet werden, wird von den Forschenden entschieden. Die Regel lautet: Suche so viele Cluster, dass deren Anzahl einerseits übersichtlich bleibt, andererseits die Unterschiede zwischen ihnen deutlich werden.

In den vorliegenden Studien haben sich vier Cluster bewährt. Wir nennen diese Cluster auch Typen von Frauen und Männern. Deren Benennung orientiert sich an der Zustimmung zu den einzelnen Aussagen. Es entsteht eine Art Datenmosaik. Mit Blick auf dieses Mosaik wird ein vorläufiger Name „gefunden". Oftmals bringt erst die Diskussion eine dauerhaft brauchbare Benennung.

- So hatten wir in der Männerstudie von 1992 vom „neuen" Mann geredet. Das hat nicht wenige aus der Männerszene irritiert, weil sich dann manche als „alte" Männer abqualifiziert fühlten; sie meinten, daneben als „traditionelle Männer" „alt auszusehen", *old-fashioned* zu sein, wenn nicht gar *outdated.* Inzwischen hat sich die Bezeichnung „moderne Männer", „moderne Frauen" eingebürgert. Aber auch diese Benennungen sind nicht problemfrei, weil es – wie sich zeigen wird – unterschiedliche Modernitäten zu geben scheint.

■ Ein ähnliches Schicksal erfuhr die Benennung „unsicherer Mann". Sie sollte einfangen, dass von diesem Typ weder die traditionellen Zuschreibungen noch die modernen akzeptiert werden. Zudem war dieser Begriff damals in der Diskussion auch publizistisch[183] präsent. Die anschließende Diskussion ließ diese Benennung als zu negativ erscheinen. Eine Zwischenstation zum heutigen Namen „suchende Männer" war der „formbare Mann". Diese beiden Benennungen unterscheiden sich darin, wer aktiv ist. Das eine Mal wird der Mann von anderen geformt. Das andere Mal hingegen sucht er selbst danach, wer er ist bzw. wie er sein will.

Benennungen sind also stets Deutungsversuche. Sie können als solche nicht mehr sein als Vorschläge. Wer datengestützt zu gut begründeten anderen Wortbildern kommt, ist dabei völlig frei.

Wichtig für die hier folgenden Analysen ist ein zweiter statistischer Aspekt. Clusteranalysen werden zunächst im Rahmen einer einzigen Befragung für das vorliegende Repräsentativsample gemacht. Grundlage sind die Antworten zu den für die Clusteranalyse ausgewählten Einzelaussagen aus dieser einzelnen Umfrage. Da das Verständnis der Fragen wie auch die Antworten sich von Umfrage zu Umfrage weiterentwickeln können, kann sich auch das Ergebnis der jeweiligen Clusteranalyse verändern. Das hat zur Folge, dass die Konstellation der Items in den vier errechneten Clustern in den drei Umfragen zwar ähnlich, aber nicht völlig identisch ist. So lässt sich in jedem Untersuchungsjahr ein Cluster „moderne Männer", „moderne Frauen" errechnen. Dieser hat jeweils eine solide Grundlage in den Daten des jeweiligen Untersuchungsjahres. Zu erwarten ist aber zugleich, dass „modern 1992" nicht gänzlich identisch ist

---

183 Goldberg, Herb: Der verunsicherte Mann. Wege zu einer neuen Identität aus psychotherapeutischer Sicht, Reinbek bei Hamburg 1992.

mit „modern 2002" oder „modern 2012". „Modern" hat sich also im Lauf der zwanzig Jahre inhaltlich entwickelt. Genau das aber ist für die Deutung der Entwicklung von höchster Wichtigkeit.

Es gibt eine zweite Vorgehensweise bei der Typenbildung. In diesem Fall wird die Clusteranalyse mit den Daten aller drei Studien gemeinsam errechnet. Das hat den Nachteil, dass es die innere Entwicklung zurückstellt. Der Vorteil aber besteht darin, dass nun die errechneten Cluster über die drei Studien hinweg in statistisch verantwortlicher Weise verglichen werden können. Der auf den Daten aller drei Studien basierende Typ der „Modernen" ist nunmehr für alle drei Studien der gleiche. Diese Gleichheit lässt dann auch eine verlässliche Auskunft über die zahlenmäßige Entwicklung der so definierten Typen zu.

Noch eine dritte Anmerkung ist wichtig. Die Items für die Clusterbildung basieren auf qualitativen Umfragen aus dem Jahre 1992. Wir haben damals versucht, Testitems für den Fragebogen zu einer Männerstudie mit einer repräsentativen Vergleichsgruppe von Frauen anhand von Aussagen zu formulieren, die in alltäglichen Gesprächen vorgekommen sind. Diese Items wurden faktorenanalytisch auf ihre innere Konsistenz getestet. Es sollten auf der einen Seite „rein" traditionelle, auf der anderen davon absetzbare „rein" moderne Positionen zum Ausdruck kommen. Das ergab 1992 ein Set von 15 Fragen. Diese mussten, um die Ergebnisse der Clusteranalyse verschiedener Studien vergleichen zu können, in den Folgestudien gleich bleiben. Die faktorenanalytische Prüfung auf ihre innere Konsistenz wurde auch für die Erhebungen von 2002 und 2012 durchgeführt. Dabei hat sich spätestens 2012 gezeigt, dass drei Items ihre eindeutige Zuordnung zu traditionell oder modern eingebüßt haben. Sie liegen nicht mehr auf der jeweiligen „Dimension" traditionell sowie modern, sondern bilden nunmehr (zwei) neue Dimensionen. Konkret handelt es sich um folgende drei Items:

- Ein Kleinkind wird wahrscheinlich darunter leiden, wenn die Mutter berufstätig ist. (1992: 69%, 2012: 66%)
- Kinder bereichern das Leben von Männern. (Dieses Item ist 2012 modifiziert worden. Wurde vorher gefragt, ob Karenz für einen Mann eine Zumutung ist, verlagerte sich nunmehr der Akzent auf die positive Seite, ob Kinder generell das Le-

ben von Männern bereichern. – 1992 Zumutung: 29%; 2012 bereichern: 45% – Männer 39%, Frauen 51%)
■ Der Mann erfährt in seiner Arbeit seinen persönlichen Sinn. (1992: 29%, 2012: 63%)

Wir haben für die Clusteranalyse, welche die Entwicklung der letzten zwanzig Jahre sichtbar zu machen hilft, die drei nicht „reinen" Items ausgegliedert. Es wurden also nur (statistisch besehen) „rein traditionelle" und „rein moderne" Items verwendet. Das ermöglicht zudem, die traditionellen wie modernen Anteile in den vier Clustern der jeweiligen Studie nachzuzeichnen. Das Ergebnis dokumentiert neuerlich den inneren Wandel beispielsweise der „modernen Typen".
Beide clusteranalytischen Vorgehensweisen[184] machen Sinn. Wir haben auch die Cluster auf beide Weisen gerechnet.[185] So kann im Folgenden eine Auskunft über die Entwicklung der (gemeinsam gerechneten) Cluster über zwanzig Jahre ebenso erwartet werden wie eine Auskunft über die Entwicklung der inneren Struktur der Cluster.
Wir analysieren nunmehr die Entwicklung der letzten zwanzig Jahre und stützen uns dabei auf die gemeinsame Clusteranalyse für alle Befragten aus den drei Studien.

Zwei unterschiedliche Jahrzehnte

Die Entwicklung der Geschlechterrollen verlief in den letzten zwanzig Jahren in Österreich keinesfalls linear. Die ersten zehn Jahre (1992–2002) waren von einer rasanten Dynamik geprägt. Diese setzte sich jedoch im zweiten Jahrzehnt (2002–2012) nicht einfach ungebrochen fort, sondern erfuhr eine bemerkenswerte Modifikation.

---

184 Diese möglichen Vorgehensweisen erklären, warum die in diesen Analysen vorgelegten Verteilungen der Typen nicht deckungsgleich sein müssen mit den in den Publikationen der Studien 1992 und 2002 vorgelegten. Es kann zu – freilich immer begrenzten – Abweichungen in den Zahlen kommen.
185 Das Ergebnis beider Clusteranalysen kann eingesehen werden auf http://www.zulehner.org/site/forschung.

■ Zwischen 1992 und 2002 stieg der Anteil der Modernen von
20% auf 32%. Im zweiten Jahrzehnt hingegen fiel der Anteil
der Modernen von 32% auf 17% und damit unter den Wert
von 1992 (20%).

■ Dazugewonnen haben in den letzten zehn Jahren (2002–2012)
geringfügig die Traditionellen (um 3 Prozentpunkte) und
stark die Pragmatischen (um 16 Prozentpunkte). Der Anteil
der Suchenden ist leicht gesunken (minus 5 Prozentpunkte).

		traditionell	pragmatisch	suchend	modern
1992	Männer	26%	15%	41%	18%
	Frauen	23%	24%	31%	22%
	alle	**24%**	**20%**	**36%**	**20%**
2002	Männer	16%	14%	45%	24%
	Frauen	11%	18%	32%	39%
	alle	**14%**	**16%**	**39%**	**32%**
2012	Männer	23%	29%	37%	12%
	Frauen	12%	35%	30%	22%
	alle	**17%**	**32%**	**34%**	**17%**

TABELLE 28: Entwicklung der Geschlechterrollen von 1992 bis 2012
(1992, 2002, 2012 I Geschlecht I Geschlechterrollen)

In den letzten zehn Jahren erfolgten eine leichte „Retraditionalisierung"[186] sowie eine starke „Pragmatisierung" der Rollen.

186 Damit weicht das vorliegende Untersuchungsergebnis doch von anderen
ab, in denen es heißt: „[...] sämtliche Umfragen der letzten Jahre weisen
darauf hin, dass vor allem die Mehrzahl der Frauen dem althergebrachten
Rollenverhältnis anhängen: Teilzeitarbeit als Dazuverdienst ist für die al-
lermeisten weit bequemer, als die Ernährerpflicht für die gesamte Familie
zu übernehmen." Hoffmann, Arne: Die Stützen brechen weg: Warum die
gezielte berufliche Diskriminierung von Männern allen schadet, in: Gru-
ner/Kuhla (Hg.): Befreiungsbewegung für Männer, 163–175, 168.
Unterstützung findet das traditionelle Männerbild in der Werbung:
„Das traditionelle Bild des Mannes als beruflich erfolgreich und Ver-
sorger ist jedoch nach wie vor ein zentrales Motiv in der Werbung. In
allen drei untersuchten Dekaden konnte Zursteige feststellen, dass der

- Die *Pragmatischen* halten die beiden Lebensfelder Familie und Beruf zusammen. Sie wollen beides: Familie und Beruf (so die Frauen) bzw. Beruf und Familie (so die Männer).

- Typisch für die *Traditionellen* ist hingegen, dass Männer und Frauen sich auf einem der beiden Lebensfelder Familie/Beruf positionieren: die Frauen in der familialen Welt mit ihrer unbezahlten Versorgungsarbeit, die Männer in der beruflichen Welt bezahlter Erwerbsarbeit.

Ungleichzeitigkeit von Männern und Frauen

Auffällig ist die Ungleichzeitigkeit der Rollenentwicklung bei Männern und Frauen.[187] Der Anteil an (im Sinn unserer Typologie) modernen Frauen hat sich vor allem in den ersten zehn Jahren weit schneller vergrößert als bei den Männern. Bei Letzteren stieg deren Anteil von 18% auf 24%, also um sechs Prozentpunkte. Bei den Frauen war der Zuwachs mit 17 Prozentpunkten nahezu dreimal so stark. Diese Entwicklung mit unterschiedlichen Geschwindigkeiten nehmen auch die Befragten generell so wahr. „Die Frauen haben sich in den letzten zwanzig Jahren in ihrem Rollenselbstbild rascher entwickelt als die Männer." Diese Aussage wird 2012 von 60% der Männer und von 73% der Frauen für (sehr) zutreffend erachtet.

Mann hauptsächlich im Beruf bzw. der Arbeit zu sehen ist. Nur selten wurde er bei Tätigkeiten im Haushalt bzw. mit Kindern gezeigt." Hinteregger, Teresa-Anna: Unterschiede bei der Bewertung von Werbung durch Frauen und Männer. Der Einfluss des psychologischen Geschlechts auf die Rezeption von Werbung, mit besonderem Fokus auf stereotype werbliche Frauen- und Männerbilder, Wien 2009, 41. Zursteige, Guido: Im Reich der großen Metapher – Männlichkeit und Werbung, in: Döge, Peter (Hg.): Männlichkeit und soziale Ordnung: neuere Beiträge zur Geschlechterforschung, Opladen 2001.

187 Diese beobachtete Dietmar Mieth schon 1988, wenn er thesenhaft formulierte: „Der alte und neue Mann existieren gleichzeitig, zum Teil im gleichen Mann bzw. in der Erwartung der gleichen Frau." Mieth, Dietmar: Christliche Anthropologie und Ethik der Geschlechter angesichts der Herausforderungen gegenwärtiger Erfahrung und zeitgenössischen Denkens, in: Mann und Frau – Grundproblem theologischer Anthropologie, hg. v. Theodor Schneider, Freiburg 1989, 167–199, 171–172.

Unter den modernen Frauen sind es 86%, unter den traditionellen Frauen 66%.
Der Rückgang bei den Modernen hat im letzten Jahrzehnt beide Geschlechter ähnlich stark betroffen. Bei den Männern halbierte sich der Anteil der Modernen von 24% auf 12%, bei den Frauen ging er von 39% auf 22% zurück.
Diese ungleichzeitige Entwicklung hat auch praktische Auswirkungen. 43% aller Befragten konstatieren, dass es „für eine moderne Frau … heute schwer [ist], einen entsprechenden Lebenspartner zu finden". 40% der unter 30-jährigen Frauen sowie 33% der Männer dieser Alterskategorie teilen diese Einschätzung. 63% der pragmatischen Frauen und 53% der pragmatischen Männer haben dieselbe Sorge.

Sie [moderne Geschlechterrollen] sind anstrengender, weil jede Veränderung Mühe bringt. Besonders für gebildete junge Frauen ist es schwerer, einen „passenden" Mann zu finden. Ich selbst lebe eine Mischung der Typen, mein Mann entwickelte sich etwas langsamer, aber doch, sodass wir jetzt im Alter (62 und 72) ein recht modernes Ehepaar sind. Vor 30 Jahren war es viel schwerer, da die Einsicht in die persönliche Veränderung mühsam war. (Frau, 60+, 3 Kinder)

Was ist modern?

Der auffällige Rückgang beim Typ der „modernen" Frauen und Männer kündigt aber nicht notwendigerweise das Ende der Modernisierung der Geschlechterrollen an.
Das zeigt sich allein schon daran, dass die „modernen Items" auch in den letzten zehn Jahren – wenngleich in unterschiedlicher Stärke – an Zustimmung gewonnen haben. Dazu zählen: die Wertschätzung der Frauenemanzipation, die Bedeutung der Berufstätigkeit für die Unabhängigkeit der Frau (vom Mann – was junge Männer unterschätzen[188]), der gemeinsam verantwortete Beitrag zum Haus-

---

188 „Junge Männer unterschätzen den Wunsch nach Autonomie ihrer Altersgenossinnen, und sie überschätzen deren Wunsch nach gutem Aussehen, Kindern und Heirat. Sie stecken noch in alten Rollenvorstellungen fest und haben nicht verstanden, dass sich das Bild der jungen Frauen über sich selbst gewandelt hat." Allmendinger: Frauen auf dem Sprung, 69.

haltseinkommen und nicht zuletzt die Annahme, dass eine berufstätige Frau ihrem Kind genauso viel Sicherheit und Wärme geben könne wie eine, die nicht arbeitet.

	1992			2002			2012			Differenz		
	Männer	Frauen	alle	Männer	Frauen	alle	Männer	Frauen	alle	DIFF M	DIFF F	DIFF alle
Frauenemanzipation ist eine notwendige und gute Entwicklung.	30%	49%	40%	38%	61%	50%	52%	73%	63%	22%	24%	23%
Berufstätigkeit ist der beste Weg für eine Frau, um unabhängig zu sein.	55%	65%	60%	75%	84%	79%	72%	79%	76%	17%	14%	16%
Beide, Mann und Frau, sollten zum Haushaltseinkommen beitragen.	57%	60%	58%	59%	66%	63%	65%	68%	67%	8%	8%	9%
Eine berufstätige Frau kann ihrem Kind genauso viel Wärme und Sicherheit geben wie eine Mutter, die nicht arbeitet.	46%	57%	52%	44%	54%	49%	54%	64%	59%	8%	8%	7%
Am besten ist es, wenn der Mann und die Frau beide ihre Erwerbsarbeit einschränken und sich beide gleich um Haushalt und Kinder kümmern.	35%	43%	39%	44%	53%	49%	38%	47%	43%	3%	4%	4%

TABELLE 29: Moderne Positionen haben in den letzten zwanzig Jahren an Zustimmung gewonnen (1992, 2002, 2012 | Geschlecht)

Gewachsen ist aber nicht nur die Zustimmung zu den einzelnen Testsätzen. Wir haben mit „modernen" sowie „traditionellen" Items je einen vierteiligen Index errechnet. Mit dessen Hilfe kann aufgezeigt werden, dass die „Modernität" des „modernen Typs" in den letzten zwanzig Jahren merklich gewachsen ist. Betrug der Anteil des sehr „Modernen" (Skalenwert 1 = sehr stark auf der vierteiligen Skala) beim modernen Typ im Jahre 1992 58%, stieg dieser bis 2002 auf 66%, um 2012 85% zu erreichen. Kurzum: Die Modernen (Frauen wie Männer) sind immer ausgeprägter, kantiger „modern". Im Zuge dieses Zuwachses an „Modernität" hat sich aber auch gewandelt, was „modern" inhaltlich bedeutet.

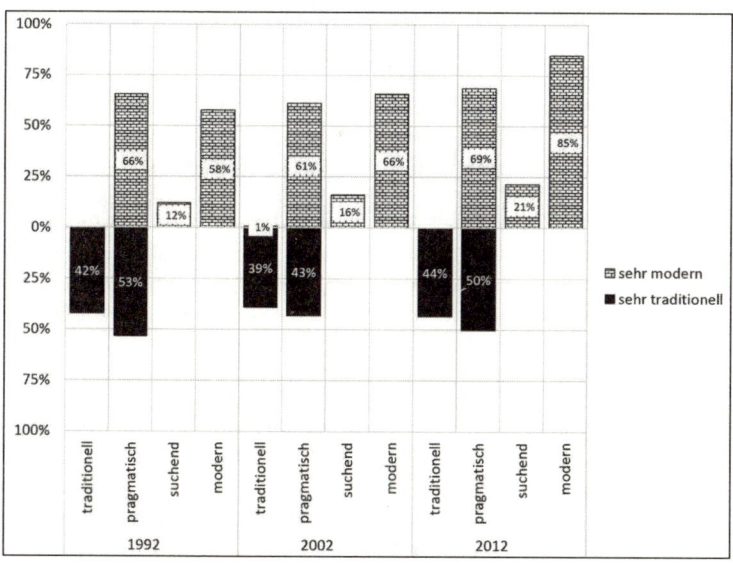

ABBILDUNG 15: Wachsender Anteil des „Modernen" beim Typ der Modernen (1992, 2002, 2012 I Rollenbild I Modernität)

„Modern" bedeutet in diesem Zusammenhang (gestützt auf die verwendeten Items) eine Neupositionierung von Frauen in privaten und öffentlichen Lebensbereichen und den Versuch, die Präsenz in beiden vereinbaren zu können. Der Lebensbereich von Männern und Frauen sollte ausgeweitet werden. Eine Art „Ausweitungs-Modernisierung" sollte in Gang kommen.

Das ist auch das erklärte Ziel der Männerentwicklung, die ererbte Halbierung der männlichen Geschlechterrolle zu überwinden.

■ Männer suchten eine Ausweitung ihrer Lebenserfahrungen und damit ihres Lebenshorizonts vom beruflichen auf das familiale Lebensfeld. Sie waren auch um intensivere Fühlungnahme mit ihrer Innenwelt (Gefühle, Sexualität, Gewaltneigung) bemüht.

■ Schon viel früher war eine solche Ausweitung auch ein Grundanliegen emanzipatorischer Frauenentwicklung, allerdings in umgekehrter Richtung. Die „Familienfrau" sollte, dank rasch ausgeweiteter Bildung, ihren (halbierten) Lebensbereich auch auf das berufliche Feld ausweiten.

In diesem Sinn waren „ganze Frauen" und „ganze Männer" das Ziel der Entwicklung, und das nicht erst in den letzten Jahrzehnten.[189] Die ererbten Rollenhalbierungen sollten der Vergangenheit angehören. Für dieses „Ganzwerden"[190] stand „Modernisierung", „Neu-

189 Benard, Cheryl/Schlaffer, Edit: Der Mann auf der Straße, 1980. Bodarwé, Katrinette: Als ganzer Mensch leben. Frauen in Deutschland von 1945 bis heute, Schwalbach/Ts 1999. Buchinger, Birgit: Dass man ein ganzer Mann ist. Hoffmann, Jacob: Werde ein ganzer Mann! Aufklärungen und Belehrungen für die heranwachsende männliche Jugend, Freiburg i. B [6]1917. Lodge, David: Ein ganzer Mann, s.l. 2012. Özalp, Miriam: Ein ganzer Mann. Ein Buch über die Freuden, Risiken und Nebenwirkungen des „Mannseins", Wien 2001. Renchel, Peter: Vom Frust, ein ganzer Mann zu sein, Berlin 1991. Riehl, Wilhelm Heinrich: Ein ganzer Mann, 1898.

190 Drehsen, Volker/Rössler, Dietrich: Festschrift: Der „ganze Mensch". Perspektiven lebensgeschichtlicher Individualität; Festschrift für Dietrich Rössler zum siebzigsten Geburtstag, Berlin u. a. 1997. Guenther, Herbert V.: Wholeness lost and wholeness regained. Forgotten tales of individuation from ancient Tibet, Albany NY 1994. Heinrich, Walter/André, Hans: Festschrift Walter Heinrich. Ein Beitrag zur Ganzheitsforschung, Graz 1963. Herrmann, Theo: Problem und Begriff der Ganzheit in der Psychologie 1957. Höllinger, Franz/Tripold, Thomas: Ganzheitliches Leben, 2012. Kern, Sieglinde: Die Bilder der Ganzheit in der menschlichen Seele. Ihre synchronen Abläufe im molekularen und subatomaren Bereich, Frankfurt am Main 1996. Pürzer, Angelika: Der Ansatz einer Ganzheitsphilosophie bei Arnold Gehlen, Frankfurt 1997. Röber, Rolf/Albertz, Jörg: Ganzheitlich, natürlich, ökologisch

werden". Vom „neuen Mann" war in der profanen wie in der religiösen Szene die Rede.[191]
Diesem Ziel näherten sich Frauen und Männer zunächst offenbar mit Riesenschritten. Frauen haben die Bildungseinrichtungen erobert. Sie haben sich einen festen Platz in der Berufswelt erkämpft, obgleich Einkommen und Position ihrer Ausbildung bislang noch keineswegs entsprechen; hier ist nach wie vor großer Handlungsbedarf gegeben. Umgekehrt hat sich ein Teil der Männer in Richtung „Ganzwerden" in Bewegung gesetzt. „Neue Väter" sind in Sicht.[192] Ihre Zahl nimmt zu. Das Entwicklungstempo ist bei den Männern jedoch langsamer als bei den Frauen. Trotz großer Anreize sind nur wenige Männer bereit (oder sind sie „strukturell", zumal auf Grund der beruflich-ökonomischen Erwartungen, dazu nicht in der Lage?), das auch faktisch zu tun, was sie mit ihrem Verstand und vielleicht auch im Herzen für wertvoll ansehen. Haltungen und Einstellungen wandeln sich: Werden sie auch zu neuem Handeln führen?

– was ist das eigentlich?, Berlin 1992. Schaerer, Alec: Systematische Ganzheitlichkeit, Würzburg 2011. Spann, Othmar/Heinrich, Walter: Ganzheitliche Logik. Eine Grundlegung, Salzburg 1958. Ulrich, Hans: Plädoyer für ganzheitliches Denken, Bern 1985. Ulrich, Hans/Probst, Gilbert J. B.: Anleitung zum ganzheitlichen Denken und Handeln, Stuttgart 1995.

191 Franz, Matthias/Karger, André: Neue Männer – muss das sein? Risiken und Perspektiven der heutigen Männerrolle, Göttingen 2011. Alt, Franz: Jesus – der erste neue Mann, München 1991.

192 Gesterkamp, Thomas: Die neuen Väter zwischen Kind und Karriere, Opladen 2010. – Im Internet „ist oft von *Neuen Vätern* die Rede, welche sich vorrangig durch aktive Beteiligung an der Erziehung ihrer Kinder sowie dem Haushalt auszeichnen – des Weiteren durch verstärkte *Offenheit für Gefühle*, die *Abwendung von Gewalt, geringeren Autoritarismus und Materialismus und erhöhte Solidarität.* [...] Bei allem Engagement bleibt die finanzielle Unterstützung der Familie jedoch meist als Ideal bestehen. Wie und in welchem Ausmaß Väter ihre Zeitressourcen nun einsetzen (können), ist unweigerlich an die Erwerbsarbeit und die Einstellung zu dieser gekoppelt." Starkbaum, Johannes: Väterratgeber im Internet: Darstellung eines hegemonialen Vaterschaftskonzeptes für informationsbedürftige Männer, Wien 2009, 43. http://othes.univie.ac.at/4452/1/2009-04-18_0008102.pdf (letzter Zugriff: 05.11.2013)

Immerhin ist für 38% der Männer des Jahres 2012 klar: „Für einen Mann ist es eine Bereicherung, zur Betreuung seines kleinen Kindes in Erziehungsurlaub zu gehen." Der Anteil der karenzierten Männer/der Männer in Elternzeit steigt zwar, liegt aber trotz eines politisch geschaffenen Anreizsystems unter der 5%-Marke. Männer sitzen, bei aller Bereitschaft für partnerschaftliches Teilen von Haushaltsarbeit, Kindererziehung und Pflege von Angehörigen, dennoch faktisch auf dem Berufsfeld fest oder werden dort hauptsächlich durch eine (begründete?) Angst vor Karriere-Nachteilen festgehalten. Der Weg zum „ganzen Mann" ist lang und mühsam. Es fehlt nach wie vor an geeigneten Supportsystemen. Frauen waren in ihrem Aufbrechen (aus) der familialen Lebenswelt erfolgreicher. Entscheidend war eine rasche Bildungsexpansion, welche Frauen den Zugang zur Erwerbsarbeit eröffnete. Berufliche Arbeit bereichert heute das Leben von immer mehr Frauen und mehrt deren Lebenssinn. Der Weg in die Berufswelt wurde Frauen auch dadurch erleichtert, dass sie eine wirtschaftliche Notwendigkeit darstellt. Die Wirtschaft braucht die Frauen als Arbeitskräfte ebenso wie die Frauen der Wirtschaft bedürfen, um mit ihrem Lebenstraum voranzukommen und berufstätig werden zu können.[193] Für Frauen bietet nicht zuletzt der Weg in den Beruf ein emanzipatorisches Versprechen: „Berufstätigkeit ist der beste Weg für eine Frau, um unabhängig zu sein." 79% der Frauen des Jahres 2012 sehen dies so und 72% der Männer pflichten ihnen bei.

Neuerliche Halbierung

Dieser Erfolg der Modernen, zumal „moderner" Frauen, ererbte Halbierungen zu überwinden, erscheint jedoch neuerdings unerwarteterweise gefährdet. Die „Ausweitungs-Modernisierung" mit dem Ziel, die familiale Lebenswelt durch die berufliche auszuweiten, scheint überraschend in eine Art „Halbierungs-Modernisierung" zu kippen. Damit wird mehrdeutig, was als „modern" gilt. Es scheint zwei Typen von „Modernen", zumal von „modernen" Frauen zu geben:

---

193 Neuere, feminismuskritische Stimmen bezweifeln den oft zitierten Bedarf der Wirtschaft an hochqualifizierten weiblichen Arbeitskräften, so zum Beispiel Bauer-Jelinek: Der falsche Feind, 24.

- Frauen, welche Kind und Beruf hoch schätzen und zusammenhalten wollen und Familien- wie Berufsfrau in einem sind,

- sowie andere, die sich primär als Berufsfrauen verstehen und eine Kinderphase (wenn diese überhaupt in den Lebensentwurf Eingang findet) eher als möglichst knappe Unterbrechung ihrer beruflichen Frauenexistenz hinnehmen.

Bei der zweiten Gruppe ereignet sich statt einer Ausweitung der Frauenrolle nunmehr eine Art neue Begrenzung. Statt von der Halbierung in die Ganzheit zu gelangen, wird eine Halbierung durch eine neue ersetzt. Aus der „halbierten" Familienfrau wird die „halbierte" Berufsfrau. Nicht alle Frauen entscheiden sich für diese Lebensform frei, manche werden durch die Unvereinbarkeit ihrer beruflichen Karriere mit einer Familie dazu gedrängt, bei anderen „ergibt" es sich biographisch so. Ein klassisches Beispiel ist die Welt der Wissenschaft:

„Wissenschaftler (71%) und Wissenschaftlerinnen (75%) im Mittelbau sind, so ist zunächst einmal festzuhalten, überwiegend kinderlos. [...] Eine Familiengründung führt bei Wissenschaftlerinnen häufiger, nicht zuletzt in der Promotionsphase, zum Austritt aus dem Wissenschaftssystem. Der häufige wechselseitige Ausschluss von Familie und Wissenschaftskarriere lässt sich auch mit Blick auf die Wissenschaft beobachten. Die Schritte auf der wissenschaftlichen Karriereleiter nach oben sind für Wissenschaftlerinnen mit Einbußen im klassischen Familienleben verbunden. Professoren sind in Deutschland deutlich häufiger verheiratet (91%) als Professorinnen (66%) und haben im Durchschnitt mehr Kinder (1,77) als Professorinnen (0,8). Hochschullehrerinnen sind eher ledig (20%) als ihre Kollegen (3%) und kinderlos (50%). [...] So gibt ein Großteil der befragten Professorinnen und Professoren an, oft oder sehr oft Einbußen im ‚privaten Glück' zu Gunsten der wissenschaftlichen Karriere gemacht zu haben. Professorinnen verzichten nach eigener Aussage häufiger auf die Pflege von Freundschaften und auf Zeit mit dem Partner oder der Partnerin, Professoren geben dies wesentlich seltener an. [...]

Deutsche Hochschullehrer leben nach wie vor am häufigsten in traditionellen Paararrangements und sind von der Sorge um Kindererziehung und -betreuung durch ihre Partnerinnen eher entlastet. Zwei Drittel geben an, dass sich ihre Lebenspartnerin um die Kinder gekümmert hat, während sie im Vorschulalter waren. [...] Die Lebenspartnerinnen der Hochschullehrer stecken ihre berufliche Karriere zu Gunsten ihres Partners häufiger zurück. Anders verteilt es sich bei ihren Kolleginnen, die häufiger als Dual-Career-Couple mit ihren Lebenspartnern zusammenleben."[194]

Auf diese Weise splittet sich die Entwicklung von Frauen und erklärt auch einen Teil der wachsenden Spannungen innerhalb der Frauenbewegung. Zwei Modernitäten stehen zueinander in einer beträchtlichen Spannung.

Die erste Art der „Ausweitungs-Modernisierung" der Frauenrolle zeichnet für die bereits beschriebene, in den letzten Jahren stattgefundene respektable Ausweitung des Erfahrungsraums von Frauen von der familialen in die berufliche Lebenswelt hinein verantwortlich: Das Bestreben, Familie und Beruf unter einen Hut zu bringen, war bei nicht wenigen Frauen erfolgreich. In den letzten zehn Jahren zeichnet sich aber eine andere Art von „Modernisierung" ab. Hier wird von „modernen" Frauen (zunächst vielfach einfach biographisch, dann aber auch existenziell) der berufliche Bereich priorisiert und eine „Entfamilialisierung" der „modernen" Frauenrolle in Kauf genommen.[195]

---

194 Aulenbacher, Brigitte/Binner, Kristina/Riegraf, Brigit/Weber, Lena: ‚Brot und Rosen'. Oder: Der unerhörte Anspruch auf ein gutes Leben innerhalb und außerhalb der Wissenschaft, in: Bauschke-Urban, Carola/Kamphans, Marion/Segebiel, Felizitas (Hg.): Subversion und Intervention. Wissenschaft und Geschlechter(un)ordnung, Opladen & Farmington Hills 2010, 140–150, 147. In diesem Beitrag zitierte Literatur: Metz-Göckel, Sigrid/Möller, Christina/Auferkorte-Michaelis, Nicole (Hg.): Wissenschaft als Lebensform – Eltern unerwünscht? Kinderlosigkeit und Beschäftigungsverhältnisse des wissenschaftlichen Personals aller nordrhein-westfälischen universitären Einrichtungen, Opladen 2009. Zimmer, Annette/Krimmer, Hogler/Stallmann, Freia (Hg.): Frauen an Hochschulen. Winners among Losers. Zur Feminisierung der deutschen Universität, Opladen 2007.
195 „Als die US-Feministin Betty Friedan in Der zweite Schritt (1986) dem

Eine solche „Entfamilialisierung" klingt in jener Formel an, mit der Frauenpolitik sich gegen familienpolitische Maßnahmen verwehrt, welche Mütter wenigstens zeitweise mehr beim Kind sein lassen wollen. Die Kampfformel lautet: Man(n) wolle die Frauen wieder „zurück an den Herd" bringen. In den meisten gesellschaftlichen Diskussionen geht es aber gar nicht um den Herd, sondern um Kind(er). „Herd" steht (wie einst das von Frauen gehütete, überlebensnotwendige Feuer) für das gesamte familiale Lebensfeld und die dort zu leistende, unbezahlte, aber überlebensnotwendige Sorgearbeit. Insofern verwundert es, dass dieses ausschließlich negativ konnotiert wird. „Zurück an den Herd" gilt als rückschrittlich und verwerflich; es werfe die Frauenbewegung um Jahre zurück; eine eventuelle familiale Phase müsse wenigstens möglichst kurz gehalten werden. Dazu müssten öffentliche Mittel eingesetzt werden.

Für eine solche zeitliche Eingrenzung der familialen Unterbrechung werden plausible Argumente vorgebracht. Der „familiale Raum" sei durch die Auflösung größerer Familieneinheiten auf „(Zu-)Kleinstfamilien" geschrumpft. Das berge für die Entwicklung eines Kindes Nachteile. Es gebe zu wenige Entwicklungsanreize.

Feminismus riet, sich vermehrt um das Thema Familie zu kümmern, schlug ihr eine Welle der Empörung radikaler Feministinnen entgegen. Friedan würde mit dieser Forderung den Feminismus zerstören statt retten, statt einen Schritt nach vorne wieder einen zurückgehen, lautete der Vorwurf aus den eigenen Reihen. In der Frage der Befreiung von Mann und Kind ging es um den ‚Eckstein der kulturellen Revolution und der moralischen Werte'. [...] Inzwischen weisen kritische Beobachterinnen der postfeministischen Szene allerdings auf das Problem der ‚Vereinzelung' von Frauen hin und sprechen von einem ‚unerwarteten so nicht gewollten Ergebnis der Frauenbefreiung'. Das Wort ‚Mutter' ist aber immer noch ein Unwort, ein blinder Fleck, der umschrieben wird. Die Aufgabe ‚traditioneller Bindungen' sei nicht nur als Befreiung erfahren worden, sondern auch als Verlust, der nun auf allen Ebenen kompensiert werden müsse, konstatiert Koppert. Es seien nicht mehr die Männer, gegen die man aufbegehren müsse, um zur ‚Selbstbefreiung der Frau' zu gelangen, sondern der Markt." Kummer, Susanne: Das geschlechtslose Es oder: Zweifel am leibfernen Ideal der Gleichheit als politischem Konstrukt, in: Befreiungsbewegung für Männer, 111–131, 120.

Die „Madonnenszene" – Mutter und Kind – sei auf Dauer weder für Kinder noch Mütter lebens- und wachstumsförderlich.[196] Deshalb solle der Lebensraum für Kinder ausgeweitet und durch weitere verlässliche Bezugspersonen angereichert werden, durch Tagesmütter bzw. entsprechend qualifiziertes Personal in Kindertagesstätten, Kindergärten, Ganztagsschulen. Solche Maßnahmen sind für einen kleineren Teil von Kindern auch deshalb wünschenswert, weil ihre konkrete familiale Lebenswelt ein schädlicher Raum für sie ist – sie werden vernachlässigt, nicht gefordert, nicht gefördert, manchmal auch misshandelt, geschlagen und missbraucht. Gerade für überforderte alleinerziehende Mütter oder Väter können außerhäusliche Lebensräume für ein Kind vorteilhaft sein.

Ein zweites plausibles Argumentationsfeld ist die (wirtschaftliche) Absicherung der Frauen auch für den – zunehmend wahrscheinlicher werdenden – Fall, dass Ehen als Lebens- und Versorgungsgemeinschaften scheitern bzw. auch angesichts des Risikos der Altersarmut, das für Frauen aufgrund ihrer „löchrigen" Erwerbsbiographien besonders hoch ist.[197]

Aber verlangen solche berechtigte Anliegen zwingend nach jener negativen Einfärbung des familialen Raumes als solchem, die in der zweifelsfrei dunklen Formel „zurück an den Herd" mitschwingt? Und ist diese nicht auch kontraproduktiv für das Anliegen, bezahlte Erwerbs- und unbezahlte Versorgungsarbeit gerecht unter den Geschlechtern aufzuteilen? Denn just ein solches „an den Herd" wünschen und erwarten moderne Frauen von den Männern. Freilich ohne den Zusatz „zurück". Ob es gelingt, den Herd vom Makel des „Zurück" zu befreien, wenn es Männer betrifft? Sonst sollte man die Formel überhaupt aus den Diskussionen streichen. Sie ist zu

---

196 Das betreffe oftmals vor allem die Buben aus Familien mit Migrationshintergrund: „Allerdings verstärkt in traditionellen Familien, in denen Frauen dem Raum des Hauses und Männer der Öffentlichkeit zugeordnet sind, dieses Geschlechtsrollenbild die Distanzierung der jungen Männer von der Schule und dem Lernen und stärkt so indirekt die Distanz zum Bildungssystem." Perchinig, Bernhard: Hebel zu einer kompensatorischen Bildung: Pilotstudie überarbeitete Version des Endberichts, Institut für Bildungsforschung der Wirtschaft, ibw-Studie Wien, 2012, 96.
197 Vgl. Bundeskanzleramt Österreich, Frauenbericht 2010, 193, 236–243.

vieldeutig und vergiftet eher den Diskurs, als dass sie ihn wirklich voranbringt. Männern macht sie dann kaum Lust, Hausmann zu werden.

Entfamilialisierung

Die in der Entwicklung der letzten Jahre sich abzeichnende Entfamilialisierung eines Teils der modernen Frauen wird an verschiedenen Forschungsergebnissen ersichtlich: Frauen des (von uns so genannten) „modernen" Typs sind häufiger kinderlos als traditionelle oder pragmatische Frauen. Sie ordnen sich auch eher der Kategorie der „Ledigen" zu und leben allein. Das ist nicht nur bei den jüngeren „modernen Frauen" so. Ihre (dauerhaften) Partnerschaften bleiben überdurchschnittlich oft ohne Kinder. Die Bereitschaft, Berufszeit zur Pflege von Angehörigen daheim zu verringern, ist unterdurchschnittlich niedrig; pflegebedürftige Angehörige sind ihrer Meinung nach in professionellen Einrichtungen besser untergebracht.

Das sind die entsprechenden Daten aus der Studie, die Hinweise auf die beobachtete Entfamilialisierung eines Teils der modernen Frauen sind:

- 20% der modernen Frauen des Jahres 2002 wünschten sich kein Kind; 2012 sind es 23%.

- Der Anteil der kinderlosen modernen Frauen ist in den letzten zwanzig Jahren von 47% (1992) über 50% (2002) auf 53% (2012) gestiegen.[198]

---

198 „Die Mehrheit der weiblichen Führungskräfte hat keine Kinder (64%). Die Geburtenrate bei den rückmeldenden Frauen liegt bei 0,64 Kindern. Insgesamt haben die 81 weiblichen Führungskräfte 52 Kinder. Die Geburtenrate liegt somit bei 0,64 Kindern pro weibliche Führungskraft. Die Geburtenrate in Oberösterreich 2006 Iiegt bei 1,41 Kindern pro Frau." Dietachmayr: Die Situation weiblicher Führungskräfte, 192. „Gerade in Hinblick auf Kinderlosigkeit wäre es höchst interessant, die Gründe für die Kinderlosigkeit zu erforschen. Möglicherweise verstecken sich Gründe und Wechselwirkungen, die man bisher in den Überlegungen vernachlässigt hat. Mögliche Gründe waren beispielhaft: die bewusste Entscheidung, keine Kinder haben zu wollen; biologische Ursachen, die die Erfüllung des Kinderwunsches verwehren;

- Unter den modernen Frauen sind 28% ledig. Zum Vergleich: Unter den traditionellen sind es 13%, unter den pragmatischen 18% und unter den suchenden 25%. Das hängt auch damit zusammen, dass unter den modernen Frauen überdurchschnittlich viel junge und gebildete sind. Zudem heiraten moderne Frauen später, bekommen später Kinder. Aber der Anteil an „Ledigen" bleibt auch in den anderen Alterskohorten höher als bei den anderen Typen: Unter den 50- bis 59-jährigen modernen Frauen sind 35% ledig (im Vergleich dazu sind es unter den traditionellen 6%).

- 43% der modernen Frauen wollen ihre Berufszeit zu Gunsten von familialer Pflegezeit nicht verringern, „weil solche Aufgaben durch gute Einrichtungen (Kindergärten, Pflege heime) besser erfüllt werden können". Allerdings muss darauf hingewiesen werden, dass 40% der traditionellen Frauen ebenso wenig bereit sind, Berufszeit zur Pflege von Angehörigen zu reduzieren – allerdings argumentieren sie anders: Sie sehen es nicht als ihre Aufgabe.

Ein Teil der „modernen Frauen" des Jahres 2012 erlebt somit eine neuerliche Halbierung ihrer Rolle. Sie sind auf dem Weg von der „halbierten Familienfrau" in Richtung der „halbierten Berufsfrau".

- Im Ranking der Lebensbereiche erweisen sich 33% der modernen Frauen als familienorientiert. Umgekehrt gibt es unter den modernen Frauen mit 20% doch relativ viele primär berufsorientierte, was sich allerdings teilweise durch die Altersstruktur der Typen erklärt.

- Welch hohen Stellenwert der Beruf für moderne Frauen hat, zeigt der Vergleich der Antworten auf folgende Aussagen: „Erwerbstätigkeit ist für ein sinnvolles Leben für Frauen heute unbedingt notwendig." 77% der modernen Frauen

---

ein fehlender Partner; die Angst vor Mehrfachbelastung oder auch finanzielle Gründe und dergleichen. [...] Die meisten Kinder finden sich demnach bei den verheirateten weiblichen Führungskräften (41 Kinder von 23 Müttern). Dennoch, 18 Frauen mit dem Familienstand verheiratet haben keine Kinder. Unter den 17 Frauen, welche in einer Lebensgemeinschaft leben, gibt es keine einzige Mutter mit zwei Kindern." Dietachmayr: Die Situation weiblicher Führungskräfte, 151.

stimmen dieser Aussage zu. Die Position „Eine Frau muss ein Kind haben, um ein erfülltes Leben zu haben." wird hingegen lediglich von 6% der modernen Frauen bejaht.

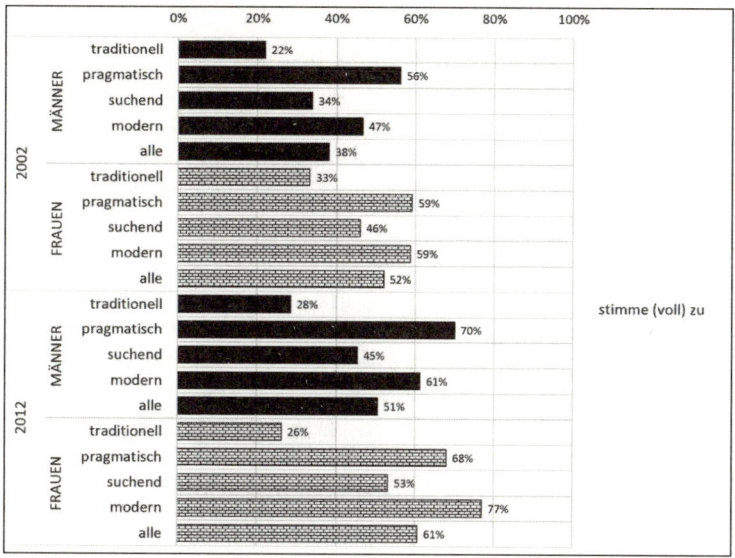

ABBILDUNG 16: Erwerbstätigkeit ist für ein sinnvolles Leben für Frauen heute unbedingt notwendig. (2002, 2012 I Geschlecht I Rollenbild)

> Gibt es „neue" Geschlechterrollen? Im Grunde sollen ja nur Frauen in bisher männliche Segmente des Arbeitsmarktes verführt werden. Es geht um die Verbilligung des Faktors Arbeit durch Markterweiterung. Das belastet Frauen aus verschiedenen Gründen (z. B. Doppelbelastung, körperliche/seelische Ausstattung und Rollenerwartungen passen nicht ganz zusammen). Männer werden durch die „Genderei" hauptsächlich in ihrem Selbstwertgefühl irritiert, belastet nur, wenn eigene Familie. (Mann, 60+, verheiratet, 3 Kinder)

Es kann nicht gesagt werden, ob moderne Frauen diese innere Entwicklung ihrer Rolle wahrnehmen und in freier Lebensplanung von sich aus „wählen". Manche Stimmen vermuten, dass Frauen in diesem Kontext Opfer des Ökonomismus werden. Eine solche untergründige Ökonomisierung der modernen Frauenrolle wird von einem Teil von sich durchaus als emanzipiert einschätzenden

Frauen (wie etwa Birgit Kelle) heftig kritisiert: „So geben sich linke Feministinnen, die alle Mütter so bald wie möglich wieder im Erwerbsleben sehen wollen, als Steigbügelhalter für einen Kapitalismus übelster Ausprägung her, in dem nur noch derjenige etwas zählt, der zum Bruttosozialprodukt beiträgt."[199] Der Sog aus der Welt der Ökonomie kann dabei freilich durch den gewollten Drang eines Teils der Frauen dorthin begünstigt werden. Die Dynamik der Entwicklung kann sich verselbstständigen und gegen die ursprüngliche Absicht von Frauen wirksam werden. Sie kann so stark werden, dass sie eben faktisch zu einer neuen „Halbierung der Frauenrolle" führt. So kritisiert ein Teilnehmer der Onlineumfrage, dass

> ... der Kapitalismus seine Opfer fordert und Unterwerfung verlangt. Konsequenzen: Es ist nicht ratsam, nur individuelle Lösungen in Betracht zu ziehen, es bedarf einer strukturellen Neuorientierung und einer neuen Deutungshoheit: Familie hat den gleichen Stellenwert und die gleiche Wertschätzung wie Erwerbsarbeit. (Mann, 41-50, verheiratet, 2 Kinder)
> Das ist ein Ergebnis der gesellschaftlichen Bewusstseinsbildung. Kinder zu haben wird aus utilitaristischen Motiven abgewertet. Für die kapitalistische Gesellschaft sind Kinder in erster Linie nachwachsende Arbeitskräfte. Unter globalisierten „offenen" Bedingungen können Arbeitskräfte jederzeit aus den „Geburtenüberschussländern" importiert werden. Das Kapital ist auf „eigenen" Nachwuchs in den entwickelten Ländern nicht angewiesen. Vielmehr gilt es, die dort besseren historischen und aktuellen Bedingungen für Qualifizierung der Arbeitskraft voll auszuschöpfen (Qualifizierungsoffensiven) und so wenige Personen wie möglich für Familienarbeit zu verschwenden, denn Kinder können billig importiert werden. Diese Logik setzt sich in der öffentlichen Meinungsbildung, selbstverständlich emanzipatorisch verbrämt (Individualismus), durch und führt dazu, dass Kinder zunehmend als „störend" empfunden werden. (Mann, 60+, verheiratet, 3 Kinder)

Pragmatisch sein nimmt zu

Es ist jedoch nur ein Teil unseres Typs der „modernen" Frauen, bei denen es zu dieser – vielleicht auch ökonomistisch begünstigten – neuerlichen Halbierung der modernen Frauenrollen (von der Fa-

---

199 Zitiert nach: Simon, Anne-Catherine: Hausfrauen, hört auf, euch zu entschuldigen! In: Die Presse vom 7.9.2013, 36–37.

milienfrau zur Berufsfrau) kommt. Der andere Teil ist nach wie vor bestrebt, auf dem Weg des „Ganzwerdens" im Sinne des Verbindens von Erwerbs- und Familienwelt voranzukommen. Diese Frauen scheinen aber zu ahnen, dass dieses im Rahmen der mutierenden „modernen Frauenrolle" nicht ohne Probleme erreicht werden kann. Vielleicht ziehen sich deshalb viele von der zur Halbierung neigenden „modernen Frauenrolle" zurück, ohne aufzuhören, sich in wichtigen Belangen „modern" zu fühlen. Sie nehmen gleichsam ihre „Modernität" mit und siedeln sich mit ihr bei den „Pragmatischen" an. Werden so die Pragmatischen zu den Modernen im von uns ursprünglich damit gemeinten Sinn der „Ganzheitlichkeit"? Kritisch merkt dazu die Publizistin und Psychotherapeutin Astrid von Friesen an:

„Gerade die mittlere Frauengeneration (zwischen 30 und 45 Jahren) scheint den Dreh nicht hinzubekommen. Sie sind unglücklich mit den Männern, allerdings auch ohne die Männer, mit Kindern ebenso unglücklich wie ohne Kinder. Doch die Jüngeren, unter 30 Jahre alten Frauen, sind offenbar eine höchst pragmatische Generation, die gemeinsam mit den Männern ein familienfreundliches Arbeitsleben, soziales Engagement und unangespannte Arbeitsteilung in den Ehen anstrebt. Jenseits aller feministischen und postfeministischen Ideologien, Verkrustungen und Verkrampfungen."[200]

Demgegenüber ist allerdings kritisch zurückzufragen, wie es mit diesem „locker-flockig" daherkommenden Pragmatismus der Jungen in zehn Jahren stehen wird, wenn aus dem anscheinend unangespannt-arbeitsteiligen Paar eine Familie – und vielleicht sogar schon eine Patchworkfamilie – geworden ist. Zudem: Sind angesichts der hohen Zustimmungswerte zu teils widersprüchlichen Testsätzen nicht Spannungen und Konflikte vorprogrammiert? Aktuell zeigen die Daten für 2012, dass die Verbindung von familialer und beruflicher Lebenswelt beim Typ der „Pragmatischen" eine größere Rolle spielt als bei jenem der „Modernen". Die Pragmati-

---

200 Friesen, Astrid von: Ignoranz, Mitleidlosigkeit, Hass: Über das Auslöschen von männlichen Gefühlen, in: Befreiungsbewegung für Männer, 133–162, 157.

schen erweisen sich im Spiegel der Zahlen als „familialer" denn die Modernen.

- 51% der Pragmatischen des Jahres 2012 sind verheiratet; unter den Modernen sind es mit 30% erheblich weniger. Moderne leben eher in Lebensgemeinschaften ohne Trauschein (24%; Pragmatische 14%). Insofern die Lebensgemeinschaften nicht unbedingt auf dauerhafte Bindung angelegt sind, scheinen die Pragmatischen bindungsfreudiger zu sein als die Modernen.
- Faktisch kein Kind haben bei den Pragmatischen 32%, bei den Modernen 56% (wobei wir nicht übersehen, dass bei den modernen Frauen viele jüngere Frauen mit Hochschulbildung sind). Die durchschnittliche faktische Kinderzahl liegt bei den Pragmatischen bei 1,34, bei den Modernen bei 0,84.
- Doch auch dem Wunsch nach spielen Kinder für die Modernen eine weniger große Rolle: Sind unter den Pragmatischen 9%, die sich kein Kind wünschen, erhöht sich der Prozentsatz bei den Modernen auf 22%. Die durchschnittliche Wunschkinderzahl beträgt bei den Pragmatischen 1,91, bei den Modernen 1,50.[201]
- „Ich bin bereit, meine Berufstätigkeit zu Gunsten der Familie zu reduzieren." Dieser Aussage stimmen 69% der Pragmatischen und 44% der Modernen zu.

---

201 „In Österreich nimmt der Kinderwunsch der Männer signifikant ab, während das in anderen Ländern nicht der Fall ist. [...] Das ist auf viele Faktoren zurückzuführen. Das mag zusammenhängen mit dem als stark männerfeindlich empfundenen Scheidungsfolgenrecht. Viele Männer mögen sich denken, wenn es zu einer Scheidung kommt, sehen sie ihr Kind nicht mehr und dürfen nur mehr dafür bezahlen. [...] Die Erwartungshaltung an die Männer ist nach wie vor sehr traditionell und ist gleichzeitig angereichert mit der Erwartung, er muss sich auch um die Familie mehr kümmern. Das ist ein Spagat, den junge Männer mit Sicherheit auch ablehnen." Katrin Burgstaller: Kinderwunsch der Männer nimmt in Österreich signifikant ab, Interview mit Wolfgang Mazal, Professor für Arbeits- und Sozialrecht an der Universität Wien und Leiter des Österreichischen Instituts für Familienforschung, der Standard: 5. Juli 2011. http://derstandard.at/1308680414116/Maenner-im-Zeugungsstreik-Kinderwunsch-der-Maenner-nimmt-in-Oesterreich-signifikant-ab.

Kurzum, es zeichnen sich zwei „moderne" Rollenbilder ab:

- hier die „modernen" Berufsfrauen und Berufsmänner,
- dort die „modernen" Frauen und Männer, die Beruf und Familie zu verbinden trachten.

Insofern freilich das Anliegen der „Modernisierung" der Rollenbilder von Frauen und Männern die Überwindung der ererbten „Halbierung" ist, erweist sich der „moderne" Typ der (in ihrer Schwerpunktsetzung halbierten) Berufsmänner und Berufsfrauen eher als „vormodern". „Modernisierung" im Sinn der Überwindung der Halbierung steht hingegen entschieden auf dem Programm der „Pragmatischen".

So verwundert es nicht, dass die Gruppe der Pragmatischen statistischer „Gewinner" der Entwicklung ist. Bei diesem Typ gab es in den letzten zehn Jahren den stärksten Zuwachs. Das Pragmatische steht für den Versuch, sich auf beiden Lebensfeldern zu halten: Sie wollen Kinder und Beruf. Familie macht zudem viele zufrieden.[202] Dazu werden moderne Rollenanteile wertgeschätzt, aber mit entlastenden traditionellen Anteilen kombiniert. Die emanzipatorische Entwicklung wird weiterhin geschätzt. Den Pragmatischen ist wichtig, dass beide Partner sich an den anfallenden familialen Aufgaben (Kinder, Alte, Haushalt, Einkommen) beteiligen. Weil sie Familie und Kinder wünschen, stellen sie zeitweise individuelle Ansprüche zurück, reduzieren ihre Arbeitszeit für die Pflege Angehöriger und sind entschlossen, ihr Leben gegebenenfalls zum

---

202 So die BRIGITTE-Studie 2009: Gefragt wurde in dieser Wiederholungsstudie mit Blick auf früher: Sind Sie (heute) unzufriedener? „Bei 16 Prozent der Frauen und 20 Prozent der Männer ist die Zufriedenheit gesunken. Doch 40 Prozent der Frauen schätzen sich heute zufriedener ein, bei den Männern sind es 34 Prozent. Dabei sind Frauen und Männer, die seit der ersten Befragung Eltern wurden, die klaren Gewinner: Fast die Hälfte der jungen Mütter (47 Prozent) berichtet über eine höhere Zufriedenheit, nur bei 9 Prozent ist sie gesunken." Allmendinger: Frauen auf dem Sprung, 60. – Allerdings gibt es auch gegenteilige Studien, die aufzeigen, dass sich die Partnerschaft der Eltern nach der Geburt tendenziell verschlechtert und Paare eine starke Abnahme von Zärtlichkeit und Glück erleben. Vgl. Ahnert: Wieviel Mutter, 87.

Wohl eines oder mehrerer Kinder umzuorientieren – wie die Aussage eines zum pragmatischen Typ tendierenden Teilnehmers der Onlineumfrage verdeutlicht.

> Seit mindestens anderthalb Generationen herrscht in unserer Gesellschaft als mehr oder weniger ausgesprochenes Leitbild vor, dass der Lebenszweck darin besteht, möglichst viel Spaß zu haben. Tendenziell eher auf egoistische und narzisstische Weise. Bezeichnenderweise werden Begriffe wie Freude, Glück etc. dabei höchst selten verwendet. Kinder bedeuten nun mal nüchtern betrachtet eine Einschränkung der Möglichkeiten, auf üblichem Wege Spaß zu haben. Man muss materiell auf so manches verzichten (Kinder kosten Geld), ist nicht mehr so flexibel, wenigstens hypothetisch nicht mehr so attraktiv für potentielle Sexualpartner, [Kinder] nötigen zum Teilen von Zeit und Aufmerksamkeit und Vieles mehr. Klar, dass da heutzutage fast ein Viertel dieser Aussage [„Kinder stören ..."] zustimmt. Mich wundert, dass es nicht mehr sind. (Mann, 41–50)

Diese auf den ersten Blick widersprüchlichen Anteile stehen unvermittelt nebeneinander; manchmal werden sie auch biographisch hintereinander abgearbeitet. Pragmatisch sein verlangt von den Beteiligten die Kunst des Aushandelns, Kompromisse zu schließen; hohe Flexibilität ist gefragt. Die Fähigkeit zu einer Art „Rollenswitching"[203] wird benötigt.[204] Es gilt, Spannungen auszuhalten und gemeinsam zu meistern. Diese innewohnenden Spannungen machen die pragmatischen Rollen spannend – sie fordern ein hohes Maß an Balance- bzw. Jonglierkunst und -lust.

> Flexibilität ist auf allen Seiten geboten. Still halten und warten, bis der andere was tut und sich ändert, läuft ins Leere. Tu selbst was, und die Welt wird sich ändern. (Frau, 51–60, 3 Kinder)

---

203 Vgl. Zulehner, Paul M./Steinmair-Pösel, Petra: Typisch Frau? Wie Frauen leben und glauben, Linz 2011, 29.

204 Leider wird von „Rückfall", „Kinderfalle" oder „traditionalistischem Reflex" geredet: „Und gerade wenn ein Kind geboren wird, fallen auch viele Paare, die vorher eine gleichgestellte Partnerschaft praktizierten, in eine traditionelle Rollenteilung. [...] Doch sie sehen keine rationalen, ökonomisch attraktiven Hebel (mit Ausnahme des Elterngeldes), dem traditionalistischen Reflex nicht zu folgen." Wippermann u. a.: Männer: Rolle vorwärts, Rolle rückwärts?, 18.

Pragmatische Paare haben viel zu verhandeln. Die Entscheidungs-
perspektiven bei der Gründung einer Lebensgemeinschaft sind bei
Frauen und Männern oftmals anders akzentuiert: So „entscheiden
sich Männer für Karrierewege, die ein besseres Gehalt und höhere
Aufstiegschancen versprechen, während bei der Berufswahl von
Frauen häufiger antizipierte Möglichkeiten der Vereinbarkeit von
Familie und Beruf relevant gemacht werden."[205] Dass ein solches
Verhalten von Frauen sich problematisch auswirken kann, darauf
verweist Sheryl Sandberg, wenn sie junge Frauen davor warnt, sich
selbst schon zu sehr einzubremsen, bevor Kinder, ja bevor überhaupt ein Partner in Sicht ist. Dies sei der sicherste Weg, um – wenn
sich dann die Frage der Vereinbarkeit von Familie und Beruf real
stellt – gar keinen Beruf zu haben, für den es sich überhaupt lohnen
würde, den Balanceakt zu riskieren.[206]

Pragmatische sind nicht einfach nur „traditionell". Aber auch nicht
nur „modern". Ihnen eigen ist ein „moderner Grundton". Zugleich
werden zur Entlastung in die Lebenssymphonie traditionelle Me-
lodien einkomponiert, die dabei eine Art moderner aufwertender
Einfärbung erfahren. Modern zielt jetzt nicht mehr allein auf die
inhaltliche Ausrichtung der Rolle, sondern der Begriff verweist auf
die Kunst der Balance, des Zusammenhaltens des familialen mit
dem beruflichen Lebensfeld.

Typisch für die Pragmatischen ist der Versuch, einer einseitigen
Überbewertung des beruflichen Bereichs und damit einer Ökonomisierung ihres Lebens zu entrinnen. Sie akzeptieren nicht, dass
die Wirtschaft von den Familien eine wirtschaftsfreundliche Flexibilität verlangt. Vielmehr verlangen sie aus der Sicht der Familie
von der Wirtschaft eine familienfreundliche Flexibilisierung. Ähnliches gilt für die Kindertagesstätten und die Schulen.

---

205 Fegter, Susann: Die Krise der Jungen in Bildung und Erziehung. Dis-
    kursive Konstruktion von Geschlecht und Männlichkeit, Wiesbaden
    2012, 55.
206 Vgl. Sandberg: Lean In, 128–144.

Fragen an die Politik

Von hier aus stellen sich Fragen an die Politik für Männer, Frauen, Kinder und Alte. Die Frage ist, ob und wie eine entlastende Politik für die verschiedenen Arten von „modernen" Frauen (und Männern) gemacht werden kann. Denn wenn es zwei „Modernitäten" gibt, konkurrieren auch zwei durchaus „moderne" politische Optionen miteinander.

Die „Pragmatisch-Modernen" brauchen eine starke Unterstützung bei ihrer Balance zwischen Beruf hier und Familie mit Kindern dort. Politik in ihrem Sinne verfolgt all jene Anliegen, die im Kapitel über das Verhältnis Berufswelt und Familienwelt weiter oben genannt sind: Wie kann Familien mit Kindern Anerkennung gegeben werden? Wie ist die Elternzeit des Anfangs zu organisieren, dass die (oftmals sehr unterschiedlichen) Interessen der kleinen Kinder ganz oben stehen und dabei Interessen der Erwachsenen dennoch nicht auf der Strecke bleiben müssen? Wie viel Mutter/Vater braucht ein Kind wie lange? Wie ist das Zusammenspiel zwischen familialer und außerfamilialer Betreuung zu gestalten? Wie geschieht das allmähliche Hinübergleiten von Bindung zur Bildung? Wie können das Interesse der Gesellschaft und die Leistung von Eltern aufeinander abgestimmt werden – was auch bedeutet, dass die Gesellschaft die Hauptlast der Verantwortung für jene Kinder, die sie zum (genetischen, kulturellen, ökonomischen) Überleben benötigt, nicht wie bisher weithin privatisiert?

Der anderen Art der „Modernen" (den Berufsfrauen, den Berufsmännern) ist eine andere Politik angemessen. Zwar leben auch diese Personen in Partnerschaften und Lebensgemeinschaften: aber großteils ohne Kinder. Die Vereinbarkeit einer kinderlosen privaten Lebenswelt mit dem Beruf ist eine anders geartete Herausforderung als die Vereinbarkeit zwischen Beruf und familialer Lebenswelt, also einer Partnerschaft mit Kind/Kindern. Entscheiden sich aber Berufsfrauen (und Berufsmänner) für ein Kind: Mit welchen kulturellen und ökonomischen Maßnahmen kann eine Berufsfrau gewonnen werden, ihre Mutterschaft als mehr als eine unliebsame Unterbrechung ihrer Karriere anzusehen? Und gleichermaßen: Mit welchen kulturellen und ökonomischen Maßnahmen kann ein Berufsmann gewonnen werden, seine Vaterschaft als aktive Verantwortung wahrzunehmen und darin mehr als eine unliebsame Unterbrechung bzw. Belastung seiner Karriere zu sehen? Wie kann die generative Phase eines Paares, also für Frauen wie Männer, karrierefreundlich gestaltet werden? Kann eine Reduktion oder Unterbrechung von Berufszeit zu Gunsten von Familienzeit (für Kinder und Alte) gar als karrierebegünstigendes Moment angesehen werden?

Anstrengender

Dass im letzten Jahrzehnt Frauen und Männer sich vom Typ der Modernen wegbewegt haben und pragmatisch geworden sind, hat neben den bisher diskutierten noch weitere Gründe. Ein erster: Moderne Rollen werden als anstrengender erlebt. „Die neuen Geschlechterrollen sind anstrengender als die traditionellen." „Anstrengender" ist freilich ein vieldeutiger Begriff und kann unterschiedliche Erfahrungen zum Ausdruck bringen:
2002 kannten 45% aller Befragten das Gefühl, dass „die neuen Geschlechterrollen anstrengender sind als die traditionellen". 2012 ist deren Anteil bei den Männern auf 53% und bei den Frauen auf 47% gestiegen.

„Anstrengender" ist aus meiner Sicht nicht die passende Umschreibung. Das Leben einer „klassischen" Hausfrau mit sechs Kindern am Bauernhof war sicher extrem anstrengend. Heutige Rollenerwartungen beanspruchen allerdings so viele verschiedene Aspekte, die Einzelne in Summe nur selten mitbringen. Weiters sind die „Räume", in denen die verschiedenen Erwartungen bestehen, in ihren Mechanismen jeweils entweder in sich extrem komplex (vom Auftritt über Sprachjargon bis hin zur Netzwerkarbeit) und erfordern umfassende Präsenz. Das raubt Energie und ist vielleicht das, was als „anstrengender" bezeichnet wird. Einen Anteil haben wir allerdings selber daran: Welche Erwartungen habe ich an eine Frau/einen Mann, die/der erwerbstätig und Elternteil ist? Sind die Erwartungen gleich? (Frau, 31-40, verheiratet, 1 Kind)
Denke, dass man das nicht so allgemein sagen kann, welche Rollen anstrengender sind. „Anstrengend" im Sinn von „fordernd" mögen die neuen Rollen wohl sein, weil man nicht auf altbekannte traditionelle Muster zurückgreifen kann, sondern viele Dinge fast täglich neu gefunden, erfunden und mit der Umwelt ausgehandelt werden müssen. Das muss aber nicht unbedingt heißen, dass man diese Anstrengung subjektiv als unangenehm erlebt. In unangenehmer Weise „anstrengend" wird es

im Leben meist dann – auch in Bezug auf die Geschlechterrollen –, wenn das eigene Naturell, die Lebenswünsche und -überzeugungen nicht im Einklang stehen mit den Möglichkeiten der Realisierung: wenn also beispielsweise eine Frau, die gerne „traditionell" leben möchte, durch konkrete Umstände gezwungen wird, das Leben einer „modernen" Frau zu leben, und umgekehrt. (Frau, 51–60, 1 Kind)

Auch befreiend erlebt

Diese Zahlen dürfen nicht übersehen machen, dass nicht wenigen die neuen Rollen Befreiung und mehr Zufriedenheit bringen. Auch muss die Tatsache allein, dass moderne Rollen „anstrengender" sind, noch nicht dazu führen, dass man sich von ihnen abwendet. „Anstrengend" kann im Sinn von herausfordernd durchaus befriedigend sein. „Anstrengend" scheint manchen deshalb auch nicht das richtige Wort zu sein:

Vielleicht anstrengender, vor allem aber auch befriedigender. (Frau, 60+, 2 Kinder)
Die modernen Rollen sind nicht anstrengender, machen eher freier in den Entfaltungsmöglichkeiten. (Mann, 51–60)
Für mich ist „anstrengend" nicht das richtige Wort, es ist vielleicht mühsam, zu meiner modernen Rolle zu stehen, sie zu leben und auch gegebenenfalls zu verteidigen. (Frau, 51–60, 2 Kinder)

Bei Traditionellen und Pragmatischen

Die Einschätzung der modernen Rolle als „anstrengend" ist besonders bei den Rollentypen der Traditionellen und der Pragmatischen überdurchschnittlich stark anzutreffen. Bei den Traditionellen könnte es sich dabei um eine Legitimation des eigenen Verbleibens beim traditionellen Modell, eventuell sogar um eine Art versteckter Schadenfreude handeln: Wir wussten doch schon immer, dass die modernen Rollen Frauen und Männern nicht guttun. Diese Beargwöhnung durch andere beschreibt eine Frau in der Onlineumfrage so:

Ich finde es sehr anstrengend, weil man zumeist aus einem traditionellen Blickwinkel be- und verurteilt und eingeschätzt wird. Die „modernen Rollen" sind doch noch gar nicht angekommen in der Gesellschaft! (Frau, 51–60)

Dass die Werte bei den Modernen unterdurchschnittlich niedrig sind (moderne Männer: 42%, moderne Frauen 30%), könnte bereits mit dem inneren Umbau der modernen Rollen zu tun haben. Es entlastet, schwerpunktmäßig eben „nur Berufsfrau" zu sein. Zudem erzeugt oft das weniger Angestrengtheit, wofür man sich bewusst entschieden hat und wovon man von ganzem Herzen überzeugt ist. Die Pragmatischen hingegen weichen dem anspruchsvollen Balanceakt Familie/Kinder–Beruf nicht aus. Sie halten die familiale mit der beruflichen Lebenswelt zusammen. Fühlen sie sich deshalb angestrengter als die anderen (Männer wie Frauen 62%), weil sie zusammenhalten, was derzeit gar nicht so leicht zusammenzuhalten ist? Und resultiert ihre Anstrengung auch aus dem manchmal beinahe unrealistisch erscheinenden Versuch, Widersprüchliches zu verbinden – worauf die hohen Zustimmungswerte zu den divergierenden bzw. konträren Testitems hindeuten?

Was anstrengt

Auch in der Onlineumfrage ist das Ergebnis bezüglich der größeren Anstrengung sehr differenziert kommentiert worden. Das sind die wichtigsten vorgetragenen Positionen derer, die sich an der Onlineumfrage beteiligt haben[207]:

Veränderung fordert heraus

Geländer sind weggebrochen, sodass man seinen Weg selber suchen muss und die Gefahr des Absturzes zunimmt. Neue Freiheiten sind positiv und bereichernd, aber alte Volksweisheiten wie „Wer die Wahl hat, hat die Qual" wissen um die Belastungen, die grenzenlose Wahlfreiheit (die jedoch wiederum illusorisch ist!) mit sich bringen kann. (Mann, 60+, 3 Kinder)
Anstrengend sind nicht die Rollen an sich, sondern die Entwicklung des Neuen in den Rollen. Sich in etwas Vorgegebenes hineinzubegeben und es mehr oder weniger unreflektiert zu übernehmen, ist natürlich einfacher und weniger anstrengend, als sich weiterzuentwickeln, neue Verhaltensweisen zu entfalten, funktionierende Kommunikationsmuster zu finden. (Anonym)

---

207 Die Daten sind dokumentiert in http://www.zulehner.org/site/forschung.

Die traditionellen Rollen waren klar, von Kindesbeinen an wurden sie anerzogen, durch viele Symbole, nicht zuletzt durch die Sprache bestätigt. Diese Rollensicherheit schuf bei einem großen Teil Identität.[208] Eindeutigkeit als solche sicherte bereits eine Grundzufriedenheit. Mann und Frau wussten, wer sie waren und worin ihre Aufgaben bestanden. Großeltern und Eltern waren Vorbilder. Für neue Rollen hingegen sind gute Vorbilder selten:

Die Augenhöhe ist gewachsen. Die Pluralität der Bezugsrahmen erfordert stärkere Selbstreflexion. Jungen haben es m. E. noch schwerer als Mädchen, da bei ihnen männliche Modelle aus der Erwachsenenwelt öfters fehlen. (Mann, 51-60, 2 Kinder)
Es ist anstrengender, sich nicht am erlebten Vorbild zu orientieren und in der Bahn weiterzulaufen, sondern Neues zu denken, zu wagen, zu erproben – sich auf das Risiko einer irritierten Umwelt einzulassen. (Frau, 51-60, verheiratet, 3 Kinder)
Das Problem für uns Männer ist hier die Gleichberechtigung. Es ist doch viel einfacher, im alten starren Rollensystem zu bleiben, wie es seit Jahrhunderten praktiziert wird. Von daher ist es natürlich anstrengender. Aber man sollte die Hoffnung nie aufgeben. (Mann, 60+, 1 Kind)
Vielfalt ist immer „anstrengender" als Einfalt. Es sind einfach Veränderungen, die Herausforderungen mit sich bringen, die wir auch meistern werden. (Frau, 31-40)
Insofern der Rollenumbau noch länger dauern wird, wird auch die Anstrengung ein treuer Begleiter sein. Solange es, ein paar Generationen lang, einer „Anstrengung" bedarf, alte Geschlechterrollen gegen neue auszutauschen, ist dieser Prozess an sich anstrengend; das wird dann der neuen Rolle angelastet. Wenn einmal – aber das ist, wie gesagt, eine Frage mehrerer Generationen – die moderne Rollenauffassung zum Normalfall wird, wird diese auch nicht mehr als sooo anstrengend wahrgenommen werden. (Mann, 51-60, verheiratet, 3 Kinder)

Ständiges Aushandeln

Veränderungen stellen für viele eine Verunsicherung dar. Das Herkömmliche gilt nicht mehr als selbstverständlich. Über das Neue gibt es noch keinen kulturellen Konsens. Die Einzelnen sind herausgefordert, sich in der gärenden Vielfalt zurechtzufinden. Wollen

---

208 Daneben sind freilich all jene nicht zu vernachlässigen, welche mit dieser zugeschriebenen Identität nicht zurechtkamen bzw. davon wie von einem Prokrustesbett in ihrer Entfaltung behindert wurden.

zwei erwachsene und eigenständige Personen friedvoll miteinander leben, braucht es hohe Bereitschaft zum Aushandeln. Eine „kleine Lebenswelt" aufzubauen verlangt stundenlange Gespräche, Vereinbarungen, Kompromisse und Wandlungen, die in den „Hochzeiten" der Liebe leicht- und mit der Veralltäglichung der Liebe zunehmend schwerfallen.

Hier lohnt sich eine wissenssoziologische Randbemerkung. Typisch für „Rollen" ist, dass sie den einzelnen Personen/Gemeinschaften bewährte Lebensmuster verbindlich vorlegen, einklagen, über Generationen hinweg tradieren. Genau genommen kann das, was man selbst aushandelt, nicht als „Rolle" bezeichnet werden, sondern ist, was ja typisch modern ist, ein origineller individueller Lebensentwurf sowie eine frei komponierte originelle Paargeschichte. Die Menschen müssen das, was sie sind und wie sie leben wollen, in zugemuteter Freiheit selbst erfinden. Waren die Geschlechterrollen einst „Schicksal", so müssen nun Menschen ihr eigenes Leben „wählen", gestalten und im (biologisch wie gesellschaftlich) gesetzten Rahmen je neu erfinden.

Die Mehrzahl der Menschen fühlt sich auch bei diesem Unterfangen der Selbst(er)findung frei. Wir haben die Menschen nach ihrem Freiheitsgefühl in verschiedenen Bereichen, darunter auch in der Gestaltung ihrer Rolle als Mann/Frau, gefragt:

> Bitte sagen Sie mir anhand einer 5-stufigen Skala, wie frei Sie in folgenden Lebensbereichen entscheiden können, wobei 1 „sehr frei" und 5 „überhaupt nicht frei" bedeutet.
> ... in der Erwerbsarbeit
> ... in der Familie
> ... hinsichtlich der Kinder
> ... in der Gestaltung der Freizeit
> ... in der Gestaltung der Rolle als Mann/Frau

Die größte Gestaltungsfreiheit genießen laut Umfrage die Menschen bei der Gestaltung ihrer Freizeit, Männer noch etwas mehr als Frauen. Die Erwerbsarbeit hingegen wird als der freiheitsärmste Raum wahrgenommen. Zwei Drittel wissen sich auch hinsichtlich der Entscheidung rund um Kinder frei.

87 % der Männer betonen die Gestaltungsfreiheit hinsichtlich ihrer

Rolle als Mann und Frau. Unter den Frauen sind es 80%. Das bestätigen die vielen Onlinetexte, die vom ständigen Selbsterfinden reden.

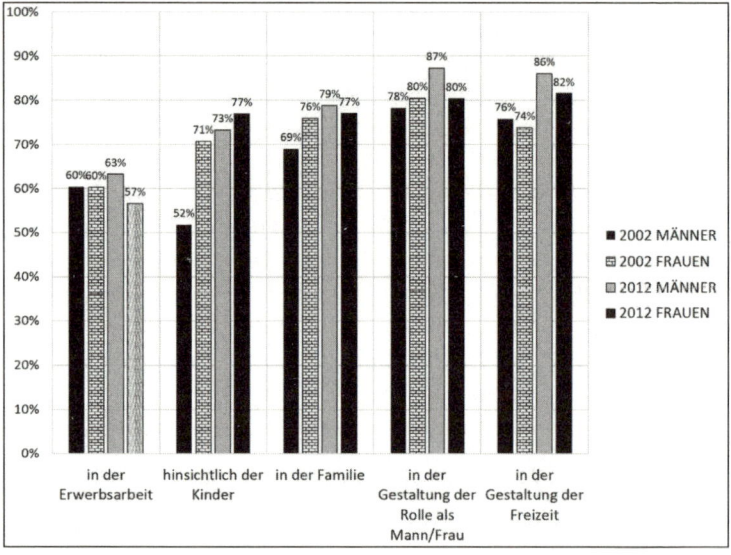

ABBILDUNG 17: Entscheidungsfreiheiten (1+2/5; 1 = trifft völlig zu, 2 = trifft zu; 2002, 2012 | Geschlecht)

Insgesamt haben die Freiheitsgrade in den letzten zehn Jahren zugenommen: damit aber auch die Freiheitszumutung.

Neu verhandeln

Da Selbstbilder immer auch mit Blick auf andere entworfen werden, gewinnt das Aushandeln an Bedeutung. Solches wird zumal dann dringlich, wenn in der familialen Geschichte ein folgenreiches Ereignis dazu zwingt. Das kann die Arbeitslosigkeit des einen oder beider Partner sein. Oder es kommt ein Dritter dazu: ein pflegebedürftiger Angehöriger, ein Kind. Immer muss das Vereinbarte und bisher Bewährte neu verhandelt, müssen neue Wege gesucht werden, wie der Alltag gemeinsam gut gestaltet werden kann.

> Wenn man Kinder hat, ändert sich selbstverständlich das Leben, eigene Wünsche
> werden großteils hintangestellt - für einige Jahre. Aber es ist eine Entscheidung für
> Kinder und sie bereichern das Leben, schenken die Chance für neue Erfahrungen.
> [...] intensives Leben auf andere Art. (Frau, 41–50, verheiratet, 1 Kind)

Neuverhandeln wird auch erforderlich, wenn sich ein Partner – mit
Freundinnen oder Freunden oder in Vereinen und Organisationen
– im Rollen(selbst)verständnis weiterentwickelt.

Latenter Widerstand

Gegen die neuen Rollenmuster gibt es eine latente Resistenz. Traditionelle Bilder wurzeln als Schicht in der Geschichte, stecken
archetypisch tief in der Kultur, werden durch Sprache vorreflexiv
legitimiert und zum Teil von Religionsgemeinschaften ideologisch
gestützt.

> Gott schuf den Menschen als Mann und als Frau - das ist eine schöpfungsmäßig an-
> gelegte Identität und damit in gewissem Sinne „natürlich". Gewollte Abweichungen
> von dieser „natürlichen" Identität führen m. E. zu Identitätskrisen. Ich muss mich
> sozusagen selbst erfinden und ständig entscheiden, was bzw. wer ich sein will oder
> auch nicht. Das halte ich für anstrengender, als mich in einer (vorgegebenen) Rolle
> entfalten zu können, die mir nicht vorschreibt, wer ich zu sein habe, aber die mir
> einen gewissen Rahmen für meine Identität zur Verfügung stellt. (Anonym)
> Weil die Rollen doch noch mental traditionell belegt sind, muss frau oft um ihre
> Rolle kämpfen oder sie öfters noch einfordern. Hier kommt frau sich vor, als ob sie
> gegen Windmühlen kämpft. Dass die neuen Geschlechterrollen noch nicht selbst-
> verständlich sind, kostet immer wieder Kraft. Als Frau ist man sofort akzeptiert als
> Mutter oder als Organisatorin im Hintergrund. Geht es aber um die repräsentativen
> und leitenden Aufgaben, wird es offensichtlich, wer führt, und damit schwieriger.
> (Frau, 41–50, verheiratet, 1 Kind)
> Anstrengend deswegen, weil frau sie immer einfordern muss. Ich bin in der Ge-
> meinde und Pfarre tätig. In der Gemeinde ist frau ausschließlich ein Obmann [...]
> und wird belächelt, wenn sie das anders einfordert. Im kirchlichen Bereich sind
> einfach gewisse Positionen für frau nicht möglich, das schmerzt mehr. Zum Beispiel
> jetzt der „Predigtpreis", wir dürfen mitmachen, aber nicht predigen. (Frau, 51–60,
> verheiratet, 3 Kinder)

Angesichts dieses Widerstands kann der eigene „Rollenumbau" auch mit Ängsten verbunden sein: Werde ich dann noch anerkannt, geschätzt, als Mann oder Frau ernst genommen, wenn ich mich anders verhalte, als dies von meinem Umfeld erwartet wird? Gerade Männer sind hier mitunter in einer schwierigen Situation, was auch in folgender Wortmeldung aus der Onlineumfrage deutlich wird:

> Mann muss sich auf eine nicht in der (früh-)kindlichen Erziehung geprägte Geschlechterrolle einlassen. Mann befürchtet, von seinen Geschlechtsgenossen als nicht „vollwertig" akzeptiert zu werden. Mann befürchtet, von den Frauen als nicht „männlich" eingeschätzt zu werden. (Mann, 60+, verheiratet, 2 Kinder)

Tatsächliche Mehrbelastung

Nicht nur der Prozess der Entwicklung neuer Rollen fordert heraus und strengt an. Unbestreitbar kommt Anstrengung auch vom Versuch, einem halben Lebensfeld ein weiteres hinzuzufügen. Das gilt für Männer wie für Frauen. Es kann zur Doppelbelastung kommen. Darauf reagieren viele mit innovativen Modellen, die ihnen das Leben erleichtern. Sie „entstressen" sich selbst, indem sie partnerschaftlich Berufsarbeit bei beiden reduzieren. Sie organisieren Netzwerke, um bestimmte Aufgaben (Kinder, Pflege) gestützt auf ein breiteres Unterstützungssystem gemeinsam zu meistern. Zugleich machen sie „Politik" und erwarten von ihr (und von den Bildungseinrichtungen sowie der Wirtschaft), dass ihnen die Gesellschaft entlastenden Support bereitstellt.

> Frauen wechseln nicht einfach die Rolle, sondern übernehmen die „modernen" Rollenzuschreibungen (Berufstätigkeit, Durchsetzungsvermögen, Konkurrenz innerhalb eines Leistungsrankings ...) zusätzlich zu ihrer angestammten Rolle (Verantwortlichkeit für das gesamte soziale Funktionieren der Familie, des Betriebs, des Kollegenkreises ...). Diese Doppelbelastung ist tatsächlich sehr anstrengend. (Frau, 51-60)
> Anstrengend sind weniger die Geschlechterrollen, als dass insbesondere die Arbeitswelt noch viel zu unflexibel mit neuen Rollenbildern umgeht (sehr gut ausgebildete Frauen, die außer Kinder aufziehen auch beruflich tätig sein wollen bzw. es z. T. aufgrund der Einkommensverhältnisse müssen). (Mann, 51-60, verheiratet, 3 Kinder)

Ich halte die neuen Rollen nicht für anstrengender, anstrengender ist, dass in Gesellschaft und Wirtschaft diese Veränderungen noch viel zu wenig unterstützt werden, d. h., die Strukturen und dahinterstehenden Denkmuster sind noch ganz überwiegend an traditionellen Rollen orientiert. Das macht es schwieriger, neue Rollen zu leben. Die traditionellen Rollen werden durch die Strukturen (Arbeitszeitmodelle, Kinderfeindlichkeit, Wohnmodelle etc.) gefördert, neuere Geschlechterrollen nicht unterstützt oder behindert. (Frau, 41-50)

Schrumpfende Freizeit

Manche finden es auch für die Dynamik der Paarbeziehung anstrengend, dass das Zeitbudget durch Familien- und Berufszeit weithin aufgebraucht wird. Es bleibt kaum noch Zeit für entlastende Freundschaften – auch mit der Konsequenz, dass alle unerfüllten Bedürfnisse an den Partner/die Partnerin herangetragen werden, was zu Überforderung führen kann:

Die Rollen sind unklar, d. h., sie müssen täglich neu gesucht werden. - Die Berufstätigkeit beider Geschlechter und die damit verbundenen Erwartungen im nichtberuflichen Bereich (Haushalt, Kinder) führen zu Mehrfachbelastungen. - Wenn Frauen weniger mit Frauen und Männer weniger mit Männern „unterwegs" sind, werden emotionale Bedürfnisse an das je andere Geschlecht gerichtet und u. U. mit Anstrengung befriedigt oder nicht befriedigt. Beides ist mühsam. (Frau, 51-60, 2 Kinder)

Es ist einfacher ...

Eng mit dem Gefühl der Anstrengung korreliert[209] die Hoffnung, dass sich Erleichterung einstellt, wenn ein Elternteil nicht arbeitet, sondern beim Kind oder beim zu pflegenden Angehörigen daheim bleibt. Je anstrengender Befragte die modernen Rollen erleben, desto eher plädieren sie für diese Entlastungslösung.

73 % aller Befragten, welche die modernen Rollen als anstrengender empfinden als die traditionellen, sehen es als Entlastung an, wenn ein Elternteil daheim bleibt. Unter denen, die keine Anstrengung empfinden, sind es im Bevölkerungsschnitt 33 %. Die Unterschiede zwischen Männern und Frauen sind klein.

---

209 Die statistische Korrelation beträgt c=,30.

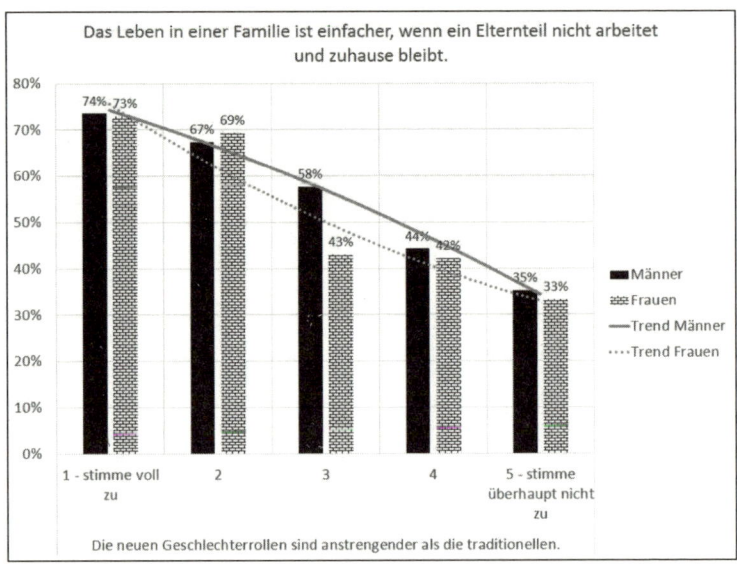

ABBILDUNG 18: Entlastung vom Modernitätsstress (2012 | Geschlecht)

Die Traditionellen und die Modernen (Männer wie Frauen) beurteilen das Zuhausebleiben sehr unterschiedlich. Das hat mit dem Stellenwert der Familie ganz allgemein zu tun. Dazu kommt die Frage, wie lange ein Kind die Präsenz der Mutter braucht. Die Traditionellen vertreten in solchen Belangen eher die „familiale Option".

Ich stimme den 30% zu. Die Verantwortung für die Kinder tragen immer Vater und Mutter. Beide sollten sich also auch um die Kinder kümmern. Ein Elternteil sollte aber unbedingt zuhause sein, wenn die Kinder noch klein sind. Kinder brauchen m. E. ein verlässliches Zuhause mit einer festen Bezugsperson, um Vertrauen aufbauen zu können. Kinder unter 3 oder gar 2 Jahren in eine KiTa zu geben, halte ich für unverantwortlich. (Mann, 41-50, verheiratet, 3 Kinder)

Jene modernen Frauen, die ihr Leben von ihrer „beruflichen Option" her entwerfen, sehen im Daheimbleiben keine Entlastung. Wenn sie Kinder haben oder Alte pflegen, setzt dieser Teil der modernen Frauen auf andere Entlastungsstrategien (wie Kindertagesstätten, Ganztagsschulen, außerfamiliäre Pflegekräfte/Pflegeheime). Hinsichtlich der familialen Aufgaben wird zur Entlastung dieser „berufsorientierten Frauen" die Strategie des „Outsourcings" verfolgt. Sie ähneln darin den Männern, die tendenziell Pflege mehr organisieren als selbst zu pflegen.

Dennoch dürfen jene 31% der modernen Frauen und jene 35% der modernen Männer nicht übersehen werden, die ebenfalls das (begrenzte) Daheimbleiben als Vereinfachung ansehen. So meint in der Onlineumfrage ein moderner Mann:

> Die Gesellschaft sollte akzeptieren, dass es besser ist, dass mindestens ein Elternteil die fürsorgliche Arbeit übernimmt. Was das Kind und der Elternteil benötigen, dafür ist Geld bereitzustellen. Die Politik muss die Rahmenbedingungen schaffen. (Mann, 60+, 1 Kind)

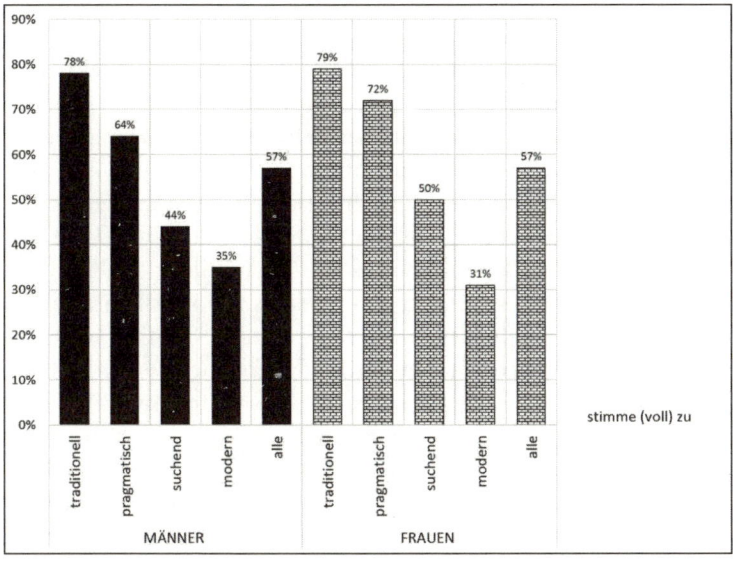

ABBILDUNG 19: „Das Leben in einer Familie ist einfacher, wenn ein Elternteil nicht arbeitet und zuhause bleibt." (1+2/5 = stimme (voll) zu; 2012 I Geschlecht I Rollenbild)

Die den Befragten vorgelegte Position unterstellt nicht, dass es die Mutter sein soll, die für diese Vereinfachung verantwortlich ist. Manche plädieren dafür, dass nicht nur ein Elternteil, sondern beide daheim sein können, andere nehmen (realistisch) zur Kenntnis, dass angesichts der bestehenden Lohnverhältnisse meist Frauen diese Aufgabe übernehmen:

> Warum soll nur ein Elternteil bei den Kindern bleiben? Abwechslung und Aufgabenteilung zwischen den Eltern sind gefragt, leider nicht immer möglich. Frauen haben auch Anspruch auf eigenes Einkommen, auf das Mitgestalten in der Gesellschaft, auf eine eigene Entwicklung der Persönlichkeit in Familie und Beruf und auf eine eigene Pension. Dafür ist Sorge zu tragen. (Frau, 51-60, 3 Kinder)
> Unabhängig von der Berufstätigkeit sollten sich die Eltern gemeinsam um das Wohl des Kindes kümmern. Ein Elternteil sollte in den ersten Jahren zu Hause bleiben. Wegen der ungerechten Lohnpolitik bleibt diese Aufgabe den Müttern. (Mann, 51-60, verheiratet, 2 Kinder)

Allein die vielfältigen Kombinationen dieser beiden Aspekte (anstrengend, einfacher) zeigen, wie viele Personen es gibt, die ihre eigene Lösung suchen. Diese haben selbst Verantwortung für ihr Leben übernommen. Die Gesellschaft ist gefordert, jene Voraussetzungen zu schaffen, die den Einzelnen helfen, ihre Wahl zu treffen und zu leben, wie sie es für sich als stimmig erachten. Dann kann sich eine moderne Berufsfrau entscheiden, mit ihrer „Halbierung" ohne familiale Verantwortung zufrieden zu sein. Haben zwei Erwachsene eine Familie, dann erlauben es ihnen öffentliche Einrichtungen für Kinder und Alte, dennoch im Beruf engagiert zu bleiben. Unterstützung finden aber auch jene, die es präferieren, die berufliche Arbeit zeitweilig zu unterbrechen oder zu reduzieren, um in der Familie engagiert präsent zu sein, allein oder zusammen mit einem Lebenspartner/einer Lebenspartnerin. Dieser *gesellschaftliche Support, der eine stimmige persönliche Lebensgestaltung unterstützt*, fehlt weithin. Die Frage ist, ob derzeit die Sozialstaaten die ökonomische Kraft haben, für alle unterschiedlichen Lebensentwürfe Unterstützung zu geben und sie wählbar zu machen. Die Versuchung ist groß, aus ökonomischen Gründen oder aufgrund von politischideologischen Präferenzen sich für ein Modell zu entscheiden und damit nur einem Teil Unterstützung zu gewähren.

> Für Erziehungsarbeit sollten die notwendigen Rahmenbedingungen geschaffen werden (auch im Blick auf die Altersversorgung von Erziehenden), um zu ermöglichen, dass es eine Wahl gibt, zu arbeiten oder sich vollzeitig um das Kind/die Kinder zu kümmern. (Frau, 51–60, verheiratet, keine Kinder)
> Wir brauchen ein Familiensplitting und gleichzeitig ganztägige Kinderbetreuungseinrichtungen. (Frau, 51–60, verheiratet, 2 Kinder)

Finanziell nicht leistbar

Derzeit können es sich viele nicht leisten, dass ein Elternteil bei einem pflegebedürftigen Angehörigen, bei einem kleinen Kind zu Hause bleibt. Das macht eine Entlastung durch (zeitweiliges) Daheimbleiben bei vielen – trotz ihres klaren Wunsches – finanziell unmöglich. 43% der Männer und 50% der Frauen stimmten 2012 der Aussage zu: „Wir können es uns finanziell nicht leisten, wenn nur ein Elternteil arbeitet und der andere beim Kind/bei den Kindern bleibt." Das sind mehr als noch 2002. Damals waren 39% der Männer und 40% der Frauen dieser Ansicht.

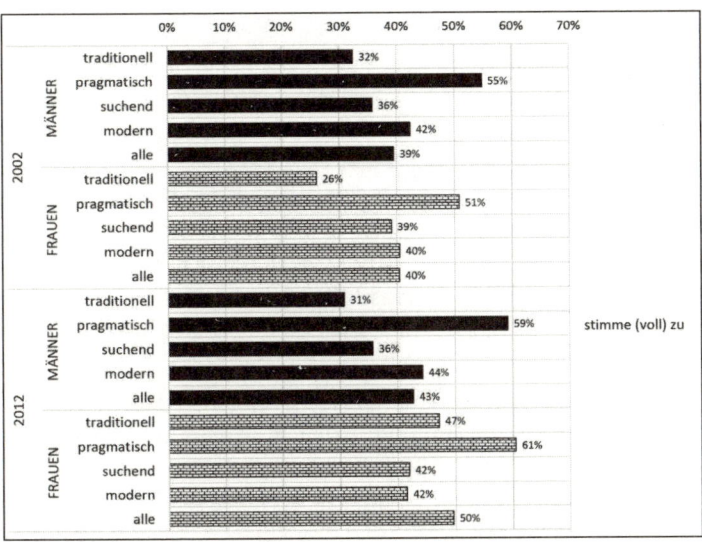

ABBILDUNG 20: „Wir können es uns finanziell nicht leisten, wenn nur ein Elternteil arbeitet und der andere beim Kind/bei den Kindern bleibt." (2012 | Geschlecht | Rollenbild)

Dieses Ergebnis haben wir in der Onlineumfrage diskutieren lassen. Die Antworten sind präzise und sehr differenziert:

> Traurig, traurig, aber ich finde, es stimmt. Ohne zweites Einkommen ist kein Urlaub möglich oder auch kein Hobby, das etwas Geld kostet etc. Ich selbst ziehe den Schluss daraus, dass die Elternarbeit als „normale" Arbeit anerkannt werden sollte, steuerliche Vorteile etc., sodass auch schon während der teilweise langen Ausbildungszeiten ein Kind kein Hindernis ist. Für die Politik: Umdenken: Steuerliche Vorteile für Eltern; neues Wertedenken: Eine Mama zuhause hat einen Wert, deshalb im Rentensystem z. B. die Elternzeiten noch höher anrechnen lassen, sodass sich die Verluste im Alter für die Kinder in Grenzen halten. Attraktivere Gestaltung von Arbeitszeiten und Elternzeiten. (Frau, 41–50, verheiratet, 1 Kind)

Hingewiesen wird auf die hohen Wohnungskosten. Es fehlt an innovativen Wohnbaumodellen, welche Familien zu einer Art „Kunstgroßfamilie" zusammenwachsen lassen:

> Das stimmt auch weitgehend, da die Lebenshaltungskosten zu hoch sind. Eine Wohnung für eine Familie ist fast unerschwinglich – da müsste ein Elternteil sehr viel verdienen, damit auf ein Gehalt verzichtet werden kann. Außerdem sollen die Frauen ihre Berufstätigkeit nicht lange verlassen, da sie ihre Selbstständigkeit in finanzieller Hinsicht brauchen. Die Abhängigkeit vom Partner wird vermieden, was auch sinnvoll ist. Politisch könnte man einen Wohnungszuschuss andenken oder im Wohnbau überhaupt Modellüberlegungen in Auftrag geben an Architekten und Soziologen, wie günstige Wohnungen für Familien gebaut werden könnten. (Frau, 60+, 3 Kinder)
> Stärkere Unterstützung des Staates für Mehrkindfamilien, sie sind unsere Zukunft. Mehr Teilzeitmöglichkeiten für Frauen schaffen. Projekte mit betreutem Wohnen mit Alten und Jungen unter einem Dach!! (Frau, 41–50, verheiratet, 3 Kinder)

Gefordert wird ein Familien- bzw. Erziehungsgehalt. Jede/jeder oder nur wer es braucht? Wichtig ist vielen die Sicherung der Renten derer, die den Beruf für Kinder/Alte unterbrechen:

> Kinderbeihilfe für alle Kinder unabhängig von der finanziellen Situation der Eltern halte ich für den falschen Ansatz. „Jedes Kind ist gleich viel wert", halte ich für unsinnig – ein Kind kann man ohnehin nicht mit Geld bewerten. Finanzielle Unterstützung sollte nur jene Familie erhalten, die es braucht – etwa, wenn ein Elternteil

bei den Kindern bleibt. Die Sorge um die nächste Generation muss ein Grundanliegen jeder Gesellschaft sein (höher bewertet als der Schutz von Sachwerten). (Frau, 41–50, alleinerziehend, 2 Kinder)
Personen, Eltern, die Kinder haben, müssen ein angemessenes Erziehungsgehalt bekommen. Ebenso wie das Alter solidarisch abgesichert ist, muss auch die Kindererziehung solidarisch abgesichert sein. Das Erziehungsgehalt müssen alle Eltern bekommen unabhängig davon, ob sie erwerbstätig sind oder nicht. Erwerbstätige können damit die Betreuung bezahlen. Die Leistung muss auf jeden Fall erbracht werden. Es kann auch nicht sein, dass Kinderbetreuung nur etwas wert ist, wenn sie außerfamiliär erbracht wird. (Frau, 41–50)
Diese Meinung höre ich oft und kann sie auch größtenteils nachvollziehen. Eine Lösung wäre, den erziehenden Teil als vollwertigen Beruf anzusehen. Das bedeutet entsprechende Entlohnung bis in die Rentenversorgung hinein. (Mann, 60+, verheiratet, 2 Kinder)

Manche wünschen sich, dass ein Einkommen für eine Familie ausreicht. Derzeit ist das oft nicht einmal mehr bei zwei Einkommen der Fall. Ein Mindestlohn wird auch deshalb gefordert.

Es müsste mal in jedem Fall ein Mindestlohn festgelegt werden. Dann sollten die Zuschüsse, die in Kita-Plätze investiert werden, (pro Kind) den Eltern ausgezahlt werden, die die Kita (nicht den Kindergarten!!) nicht in Anspruch nehmen. (Frau, 51–60, keine Kinder)
Auch da meine ich, dass eine Grundsicherung für alle Entlastung bringen würde – die Politik ist meiner Meinung nach gefordert, da endlich weiter zu denken. (Frau, 41–50, verheiratet, 3 Kinder)
Zum einen verdienen viele Menschen nicht ausreichend, obwohl sie ganztags beschäftigt sind. Billiglöhne, Menschen, die aufstocken müssen – das ist ein Skandal! Wenn dann noch Kinder betroffen sind, wird es prekär! Kindererziehung muss angemessen honoriert werden. (Frau, 51–60, keine Kinder)

Innovative und flexible familienfreundliche Arbeitsmodelle sind zu entwickeln, z. B. Telearbeit von zu Hause aus:

Teilzeit-/Lebensarbeitszeit-/Telearbeitsmodelle einführen und verbessern. Mindestlohn garantieren. Leben mit Kindern steuerlich fördern, Ehegattensplitting abschaffen. Gleiche Bezahlung von Männern und Frauen. (Frau, 41–50, verheiratet, 3 Kinder)

> Es sollte mehr Möglichkeiten für Teilzeitarbeit geben. Arbeit sollte weniger und Gewinne, Finanztransaktionen usw. sollten dafür mehr besteuert werden. (Mann, 60+, 3 Kinder)

Der Wiedereinstieg in den Beruf müsste für Männer wie Frauen, die unterbrechen, erleichtert werden. Die außerordentlichen Schulkosten (für Schulreisen, Auslandsaufenthalte etc.) überfordern Familien bzw. führen zu entsprechendem finanziellem Stress – hier wünschen sich Menschen Entlastung durch entsprechende finanzielle Unterstützungen:

> Dass es einen großen finanziellen Druck bedeutet, die Kinder mitmachen zu lassen bei allen Möglichkeiten, die die Welt heute bietet. Schule, Auslandsaufenthalte, Reisen [...] kosten viel Geld, dafür muss man dann viel mehr heranschaffen. Für die Politik bedeutet das wahrscheinlich, dass Schulveranstaltungen gefördert werden sollten. Je mehr Kinder, desto mehr sollte das Kindergeld betragen und Schulen dürfen nicht elitär werden, die Durchmischung der Gesellschaft muss gefördert werden. (Frau, 51–60, verheiratet, 3 Kinder)

Wichtig wäre eine finanzielle Entlastung in der Phase der Familiengründung:

> Viele junge Familien sind beim Aufbau ihrer Existenz und Sicherung ihrer Lebenssituation finanziell stark gefordert. Die Berufstätigkeit beider Eltern ist vielfach notwendig, da das „Unterstützungssystem früherer Zeiten - die helfende Großfamilie" so nicht mehr die Regel ist. Für die Politik ist weit- und umsichtige Familienförderung ein Gebot der Stunde. Schöne Fensterreden und Wahlkampfversprechungen helfen da nicht. (Mann, 60+, 2 Kinder)

All das geht nur, wenn die Prioritäten neu gesetzt werden:

> Kinder kosten tatsächlich viel. Finanzielle Grundleistungen wie das Kindergeld sind also nicht so falsch, sondern wichtig. Erziehungsarbeit sollte gesellschaftlich einen höheren Stellenwert bekommen. Da liegen die Wertorientierungen falsch: Wer eine Maschine baut oder wartet, verdient wesentlich mehr als ein Mensch, der bei der Erziehung mitarbeitet. Berufliche Arbeit dient aber auch der Selbstverwirklichung. Frauen, die heute mindestens so qualifiziert sind wie die Männer, sollten diese auch beruflich leben können. (Mann, 41–50, verheiratet, 3 Kinder)

Das kann für manche auch bedeuten, die Ansprüche für eine Zeit zurückzufahren, wenn man Alte pflegt oder Kinder hat. Es wird für „Lessness" plädiert:

Die Politik kann nicht für alles sorgen. Die Menschen sind teilweise auch für sich und das Einkommen verantwortlich. Ich habe noch erlebt bzw. erleben dürfen, dass man nicht alles haben kann. Es war GUT so. Die Menschen von HEUTE müssen das auch wieder lernen!!! KONSUM-GENUSS ist nicht alles! Familie, Gemeinschaft u. v. a. m. soll wieder in den Vordergrund rücken. (Frau, 51-60, verheiratet, 1 Kind)
Man müsste genau fragen, was sich die Menschen nicht leisten können. Wenn es wirklich um Grundbedürfnisse geht, wie Wohnen, Kleidung usw., dann wäre natürlich zu schauen, wie gerecht manche Löhne sind, und eher eine Frage der Politik, der Möglichkeit zur Weiterbildung u. Ä. Genau zu schauen wäre aber auch auf die Werthaltungen, die hinter der Aussage, es sich „nicht leisten" zu können, stehen. (Vielfach scheinen elektronische Geräte auf dem neusten Stand o. Ä. für das „Existenzminimum" gehalten zu werden.) Zusätzlich siehe oben: Nicht immer geht es tatsächlich um finanzielle Beweggründe, denke ich. (Frau, 41-50, 1 Kind)
Ich glaube, dass wir in Europa einen sehr hohen Lebensstandard haben, dem wir vieles opfern. Wir brauchen uns nicht vorzumachen, dass eine Frau alle Aufgaben (Kinder erziehen, Erwerbstätigkeit, Sorge um sich selbst und Ehrenamt) in Einklang bringen kann. Das geht nicht gut. (Frau, 51-60)

Was ist ein Mann, was eine Frau?

Das Interesse an der Frage

In der Auseinandersetzung um die Veränderung von Geschlechterrollen stößt man unweigerlich auch auf Aussagen darüber, ob es bleibende Unterschiede zwischen Männern und Frauen gibt oder vielleicht sogar: geben soll. Während die einen für umfassende Gleichheit der Geschlechter (was mehr ist als Gleichberechtigung) oder gar deren „Abschaffung" plädieren, wollen andere spezifisch „Weibliches" oder „Männliches" hochhalten und schützen. Wer jedoch heute die Frage nach dem Unterschied zwischen Männern und Frauen stellt, muss umgehend die Frage beantworten, warum er/sie das tut. Das Interesse an der Frage soll offengelegt werden. Die feministische Tradition hat sich diesbezüglich klar positioniert: Ihr geht es um den weltanschaulichen und politischen Kampf gegen vielfältige Diskriminierungen von Frauen und gegen damit zusammenhängende Ungerechtigkeiten. Dabei wird angenommen, dass eben die überkommene Art, Männer und Frauen zu unterscheiden und damit auch zu „de-finieren", also „einzugrenzen", zur Rechtfertigung von Unrecht und Diskriminierung gedient hat. Dass dies historisch der Fall war und auch heute noch vorkommt[210], ist nicht zu bestreiten. Das Anliegen ist nachvollziehbar.

Religiöse Legitimierungen

Rechtfertigungen von Geschlechterdifferenzen – die Wissenssozio-

---

210 Die populärwissenschaftlich vorgetragene Neurowissenschaft vermittle den Eindruck, weit mehr über das menschliche Gehirn und seine Entwicklung zu wissen, über den Zusammenhang von neurologischer Ausstattung und dem sensiblen Zusammenspiel mit Erziehung und Kultur, als tatsächlich der Fall ist. Das ermögliche einen modernen „Neurosexismus": Fine, Cordula: Die Geschlechterlüge. Die Macht der Vorurteile über Frau und Mann, Stuttgart 2012 (Delusions of Gender. The Real Science behind Sex Differences. How Our Minds, Society, and Neurosexism Create Difference, New York 2010).

logie nennt sie Legitimationen[211] – finden sich auf unterschiedlichen Ebenen: in der Sprache und in Alltagsritualen, in den Religionen, in der Wissenschaft, in den gesellschaftlichen Vereinbarungen, Gesetzen und Strukturen.

In der jüdisch-christlichen Tradition spielten bestimmte, in einer patriarchal geprägten Kultur entstandene Formen der Auslegung der beiden Schöpfungsberichte eine für Frauen diskriminierende Rolle.[212] Zwar liegt dem ersten Schöpfungsbericht in Gen 1,26.27[213] daran, die Größe und Würde der von Gott zuletzt geschaffenen Menschen als Mann und Frau dadurch zu erschließen, dass diese als Ebenbilder, genauer „Statuen" Gottes[214], in dieser Welt vorgestellt werden. Aus diesem Text kann aus heutiger exegetischer Sicht *keine* Unterordnung der Frau unter den Mann abgeleitet werden. Dass die Frau „aus der Rippe Adams" geschaffen wird, sagt vielmehr, dass Adam nun endlich eine – im Unterschied zu den vertrauten Tieren – ebenbürtige, also gleichwertige Partnerin[215] vor sich hat: ein Geschöpf von gleicher Art und Würde. Der Text steht also laut heutigem exegetischem Befund gegen Diskriminierungen von Frauen jeglicher Art.

Diese heute unumstrittene Auslegung[216] war freilich im Lauf der Jahrhunderte keinesfalls selbstverständlich.[217] Zumal in Verbin-

---

211 Berger, Peter L./Luckmann, Thomas: Die gesellschaftliche Konstruktion der Wirklichkeit, Frankfurt 1967.

212 Schüngel-Straumann, Helen: Mann und Frau in den Schöpfungstexten von Gen 1–3 unter Berücksichtigung der innerbiblischen Wirkungsgeschichte, in: Mann und Frau, 142–166.

213 „Gott schuf also den Menschen als sein Abbild; als Abbild Gottes schuf er ihn. Als Mann und Frau schuf er sie." (Gen 1,27)

214 Lohfink, Norbert: „Die Gottesstatue ...", in: Im Schatten deiner Flügel, Freiburg ²2000, 29–48.

215 „Dann sprach Gott, der Herr: Es ist nicht gut, dass der Mensch allein bleibt. Ich will ihm eine Hilfe machen, die ihm entspricht." (Gen 2,18)

216 Groß, Walter: Die Gottebenbildlichkeit des Menschen im Kontext der Priesterschrift, in Ders.: Studien zur Priesterschrift und zu alttestamentlichen Gottesbildern, Stuttgart 1999, 11–36. Ders.: Die Gottebenbildlichkeit des Menschen nach Gen 1,26.27 in der Diskussion des letzten Jahrzehnts, in: ders.: Studien zur Priesterschrift, 37–55.

217 Gössmann, Elisabeth: Glanz und Last der Tradition. Ein theologiegeschichtlicher Durchblick, in: Mann und Frau, 25–52.

dung mit dem zweiten Schöpfungsbericht[218] und mit der Sünden-
fall- und Vertreibungsgeschichte aus dem Paradies wurde eine
Unterordnung der Frau unter den Mann gerechtfertigt. Gottes
Ebenbild im Vollsinn sei nur der Mann. Die Frau sei ein solches nur
vermittelt durch den Mann. Der Mann sei daher gottbezogen, die
Frau mannbezogen.

Ein ominöses Zitat aus dem Buch Sirach 25,24[219] verschärfte die un-
heilvolle Lage der Frauen. Auch in den paulinischen Schriften, etwa in
1 Kor 11,7–11[220], tritt die Gottesebenbildlichkeit der Frau hinter jene
des Mannes zurück. Schon bei den Kirchenvätern und noch mehr bei
den mittelalterlichen Theologen, auf die sich dann die Schultheologie
bis in die Gegenwart herauf stützte, wurde männliche Hegemonie
religiös legitimiert und die Subordination der Frau unter den Mann
festgeschrieben. Wie der Sohn dem Vater (innertrinitarisch) untergeordnet sei, so auch die Kirche Christus und die Frau dem Mann.

Alle großen abrahamitischen Weltreligionen (Judentum, Christentum, Islam), aber auch der Buddhismus und der Hinduismus,

---

218 „Zur Frau sprach er: Viel Mühsal bereite ich dir, sooft du schwanger
wirst. / Unter Schmerzen gebierst du Kinder. / Du hast Verlangen nach
deinem Mann; / er aber wird über dich herrschen.
Zu Adam sprach er: Weil du auf deine Frau gehört und von dem Baum
gegessen hast, von dem zu essen ich dir verboten hatte: So ist ver-
flucht der Ackerboden deinetwegen. / Unter Mühsal wirst du von ihm
essen / alle Tage deines Lebens. Dornen und Disteln lässt er dir wachsen / und die Pflanzen des Feldes musst du essen.
Im Schweiße deines Angesichts / sollst du dein Brot essen, / bis du zu-
rückkehrst zum Ackerboden; / von ihm bist du ja genommen. / Denn
Staub bist du, zum Staub musst du zurück. Adam nannte seine Frau Eva
(Leben), denn sie wurde die Mutter aller Lebendigen." (Gen 3,16–20)
219 „Von einer Frau nahm die Sünde ihren Anfang, ihretwegen müssen
wir alle sterben." (Sir 25,24)
220 „Der Mann darf sein Haupt nicht verhüllen, weil er Abbild und Abglanz Gottes ist; die Frau aber ist der Abglanz des Mannes. Denn der
Mann stammt nicht von der Frau, sondern die Frau vom Mann. Der
Mann wurde auch nicht für die Frau geschaffen, sondern die Frau für
den Mann. Deswegen soll die Frau mit Rücksicht auf die Engel das
Zeichen ihrer Vollmacht auf dem Kopf tragen. Doch im Herrn gibt es
weder die Frau ohne den Mann noch den Mann ohne die Frau. Denn
wie die Frau vom Mann stammt, so kommt der Mann durch die Frau
zur Welt; alles aber stammt von Gott." (1 Kor 11,7–11)

kennen religiöse Erzählungen, die für die Geschlechter-(Über- und Unter-)Ordnung herangezogen wurden und werden.

Freilich gab es im christlich geprägten Mittelalter große Frauen, die der gängigen Schriftauslegung, welche Männerherrschaftsinteressen rechtfertigte, widersprachen: Hildegard von Bingen, Juliana von Norwich, Beatrijs von Nazareth, Hadewijch van Antverp oder Christine de Pizans.[221] Die Kraft ihrer Deutungen kam aber erst im Rahmen der organisierten Feministischen Theologie zum Tragen.[222] Betont wird jetzt die gleiche Gottebenbildlichkeit jedes Menschen, für welche die Ausformung als Mann und Frau keine Rolle mehr spielt. Der Mensch als solcher ist Gottes Ebenbild. Mag dann die dunkle Sündenfallgeschichte diesen paradiesischen Zustand auch tief beschädigt haben: Durch die erlösende Tat Gottes in seinem Christus ist die Gleichheit wiederhergestellt. Als Beleg wird dazu Gal 3,28 herangezogen[223]: „Es gibt nicht mehr Juden und Griechen, nicht Sklaven und Freie, nicht Mann und Frau; denn ihr alle seid ‚einer‘ in Christus Jesus." „Einer" wird in der Bibel in frauengerechter Sprache mit „einig-einzig" übersetzt. Die Geschlechterdifferenz tritt völlig in den Hintergrund. Damit kann sie auch nicht mehr zur Legitimation von Diskriminierungen missbraucht werden.[224]

---

221 Gössmann: Glanz und Last, 40f.
222 Pissarek-Hudelist, Herlinde: Mann und Frau in der Sicht der feministischen Theologie, in: Mann und Frau, 73–123.
223 Karle, Isolde: Was ist Geschlecht? In: Karle, Isolde: „Da ist nicht mehr Mann und Frau..." Theologie jenseits der Geschlechterdifferenz, Gütersloh 2006, 35–79.
224 Theologisch ist damit eine alte Unrechtsgeschichte weithin beendet. Dennoch bleiben grundlegende Fragen offen. Hat Gott den Menschen geschaffen, den es beiläufig in männlicher und weiblicher Gestalt gibt? Oder hat er Mann und Frau geschaffen, die beide an einer – wie die Kirchenväter es formuliert haben – „menschlichen Natur" teilhaben: Jene menschliche Natur, die auch „Gottes Sohn" in der Menschwerdung angenommen und durch die Annahme erlöst hat? Zudem ist zu bedenken, dass nach heutigem Verständnis die Schöpfungsberichte nicht im Sinne von Tatsachenberichten über historische Ereignisse zu lesen, sondern vielmehr als Erzählungen in geschichtlichem Gewand zu verstehen sind: als Erzählungen, durch welche Erfahrungen der Menschen/von Männern und Frauen gedeutet werden?

Philosophische Delegitimation

Ein ähnliches Ziel verfolgt, freilich in einem langen Ringen, die „Feministische Philosophie"[225]. Deren Kontrahenten sind jetzt nicht mehr Schriftauslegende, sondern in erster Linie Biologen, insofern diese ihre naturwissenschaftlich gewonnenen Theorien (unreflektiert) auf andere Wissenschaftsbereiche (z. B. die Soziologie) übertragen. Aus dem Gottgegebenen ist (im Zuge einer Säkularisierung) jetzt das Naturgegebene geworden. In beiden Fällen werde aber das Geschlecht (und werden z. T. auch damit verbundene Geschlechterrollen) als „vorgefunden", gleichsam als Vorgabe, verstanden: Der Unterschied zwischen Frauen und Männern, so auch Fachleute der Biologe, sei genetisch und hormonell von allem Anfang an bestimmt und festgelegt. Man komme als Mann und als Frau zur Welt und welches Geschlecht man habe, präge alles: von der Funktionsweise des Gehirns über das endokrinologische System bis hin zur Lebenserwartung.[226] Demgegenüber betont heute die Mehrzahl der Forscherinnen in der feministischen Bewegung wie auch in der sozialwissenschaftlichen Forschung das (scheinbar) genaue Gegenteil: Das Geschlecht werde nicht nur „vorgefunden", sondern sei (auch) „erfunden"[227]. Der Schwerpunkt der Auseinandersetzung hat sich dabei freilich verlagert: Es wird nunmehr zwischen dem biologischen Geschlecht (*sex*) und dem gesellschaftlich konstruierten Geschlecht *(gender)* unterschieden. Die Diskussionen beziehen sich primär auf Letzteres, denn hier findet der Kampf um Gleichstellung und Selbstbe-

---

225 Nagl-Docekal, Herta: Feministische Philosophie, in: Was ist feministische Philosophie, in: Nagl-Docekal, Herta (Hg.): Feministische Philosophie, München ²1994, 8–38.

226 Neugeborene, die sich nicht in dieses polare System einordnen ließen, ließ man dabei lange Zeit außer Acht bzw. versuchte man, sie durch „Umoperation" einem Geschlecht eindeutig zuzuordnen; sie bildeten jedoch in dieser Sicht eine Ausnahme, welche bloß die Regel der Polarität der beiden Geschlechter bestätigte.

227 Die Termini „vorfindbar" und „erfindbar" stammen dabei nicht aus dem feministischen Diskurs, sondern wurden von Paul M. Zulehner geprägt, um die Kernfrage in diesem Diskurs anschaulich fassbar zu machen.

stimmung statt. Zugespitzt formulierte Simone de Beauvoir: „On ne naît pas femme, on le devient."[228]

Die Diskussion scheint sich also zu verdichten in der Frage: Gibt es etwas Vorfindbares, was einen Menschen zu einem Mann oder einer Frau (oder zu etwas „anderem") macht? Oder kommt das, was ein Mann oder eine Frau ist, durch gesellschaftliche Vereinbarung, also durch „Erfinden" zustande?[229]

■ (Radikal-)BiologistInnen tendieren dazu zu betonen, alles sei letztlich vorgefunden und schon bei der Verbindung von Samen- und Eizelle werde in der DNA festgeschrieben und damit auch in vielen Bereichen vorgegeben, was aus diesem Lebewesen werde.

■ (Radikal-)KonstruktivistInnen hingegen vertreten das diametrale Gegenteil. Alles sei erfindbar bzw. veränderbar, zumindest all das, was für das Lebensglück eines Individuums und für die Gestaltung des gesellschaftlichen Lebens eine Rolle spielt bzw. spielen darf. Die körperlichen Unterschiede werden zwar meistens nicht geleugnet, aber mit Blick auf homosexuelle und in ihrer Sexualität nicht eindeutige queerige Menschen relativiert und gelten für die Lebensführung sowie für die Politik als belanglos.

Die konstruktivistische Option

Das sind heute in konstruktivistischen Kreisen weithin unbestrittene Forschungsergebnisse:

1. Die Unterschiede zwischen männlicher und weiblicher Identität bilden keine übergeschichtliche Konstante, sondern sind kultur- bzw. epochenspezifisch; sie sind nicht naturgegeben, sondern

---

228 „Man wird nicht als Frau geboren, man wird es." Zitiert nach Schwarzer, Alice: Simone de Beauvoir, Hamburg 2007, 161. Beauvoir, Simone de: Das andere Geschlecht, 1951, 344. Beauvoir, Simone de/Aumüller, Uli/Osterwald, Grete: Das andere Geschlecht. Sitte und Sexus der Frau, Reinbek bei Hamburg 2013.

229 Oder – um einen Lösungsweg auf der 3. Ebene anzudeuten – erweist sich das „Entweder-oder" als zu kurzsichtig, sodass ein „Sowohl-als-auch" den eigentlichen Erkenntnisfortschritt bringen würde?

resultieren weithin aus der jeweils neuen Interpretation der biologischen Differenzen.

2. Vieles, was heute weithin als „natürlicher" Geschlechtsunterschied eingeschätzt wird, ist relativ jungen Datums; es geht auf die dem Bürgertum entsprechende Typisierung der Geschlechter um 1800 zurück.[230] Diese Typisierung hat Eingang in Kunst und Kultur gefunden. So schrieb genau in dieser Zeit Friedrich Schiller wie eingangs erwähnt in der *Glocke,* wie Männer- und Frauenleben in seiner Zeit idealtypisch aussehen.[231] Ähnliches findet sich auch in anderen Bereichen: Romantisch überhöht erfreut heute mehr die Musik denn der einschlägige Dialog zwischen Adam und Eva in der *Schöpfung* von Joseph Haydn (Text Gottfried van Swieten) die Zuhörenden:[232]

Adam	Eva
Nun ist die erste Pflicht erfüllt,	*O du, für den ich ward!*
dem Schöpfer haben wir gedankt.	*Mein Schirm, mein Schild, mein All!*
Nun folge mir, Gefährtin meines	*Dein Will' ist mir Gesetz.*
Lebens!	*So hat's der Herr bestimmt,*
Ich leite dich, und jeder Schritt	*und dir gehorchen bringt*
weckt neue Freud' in unsrer Brust,	*mir Freude, Glück und Ruhm.*[233]
zeigt Wunder überall.	
Erkennen sollst du dann,	
welch unaussprechlich Glück	
Der Herr uns zugedacht,	
ihn preisen immerdar,	
ihm weihen Herz und Sinn.	
Komm, folge mir, ich leite dich!	

---

230 Dass vieles, was heute weithin als natürlicher Geschlechtsunterschied eingeschätzt wird, relativ jungen Datums ist, insofern es auf die dem Bürgertum entsprechende Typisierung der Geschlechter um 1800 zurückgeht, zeigen u. a.: Hausen, Karin: Die Polarisierung der „Geschlechtscharaktere" – Eine Spiegelung der Dissoziation von Erwerbs- und Familienleben, in: Rosenbaum, Heidi: Familie und Gesellschaftsstruktur. Materialien zu den sozioökonomischen Bedingungen von Familienformen, Frankfurt am Main 1974, 161. Mitterauer, Michael: Diktat der Hormone? Zu den Bedingungen geschlechtstypischen Verhaltens aus historischer Sicht, in: Ehalt, H. Christian (Hg.): Zwischen Natur und Kultur. Zur Kritik biologistischer Ansätze, Wien – Köln – Graz 1985, 63.
231 Gedichtet 1799.
232 Entstanden 1796–1798.
233 Haydn, Joseph: Die Schöpfung, XXXII. Rezitativ.

3. Die Unterschiede zwischen den Geschlechtern erklären sich weithin durch das, was im Prozess der Sozialisation geschah: Aus der Dominanz bzw. vorrangigen Präsenz der Frau in der Betreuung des Kleinkindes resultierte eine Assoziation von Frau und Körper bzw. von Frau und Natur, während die ganze symbolische Ordnung männlich kodiert wurde.[234]

4. In der Zeit männlicher Dominanz wurden Frauen abgewertet. Solche Abwertung erfolgte u. a. durch die Gleichsetzung des Männlichen mit dem Menschlichen (menschlich = männlich). Diesbezüglich ist Sensibilität gefragt, gerade auch in klassischen philosophischen Texten: „Aussagen, die Geschlechtsneutralität beanspruchen, sind auf latente misogyne Gehalte hin zu untersuchen."[235] Aspekte der einen Wirklichkeit wurden separiert und einander gegenübergestellt. Polare Paare wurden gebildet. Solche sind: Subjekt – Objekt, Vernunft – Natur, Verstand – Gefühl, Rationalität – Emotionalität, und hier besonders Mitgefühl. Der eine Pol wurde als gut oder überlegen bewertet, der andere z. T. als schädlich oder zumindest als unterlegen abgewertet. Der abgewertete Pol wurde dabei jeweils weiblich konnotiert (z. B. männliche Vernunft – weibliche Natur).

Das Ziel der feministischen Dekonstruktion aller Geschlechterunterschiede war und ist es, politisch die ererbten und ideologisch legitimierten Ungerechtigkeiten und Diskriminierungen zu überwinden. Der Kampf gilt also nicht nur den Diskriminierungen, sondern auch deren Legitimationen. Und das ist die Zuversicht: Wenn religiöse wie biologistische Legitimationen von Unterschieden wegfallen, so die Überzeugung, lassen sich mit solchen auch gesellschaftliche Unterschiede und v. a. Ungerechtigkeiten nicht mehr rechtfertigen. Gleichheit im Sinn von „Equality" kann nunmehr ohne Hindernisse gefordert und eingelöst werden.

---

234 Nagl-Docekal erinnert in diesem Zusammenhang an die Arbeiten von Dinnerstein, Dorothy: The Mermaid and the Minotaur, New York 1977, die an die Arbeiten von Jacques Lacan anschließt, sowie an Chodorow, Nancy: The Reproduction of Mothering, Berkeley 1978, und resümiert: „Die geschlechtsspezifischen Differenzen generieren im Prozess der Ablösung von der Mutter unterschiedliche kognitive Stile von Männern und Frauen." Nagl-Docekal: Feministische Philosophie, 33f.
235 Nagl-Docekal: Feministische Philosophie, 13.

Annäherungen

Diesem Ziel sind längerfristig auch jene feministischen Entwürfe geopfert worden, welche nicht eine maligne, sondern eine benigne Differenz zwischen Männern und Frauen sahen. Diese Theoretikerinnen, die Differenzfeministinnen, betonten die Differenz zwischen Weiblichem und Männlichem, um Ersteres zu rehabilitieren bzw. dieses zum Wohl nicht nur der Frauen, sondern der ganzen Welt und Menschheit zu stärken: Dieses typisch Weibliche könne zum Heilmittel einer Welt werden, die von der einseitigen Dominanz des charakteristisch Männlichen (bei allem Positiven des Männlichen an sich) schwer gefährdet werde. Bedrohlich für die Welt sei zumal der männliche Hang zur kalten technischen Rationalität, wo dieser überhandnehme. Herta Nagl-Docekal beschreibt diese Sichtweise:

> „Die Probleme der Gegenwart haben ihren Ursprung in der okzidentalen Rationalität; diese wurde sowohl als naturwissenschaftlich-technische wie auch als Rationalität der Herrschafts- und Kriegsstrategie zur direkten Bedrohung von Menschen; bis in ihre lebensgefährdenden Konsequenzen hinein. [...] Bedarf es, um der vielfältigen Todesdrohung Einhalt zu gebieten, nicht gerade jener Werte, die im Rahmen der traditionellen Polarisierung der Geschlechterrollen den Frauen zugeordnet, bislang aber als zweitrangig abqualifiziert worden sind? Im Zeichen dieser Frage begann eine Umkehrung der theoretischen Konzeptionen. Es erschien nun erforderlich, abzugehen von dem Forschungsprogramm, das auf die potentielle Gleichheit der Geschlechter abstellte und das die praktische Forderung eines Gleichziehens mit den Männern in allen Lebensbereichen implizierte! Das Interesse galt nun der Andersheit der Frau und ihrem Veränderungspotential."[236]

Das Anliegen dieser feministischen Forschungsrichtung war es folglich, zu Gunsten der Menschheit herauszuschälen, dass in wichtigen Belangen Frauen und Männer sich voneinander unterscheiden. Dabei ging es weniger darum, das Männliche als schädlich und das Weibliche als rettend zu definieren. Die Stärken beider Ge-

---

236 Nagl-Docekal: Feministische Philosophie, 17f.

schlechter sollten herausgearbeitet werden und zum Heil der Welt zum Einsatz kommen.

Viel Diskussion erfuhr der Entwurf von Carol Gilligan[237]. Sie stellte der „justice perspective" der Männer die „care perspective" der Frauen gegenüber. Gerechtigkeit stehe versus Compassion/Erbarmen. Solche polaren Differenzen könnten erklären, welchen Beitrag Frauen zu einer humaneren (gerechteren) Welt leisten könnten – und welcher fehle, wenn Frauen nicht politisch mitgestalten können. Frauen bringen demnach ein, was der durchaus positiven, aber für sich allein genommen einseitig zweckrationalen Politik (und damit der Weltentwicklung) fehlt. Eine solche Position setzt aber voraus, dass Frauen anders sind als Männer.[238]

So finden wir in der wissenschaftlichen Kommunität der Frauen nicht nur den Konstruktivismus, der alles, was als Mann und Frau, männlich und weiblich gilt, als gesellschaftlich vereinbart und damit als „erfunden" ansieht, sondern daneben auch differenzfeministische Positionen. Zwischen diesen beiden Zugängen, dem Egalitätskonzept und dem Andersheitsdiskurs, wird heute jedoch nicht notwendigerweise ein direkter Widerspruch gesehen. Allerdings gibt es sehr wohl auch in feministischen und gendertheoretischen Diskursen heftige Diskussionen darüber.

Ein Radikalkonstruktivismus ist daher lediglich bei einer Gruppe von Feministinnen anzutreffen. Nach diesem gilt uneingeschränkt: Was männlich oder weiblich, was ein Mann oder was eine Frau ist, ergibt sich – bis hinein ins Biologische – allein aus den jeweiligen soziokulturellen Vereinbarungen und „Erfindungen". Wer freilich diesen Weg eines Radikalkonstruktivismus konsequent zu Ende geht, muss am Ende auch aufhören, von Frauen und Männern zu reden oder sich als „Feministin" zu bezeichnen: Wenn alles „erfunden" ist, kann und muss es auch jederzeit „neu erfunden" werden – gesellschaftlich oder auch individuell. Konsequenterweise versuchen dann Eltern, dem Neugeborenen alles, was an männlich oder

---

237 In a Different Voice, 1982.

238 Auch in anderen Belangen werden Unterschiede zwischen Frauen und Männern konstatiert: Roßmanith, Sigrun: Sind Frauen die besseren Mörder? Wien 2013. Roßmanith, eine Gerichtspsychiaterin, gibt die Antwort gleich auf der ersten Seite des ersten Kapitels: „Ja, Frauen sind die besseren Mörder."

weiblich erinnern könnte, vorzuenthalten, in der Sprache, in den Ritualen, in den Gegenständen. Vielmehr soll das Kind einmal unbeeinflusst heranwachsen können und dann selbst entscheiden, wie es sein will. Auch der Begriff „Feminismus" verliert – wie die Rede von Männern und Frauen – dann seinen Sinn. Derart radikal ist aber die Mehrheit der Feministinnen/Konstruktivistinnen nicht. Sie verweisen zumindest auf die unterschiedliche Ausstattung der Körper. Und wenn ein Missbrauch von Unterschieden ausgeschlossen wäre, Geschlechterunterschiede auch nicht mehr aufgezwungen würden, wodurch Entwicklung und Entfaltung der unterschiedlichen Persönlichkeiten verhindert wird, sondern Andersheit von Männern und Frauen, aber auch unter Frauen und unter Männern als schöpferische *Diversity* wertgeschätzt würde, könnte die Erforschung möglicher Unterschiede auch sachlicher verlaufen.

Schon heute sehen viele Männer und Frauen jeweils als ein unentflechtbares Gemenge von Vorgefundenem und Erfindbarem, von Biologie und Sozialisation, wobei immer deutlicher wird, wie durchlässig die Grenzen sind.[239]

Annäherungen wären aber auch vom anderen, dem naturwissenschaftlich-biologischen Pol her möglich.

Häufig wird Forschenden mit diesem Zugang Biologismus unterstellt. Gemeint wird damit, dass sie das Geschlecht als naturge-

---

239 Vor diesem Hintergrund müssten sich manche Feministinnen nicht mehr gänzlich von der Alltagserfahrung abkoppeln. Es wäre nicht mehr nötig zu behaupten: „Konstruktivistische Geschlechtertheorien stehen dem Alltagswissen über Geschlecht diametral entgegen, weil sie dieses nicht als ‚natürlich' verstehen, sondern die Modi und die Medien der Geschlechterkonstruktion, besonders die Reproduktionsweisen der Zweigeschlechtlichkeit, aufdecken." Zur epistemologischen Verortung Feministischer Theologie schreibt Angelika Ritter-Grepl: „Durch die wissenschaftlichen Entwicklungen wird es nun erstmals möglich, Geschlecht – im Gegensatz zur Alltagserfahrung der Menschen – aus einer Perspektive zu bearbeiten, die die essentialistische und ontologische Verortung von Geschlecht als bloße Natur und Schicksal aufbricht." Ritter-Grepl, Angelika: Kirche jenseits von Geschlecht – Geschlechterkonstruktion in der Kirche. Interdisziplinäre Analyse der Geschlechterkonstruktion in der römisch-katholischen Kirche am Beispiel pastoraler Berufe, Saarbrücken 2010, 34.

geben, damit vorgegeben und unentrinnbar ausgeben. Von den biologischen Differenzen her werde alles andere erklärt: eine „natürliche Lebensweise", eine „natürliche Geschlechterordnung", eine „natürliche Gesellschaftsordnung". Sie warnen auch: Diese Vorgaben der Natur nicht zu respektieren, schade sowohl den Frauen und Männern wie der Gesellschaft als ganzer, da sie ja von der Natur so eingerichtet seien, um die Art möglichst gut zu erhalten. Dass BiologInnen mit diesen normativen Aussagen über die Gesellschaftsordnung ihr eigenes Forschungsgebiet der Empirie schon lange verlassen haben und sich in anderen Gebieten (der Ethik, der Philosophie etc.) bewegen, für die sie mit ihrem biologischen Handwerkszeug nur mangelhaft gerüstet sind, ist meistens wenig oder gar nicht bewusst.

Nun hat aber die neuere biologische Forschung nicht nur viel Wissen über die Gene gesammelt und eine fundierte Genetik erarbeitet. Als ebenso wichtig wie die Informationen *in* der DNA gelten heute jene Prozesse, durch welche diese Informationen sowohl abgerufen wie auch weiterentwickelt, transformiert werden können. Damit beschäftigt sich die Epigenetik.[240] Für epigenetische Prozesse gibt es besonders günstige Lebensphasen, sogenannte „epigenetische Fenster": die Zeit der Schwangerschaft selbst, die ersten Lebensjahre, die Pubertät. Aber auch durch Umwelteinflüsse können die im Erbgut enthaltenen Informationen – wenn auch in einem begrenzten Rahmen – geformt werden. Diese formenden Informationen werden vom Erbgut des konkreten Menschen aufgenommen, gespeichert und – was für die Evolution von enormer Bedeutung ist – weitervererbt.

Das bedeutet, dass das Vorfindbare (Erbgut, Gene) wesentlich fluider ist, als lange Zeit angenommen, dass es also teilweise formbar und in diesem Sinn „erfindbar" ist. Die Grenze zwischen Vorfindbarem und Erfindbarem verläuft also nicht einfach zwischen Biologie und Sozialwissenschaft, Natur und Kultur. Daher kann die Philosophin Herta Nagl-Docekal für die gegenwärtige Diskussion auch in der feministischen Forschungssociety resümieren:

---

240 Huber, Johannes: Die Gesundheit der Frau. Warum Frauen länger leben, Wien 2008.

„Gegenwärtig rückt also die Einschätzung in den Vordergrund, dass die Konzepte der Andersheit und der Gleichheit keine Disjunktion bilden, sondern jeweils legitime Überlegungen enthalten, die erst zusammengedacht werden müssen. Wie dies geschehen soll, darüber gehen freilich die Meinungen noch weit auseinander. [...] Es zeigt sich nun, dass es darauf ankommt, Zweckrationalität rückzubinden an eine öffentliche Kontrolle, an der alle beteiligt sind. Um sicherzustellen, dass die instrumentelle Vernunft dem Leben dient, anstatt dasselbe zu bedrohen, ist es notwendig, dass Männer und Frauen ihren jeweils unterschiedlichen Erfahrungshorizont zur Geltung bringen können."[241]

Mit einer Frage von Nagl-Docekal schließt sich der Kreis der hier versuchten Reflexion: „Wie ist eine Gesellschaft zu denken, in der alle die gleichen Rechte und die gleichen Chancen haben [Egalität], damit sie befreit sind zur Entfaltung ihrer jeweiligen Besonderheiten? Und weiter: Was bedeutet es, unter diesen Bedingungen Frau und Mann zu sein?"[242] Das bedeutet auch: Erst wenn der (feministische) Urverdacht entkräftet werden kann, wenn also aus Vorfindbarem (Schöpfung, Natur, Biologie) Diskriminierungen und Ungerechtigkeiten nicht mehr gerechtfertigt werden können, also erst wenn die geforderte Egalität (Gleichheit) im freien Zugang zu den Lebenschancen für Frauen und Männer sichergestellt ist, erst dann ist ein – auch von legitimen Befreiungsinteressen – freier Denkraum vorhanden, in dem vorfindbare und erfindbare Unterschiede in ihrer Genese und Bedeutung bedacht und bearbeitet werden können.

Dabei wird sich zeigen, dass es gewiss (aus genetischen wie kulturellen Gründen) nicht nur mehr als zwei geschlechtliche Ausformungen von Menschen gibt – wobei Mann und Frau alltagsweltlich gesprochen die überwiegende Mehrheit stellen. Es wird auch sichtbar werden, dass es nicht *den* Mann und *die* Frau gibt, sondern eine enorme Vielfalt von Männern und Frauen, von denen wiederum jeder und jede ein individueller Sonderfall ist. Dennoch bleibt zwi-

---

241 Nagl-Docekal: Feministische Philosophie, 28.
242 Nagl-Docekal: Feministische Philosophie, 38.

schen beiden Clustern eine Differenz, die mit den bisherigen Reflexionen noch nicht aufgehellt ist. Womit aber das Fragen von vorne beginnt: Was macht Frauen zur Frau und was Männer zum Mann?

Ganzheitlicher Ansatz

Diese Frage erweist sich dann noch tiefgründiger als gemeinhin angenommen, wenn man einem ganzheitlichen Ansatz folgt. Ganzheitlichkeit ist gemäß dem hebräischen Wort für Ganzheit eng verwoben mit Frieden und Zufriedenheit (*schalom*). Für ganzheitliches Denken reicht es nicht mehr aus, dass zunächst alle Menschen als gleichwertige und gleichberechtigte Individuen gesehen werden und sie allein durch ihre körperliche Ausstattung zumeist entweder männlich oder weiblich sind, was aber lediglich für Fortpflanzung und vielleicht noch für Teilaspekte der privaten Lebensführung eine Rolle spielt.

Wird in einem solchen Entwurf nicht in einer fragwürdigen Weise der Körper vom „Menschen" getrennt, der auch dann ganz wäre, hätte er diesen nicht? Ist das nicht wiederum eine Form jenes Dualismus, den wir bereits für überholt angesehen haben: Dem zufolge der Leib etwas Sekundäres, wenn nicht sogar Minderwertiges darstellt – mit all den negativen Folgen der Leib- und Sexualfeindlichkeit, die eine solche Haltung geschichtlich bereits hatte?

Hier lassen sich interessante Impulse nicht nur aus der Philosophie, sondern auch aus der Theologie gewinnen: Die alte Schultheologie hat viel über das Verhältnis von Leib und Seele (Psyche, Geist) nachgedacht und erarbeitete dabei weniger eine theologische als vielmehr eine philosophische Anthropologie, und dies vor dem Hintergrund der langen Geschichte, die zurückreicht bis zur Philosophie der alten Griechen.[243] Nach ihr ist die „anima unica forma

---

243 Deswegen greift auch die Kritik von Judith Butler an der Position des Vatikans nicht, wenn sie diesem Biologismus unterstellt: „Ich möchte den Vorschlag machen, dass die Debatten in Bezug auf die theoretische Priorität der Geschlechterdifferenz gegenüber Gender, von Gender gegenüber Sexualität, von Sexualität gegenüber Gender gesamt von einem anderen Problem durchkreuzt werden, von einem Problem, das die Geschlechterdifferenz darstellt, nämlich von der ständigen Schwierigkeit zu bestimmen, wo das Biologische, das Psychische, das

corporis".[244] Umgekehrt ermöglicht der Körper mit seinen Sinnen das Fühlen und Erkennen. Es besteht also nach diesem alten anthropologischen Entwurf eine untrennbare Verflechtung von Körper, Seele, Geist. Erst das Ineinander macht den Menschen ganz. Es gibt nicht einen Menschen, der einen Körper (und mit diesem eine geschlechtliche Ausstattung) *hat*.[245] Der Mensch *ist* Körper und Geist/ Seele in einem.[246]

Diskursive, das Soziale anfangen und aufhören. Wenn der Vatikan die Rede von Gender durch die Rede von biologischem Geschlecht ersetzen möchte, so liegt das daran, dass der Vatikan die Geschlechterdifferenz rebiologisieren möchte, das heißt, er möchte die biologisch enge Vorstellung von Fortpflanzung als dem sozialen Schicksal der Frauen wiedereinführen." Butler, Judith: Ende der Geschlechterdifferenz, zit. nach: Drygala, Anke/Gunter, Andrea (Hg.): Paradigma Geschlechterdifferenz. Ein philosophisches Lesebuch, Sulzbach 2010, 64.

244 Heinzmann, Richard: Anima unica forma corporis. Thomas von Aquin als Überwinder des platonisch-neuplatonischen Dualismus, in: Philosophisches Jahrbuch 93 (München 1986), 236–259. Aus dieser Verhältnisbestimmung von Leib und Seele sind viele moderne Fragen gespeist, in der Theologie wie in der Anthropologie. In der Theologie geht es beispielsweise um die eschatologische Frage Unsterblichkeit der Seele oder Auferstehung der Toten. Aber auch in unserer Fragestellung – was ist ein Mann, was eine Frau? – ist diese Verhältnisbestimmung von weitreichender Bedeutung. Ein platonischer Ansatz (hier die körperlich-sexuelle Ausstattung von Menschenwesen, dort der individuelle Mensch jenseits der Geschlechtlichkeit) erscheint vor dem Hintergrund einer mehr aristotelischen Position eines Thomas von Aquin als fragwürdig.

245 So zu denken ist augustinisches Erbe. Heinzmann meint dazu: „So sehr er sich auch darum bemühte, eine christliche Anthropologie zu entwerfen, es gelang Augustinus nicht, über eine funktional akzidentelle Verbindung von Leib und Seele hinaus zu einer wirklich substantiellen Einheit des Menschen durchzudringen. Immer wieder scheitert er bei diesem Bemühen, sei es aus theologischen, sei es aus philosophischen Gründen. Für ihn ist die Seele der eigentliche Mensch. Der Mensch ist eine Seele, die sich eines Leibes bedient." Heinzmann: Anima unica forma, 239. Ähnlich Hugo von St. Victor, einer der einflussreichsten Theologen des Mittelalters: „Quid enim magis est homo quam anima."

246 Ganz anders schon Gilbert von Poitiers: „Der Mensch ist weder der Leib noch die Seele, er wird als Mensch und Person konstituiert durch

Susanne Kummer bringt diese anthropologischen Zusammenhänge auf den Punkt:

„Die Auseinandersetzung mit wissenschaftlichen Erkenntnissen der Biologie und Psychologie ist keinesfalls dem Anliegen der Geschlechterfrage abträglich. Die leiblichen Grundlagen der zwei Geschlechter genauer zu betrachten ist im Gegenteil lohnend, allerdings braucht es bestimmte Voraussetzungen, um nicht in pure Schwarz-Weiß-Malerei, in einen plumpen Biologismus zu verfallen. Diese Voraussetzung lautet: Wir sind Naturwesen, aber nicht nur: Wir sind immer auch Kulturwesen. Die Einheit von Leib und Geist macht die menschliche Person aus. Sie erst erklärt, warum der leibliche Geschlechtsunterschied von Mann und Frau nie nur ein rein biologisches Faktum ist. Er hat beim Menschen eine Bedeutung, die seine ganze Existenz durchzieht. Denn: ‚Wir sind Frauen, wir sind Männer‘; und nicht: ‚Wir sind Menschen und haben einen Frauenkörper oder einen Männerkörper.‘ Die Geschlechtlichkeit ist keine dem Leib aufgesetzte Eigenschaft oder bloß ein Accessoire. Es gibt keinen ‚abstrakten Leib‘, dem später geschlechtliche Merkmale zugewiesen werden. Menschliche Person zu sein, heißt, Mann oder Frau zu sein. Genau diesem Gedanken verschließt sich der

---

die Verbindung beider." Heinzman: Anima unica forma, 241. Nach Thomas wird „die Dualität der Prinzipien ... in der Identität des konkreten Menschen aufgehoben." Heinzmann: Anima unica forma, 252. Thomas ist zwar antiplatonisch, aber deshalb nicht aristotelisch. Er argumentiert im Rahmen einer theologischen Anthropologie. Eine vom Leib getrennte Seele ist nach ihm kein Mensch mehr. Vgl. Heinzmann: Anima unica forma, 258. Diese grundlegenden philosophischen Reflexionen über das Verhältnis von Leib und Seele haben freilich nicht dazu beigetragen, dass Thomas auch eine ähnlich tiefschürfende Anthropologie der Geschlechter entwickelt hätte. Die damals ererbte Abwertung der Frau hat Thomas nicht abgemindert, sondern noch verschärft. Vgl. Børresen, Kari Elisabeth: Subordination and equivalence. The nature and role of woman in Augustine and Thomas Aquinas, Washington DC 1981. Hartel, Joseph Francis: Femina ut imago Dei in the integral feminism of St. Thomas Aquinas, Roma 1988, 193. Nolan, Michael: The Aristotelian background to Aquinas's denial that „Woman is defective male", Washington 2000.

Konstruktivismus. Nichts ist Natur, alles ist Konstrukt. Zwar gäbe es biologisch feststellbare Unterschiede. Von ihnen ließen sich aber keine essenziellen Eigenschaften, die das Wesen von Mann oder Frau charakterisieren, ableiten."[247]

Und Kummer gibt weiter zu bedenken:

„Die herrschende Kultur meint, nur in der Überwindung der Unterscheidung ‚männlich-weiblich‘ das Menschliche bereichern zu können. Das Gegenteil scheint der Fall zu sein. In Ermangelung einer theoretischen und kulturellen Aufarbeitung der Geschlechterdifferenz entsteht eine zunehmende Mutterzentriertheit der Familien und eine Entmännlichung des Mannes, gleichzeitig kommt es vermehrt zu Grenzpersönlichkeiten, die am Fehlen einer klaren Geschlechteridentität und an einer geeigneten Beziehungsfähigkeit leiden. Der Neofeminismus hat diese Negativentwicklungen zum Teil erkannt. Psychologie lässt sich nicht auf Biologie reduzieren, aber dass Biologie und Psyche nichts miteinander zu tun hätten, hieße einem Dualismus das Wort reden, der bereits überholt ist, wie die kanadische Psychologin Susan Pinker (2008) akribisch darzulegen versucht. Vorgabe ist nicht Fixierung, Vorgabe ist Aufgabe. Der Leib ist nicht geschlechtsneutral, asexuell. Menschliche Person zu sein, heißt, Frau oder Mann zu sein. [...] Natürlich bedeutet der Leib Grenze. Wir müssen uns nach dem Sinn dieser Grenze fragen. Für Butler ist die Grenze ins Sinnlose verrutscht, jeder muss alle (sexuellen) Möglichkeiten ausschöpfen. Doch die Geschlechtlichkeit macht dem Menschen wie kein anderes Merkmal deutlich, dass er – als Mann, als Frau – nie alle Seinsarten in sich selbst auszuschöpfen vermag. Frau zu sein oder Mann zu sein ist nie bloß ein rein biologisches Faktum. Es hat für den Menschen eine tiefe existenzielle Bedeutung."[248]

Ein solcher ganzheitlicher Zugang würde dann an den einzelnen Menschen die Herausforderung stellen, ganz er/sie selbst zu wer-

---

247 Kummer, Susanne: Das geschlechtslose Es oder: Zweifel am leibfernen Ideal der Gleichheit als politischem Konstrukt, in: Befreiungsbewegung für Männer, 123.

248 Kummer: Das geschlechtslose Es, 123.

den – all das Gute zu entfalten, das an Potentialität in ihr/ihm vorhanden ist, und sich dabei weniger von äußerlich vorgegebenen Normen und Vorstellungen leiten zu lassen, sondern von der „inneren Stimme". Von dieser inneren Stimme und Stimmigkeit weiß die moderne Psychologie ebenso wie die Mythen und Märchen. Die großen spirituellen Traditionen der Religionen versuchen, die Sensibilität dafür zu wecken.

Hilft Empirie weiter?

Man könnte meinen, dass von Haus aus Konstruktivist ist, wer sich sozialwissenschaftlich mit Geschlechterforschung befasst. Eine Schlüsselfrage der Soziologie besteht ja darin herauszuschälen, welche (Macht-)Konstellation die gesellschaftlich konstruierte Wirklichkeit hervorbringt.

Wir sind in der Tat der konstruktivistischen Annahme nachgegangen. Unsere Hypothese ist: Vieles, was Unterschiede zwischen Männern und Frauen prägt, ist gesellschaftlich gewachsen. Was aber wachsen kann, ist auch – so wird gefolgert – veränderbar. Man muss durch Bewusstseinsbildung und Schaffung von angemessenen Strukturen die Entwicklung eben in eine andere Richtung weiterführen, um ein besseres, gerechteres, nicht diskriminierendes Ergebnis zu erreichen.

Der Blick zurück hat gezeigt, dass sich in den letzten zwanzig Forschungsjahren einiges an den Rollenbildern verändert hat und in welche Richtung.

Dass es eine Entwicklung bei den Geschlechterrollen gibt, konnte somit schon belegt werden. Daraus kann geschlossen werden, dass Geschlechterrollen grundsätzlich veränderbar sind. Andererseits zeigt sich jedoch, dass trotz vieler Bemühungen in Richtung Geschlechtergerechtigkeit und Gleichstellung in den vergangenen Jahrzehnten einige „Schieflagen" erhalten geblieben sind. Sie lassen fragen, ob es nicht Grenzen der Veränderbarkeit gibt.

Der bestimmt nicht optimale Begriff „Schieflagen" soll zum Ausdruck bringen, dass zwar bestimmte Merkmale, Eigenschaften, Zuständigkeiten im Zuge eines konstruktivistischen Egalitarismus mit der Zeit in eine Ausgewogenheit gelangen müssten, dass dies aber offenbar (noch) nicht geschieht.

Schieflagen

Zwei Arten von Vergleichen führen uns vor solche Schieflagen:

- Die eine Art: Es werden traditionelle und moderne Männer bzw. Frauen miteinander verglichen. Dabei wird hypothetisch angenommen, dass die Entwicklung von einem traditionellen zu einem modernen Rollenverständnis von ihrer Zielsetzung her emanzipatorisch angelegt ist. Überkommene Ungerechtigkeiten und Diskriminierungen sollten überwunden werden. Wir lassen hier einmal beiseite, dass faktisch die Entwicklung in den letzten zwanzig Jahren nicht einfach von traditionell zu modern verlaufen ist. Was sich einstellt, ist vielmehr eine enorme Vielfalt von individualisierten Lebensdesigns und unterschiedlichen Rollenvorstellungen.
- Der andere Vergleich: Es werden die Daten von 1992, 2002 und 2012 verglichen. Wieder ist die Annahme, dass sich in zwanzig Jahren engagierter Geschlechterentwicklung die überkommenen Unähnlichkeiten zumindest abgemildert haben. Das „Konstruierte" ändert sich also. Annäherungen zwischen Männern und Frauen finden statt, ererbte kulturell zugewiesene Unterschiede schwächen sich ab.
- Man kann beide Vergleichsmöglichkeiten kombinieren. Dann sollten sich die hypothetisch erwarteten Veränderungen vor allem zwischen den Traditionellen des Jahres 1992 und den Modernen des Jahres 2012 abzeichnen.

Daten zu folgenden Aspekten einer möglichen Entwicklung der Geschlechterrollen liegen vor:

- Wofür übernehmen Männer und Frauen in der Partnerschaft und in den familialen Lebensfeldern Verantwortung?
- Was machen Frauen und Männer mit Kindern?
- Wie beteiligen sich Frauen und Männer an den Haushaltsarbeiten?
- Welche Eigenschaften gelten als männlich, welche als weiblich?

Daten über die mutmaßlich „freie Fächerwahl" durch männliche und weibliche Studierende an der Universität Wien runden das Bild ab.

Schieflage: Familiale Aufgaben

Hinsichtlich der Verantwortung für familiale Aufgaben ging in den letzten 20 Jahren die Entwicklung von der Arbeitsteilung hin zur partnerschaftlich geteilten Verantwortung. Die ererbte Regel, dass Männer sich um das Einkommen (Existenzsicherung) und Frauen um das Auskommen (Beziehungsinnenarchitektur) kümmern, erweist sich als stark abgeschwächt.

Dazu hat die – ökonomisch ebenso wie emanzipatorisch bedingte – Ausweitung des weiblichen Lebensfeldes von der Familie in die Berufswelt beigetragen. Frauen können die familiale Arbeit gar nicht mehr allein meistern, da sie im Feld der Erwerbsarbeit und der ökonomischen Absicherung viel an Mitverantwortung übernommen haben. Um die Frauen familial zu entlasten, werden die Männer gefordert, ihrerseits Beruf und Familie mehr als bisher zu balancieren. Diese Forderung wird auch politisch artikuliert: Man denkt an das von den einen engagiert vorgetragene und von anderen belächelte Programm „halbe-halbe". Unterstützt wird dieser Zuwachs an egalitärer Partnerschaftlichkeit durch das Bestreben vor allem moderner Männer, durch familiale Präsenz ihre Lebenserfahrungen anzureichern.

Bei aller Entwicklung: Immer noch stehen die Kurven der Frauen und Männer in einem x-förmigen Verhältnis. Nur klaffen die Enden der Kurven nicht mehr so weit auseinander und sind die eindeutigen „Zuständigkeiten" insgesamt zurückgegangen.

Aber immer noch fühlen sich mehr Männer für die Existenzsicherung zuständig und mehr Frauen dafür, dass es gemütlich ist. Noch?

Dass es noch länger dauern kann, bis alle Aufgaben partnerschaftlich und egalitär angegangen werden, dafür spricht der Vergleich zwischen traditionellen/modernen Männern und Frauen (2012). Männer und Frauen unterscheiden sich hier beträchtlich. Moderne Männer erweisen sich bei der Grundlagensicherung deutlich partnerschaftlicher als die traditionellen Männer.

Dabei fällt auf, dass die Kluft zwischen den modernen und den traditionellen Männern vor allem bei der Grundlagensicherung größer ist als insgesamt bei den modernen und traditionellen Frauen. Moderne Männer erwarten offenbar, dass ihre berufstätige Partnerin auch ihren finanziellen und ideellen Beitrag zur Grundlagensicherung leistet.

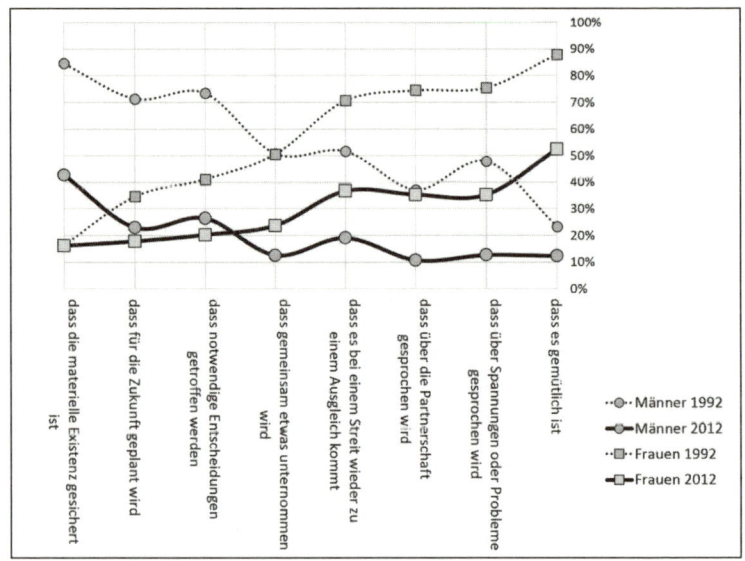

ABBILDUNG 21: Wer macht was in der Partnerschaft
Ich lese Ihnen nun Verschiedenes vor, was für eine Ehe bzw. Partnerschaft manchmal notwendig ist. Sagen Sie mir bitte, ob eher Sie, eher Ihre Partnerin oder Ihr Partner oder ob Sie gemeinsam dafür Sorge tragen.
(1 = eher ich; 1992, 2012 | Geschlecht)

Bei den Frauen sind die Verteilungen für moderne und traditionelle Frauen weithin deckungsgleich. Zudem wissen sich auch viele moderne Frauen ebenso wie die traditionellen für die Innenarchitektur des partnerschaftlich-familialen Raumes vorrangig verantwortlich. Männer geben also familiale Alleinverantwortung (für die Existenzsicherung) ab, den Frauen bleibt sie (für die Innenarchitektur) eher erhalten.
Die Frage stellt sich, warum Frauen sich nicht auch die Beziehungsinnenarchitektur mit den Männern teilen bzw. hier Verantwortung abgeben, während Männer – ist es nur ökonomische Vernunft? – sich die Grundlagensicherung sehr wohl teilen. Ist es ein Festhalten an einem ererbten Einfluss- bzw. Machtbereich? Oder fehlt beim Gegenüber die Bereitschaft, Verantwortung mit zu übernehmen.

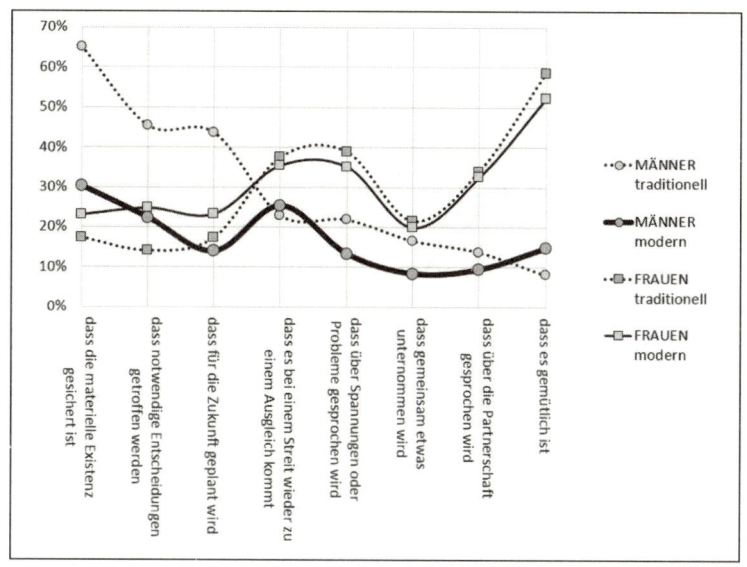

ABBILDUNG 22: Wer macht was in der Partnerschaft
Ich lese Ihnen nun Verschiedenes vor, was für eine Ehe bzw. Partnerschaft manchmal notwendig ist. Sagen Sie mir bitte, ob eher Sie, eher Ihre Partnerin oder Ihr Partner oder ob Sie gemeinsam dafür Sorge tragen.
(1 = eher ich; 2012 | Geschlecht | Rollenbilder)

Schieflage: Tätigkeiten mit Kindern

Noch angebrachter ist solches Fragen, wenn es um die Verteilung der Tätigkeiten mit Kindern geht. Traditionell ressortieren die Kinder bei den Müttern. Viele Väter fühlten sich dafür nicht primär zuständig und hatten auch kaum Zeit. Man denke etwa an den Wochenendpendler, der sein kleines Kind nur am Samstag oder Sonntag wach zu Gesicht bekommt.
Diese Zuordnung war 1992 noch voll intakt. Und sie hat sich in den letzten zwanzig Jahren im Gesamtschnitt der Bevölkerung nur geringfügig verändert. Männer 2012 machen zwar quantitativ etwas mehr mit Kindern. Aber sie erweisen sich dabei als sehr wählerisch. Spielen, Spazierengehen, Sport betreiben sind die drei häufigsten und anscheinend beliebtesten Beschäftigungen von Vätern mit Kindern: Tendenz steigend. Mehr als diese „sauberen" Tätigkeiten bleibt die Versorgungsarbeit weithin bei den Müttern angesiedelt.

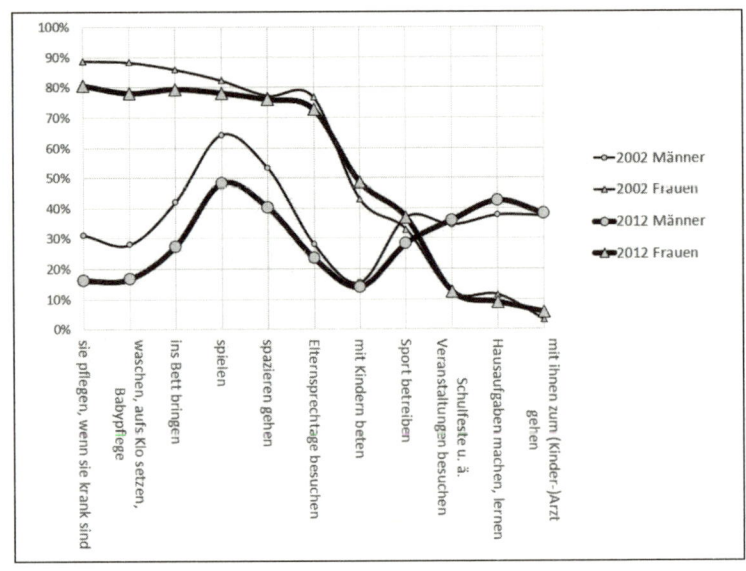

ABBILDUNG 23: Tätigkeiten mit Kindern (Männer – Frauen)
Welche der folgenden Tätigkeiten, die ich Ihnen nun vorlesen werde, verrichten Sie mit Ihren Kindern bzw. haben Sie mit den Kindern regelmäßig, gelegentlich oder nie gemacht, als diese noch klein waren?
(1 = regelmäßig; 2002, 2012 | Geschlecht)

Es ist charakteristisch für die modernen Männer, dass sie ihr berufliches Lebensfeld in Richtung familialer Lebenswelt quantitativ wie qualitativ ausweiten. Das wird von den Daten bestätigt. Moderne Männer nähern sich dem Aktivitätsniveau der Frauen. Bei zwei der drei unter Männern beliebten Tätigkeiten (Sport betreiben, Spazierengehen) übertreffen sie gemäß der jeweiligen Selbsteinschätzung (quantitativ) sogar die Frauen.
Bei den Versorgungsarbeiten haben aber auch die neuen Väter deutlich niedrigere Werte als die Frauen. Lassen die Frauen sie nicht an solche Tätigkeiten heran? Sind moderne Frauen und Männer arbeitsteilig – nicht jeder Elternteil kann alles machen, also verteilen sie die Tätigkeiten faktisch: dies aber doch wieder „traditionell"?
Natürlich gibt es Väter, die ihre Kinder wickeln, aufs Klo setzen, mit ihnen zum Kinderarzt gehen. Es sind aber nur sehr selten die Väter, die von einer Schulleitung angerufen werden, wenn das Kind plötz-

lich hohes Fieber bekommt und in der Schule nicht mehr betreut werden kann. Es sind auch weit mehr moderne Frauen, die – trotz eines modernen Vaters im Haus – die Versorgungsarbeiten selbst übernehmen. Die Frage ist wiederum: Warum diese „Schieflage"? Weil den Müttern diese Aufgaben als Frauen besser liegen (das wäre das Argument der biologiegestützten Denkschule)? Weil sie kulturell dafür besser vorbereitet sind als Männer (so würde die gesellschaftsgestützte Denkschule argumentieren)? Die einen würden dann annehmen: Es ist eine Frage der Zeit, bis der Ausgleich hergestellt ist und sich Männer wie Frauen gleichermaßen das Leben mit Kindern teilen oder frei aushandeln, wie sie es machen möchten. Die anderen würden hingegen fordern: Lasst Frauen und Männer das tun, wozu ihnen die Fähigkeit „in die Wiege gelegt" worden ist. Männer sollen die Hände von den weiblichen Aufgaben lassen und die Frauen von den männlichen, weil das dem Kind und dem jeweiligen Elternteil nicht nützt.

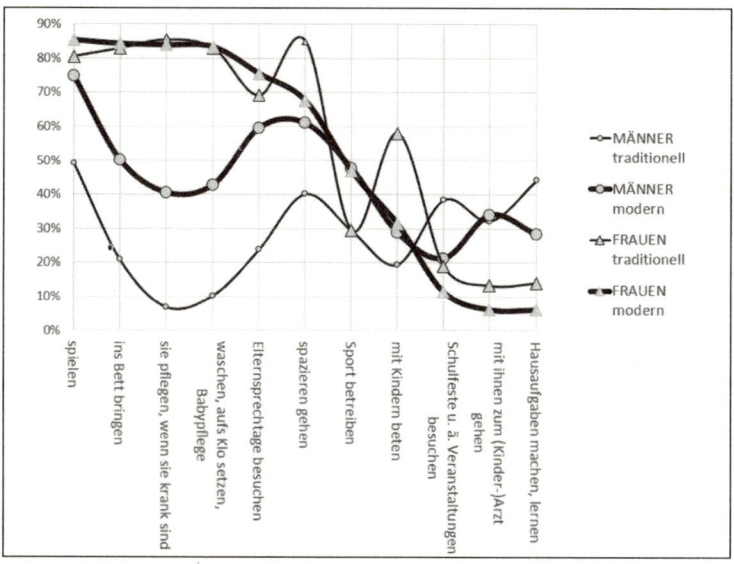

ABBILDUNG 24: Tätigkeiten mit Kindern (traditionell – modern)
Welche der folgenden Tätigkeiten, die ich Ihnen nun vorlesen werde, verrichten Sie mit Ihren Kindern bzw. haben Sie mit den Kindern regelmäßig, gelegentlich oder nie gemacht, als diese noch klein waren?
(1 = regelmäßig; 2012 | Geschlecht | Rollenbilder)

Schieflage: Haushaltstätigkeiten

Das nächste Datenmaterial liefern Analysen zur Frage, wer was im Haushalt macht. Wir haben in unserer Studie dazu keine eigene Fragebatterie erstellt, sondern eine übernommen, die in vielen Studien von Ministerien schon länger eingesetzt wurde.[249] Auf den ersten Blick zeigt sich, dass sich in den letzten zehn Jahren kaum etwas verändert hat. Frauen wird von den Männern das Bügeln überlassen, nicht die Haushaltsreparaturen; die Wäsche waschen, aber nicht das Auto; das Putzen, aber nicht das Müllwegtragen. Unübersehbar sind bestimmte Tätigkeiten (immer im Bevölkerungsschnitt!) bei den Männern, andere bei den Frauen angesiedelt. Wenn es um die konkrete, auch zeitliche Beteiligung an den Haushaltsarbeiten geht, gilt es in diesem Kontext zudem mit zu bedenken, wie viel Zeit in einem durchschnittlichen Haushalt für die betreffenden Tätigkeiten aufgewendet wird (werden muss). Bei den Frauen ressortieren „kontinuierlich anfallende" Arbeiten (nur bei der Gartenarbeit treffen sich die Geschlechter), die Männer machen eher das „Außerordentliche", Unregelmäßige (außer Autowaschen), was bedeutet, dass Frauen zeitlich insgesamt mehr durch Haushaltstätigkeiten gebunden sind.[250]

---

249 Wir haben so gefragt: „Nun lese ich Ihnen verschiedene Haushalts- und Familientätigkeiten vor. Sagen Sie mir bitte, ob Sie diese regelmäßig übernehmen, ab und zu oder ob Sie diese Ihrer Partnerin bzw. Ihrem Partner überlassen." Vergleichbar sind jetzt die Daten von 2002 und 2012; 1992 war die Frage etwas anders formuliert.

250 „Der in der Gesellschaft derzeit dominante Typus ist jener der ‚selektiven Mitarbeit zur Entlastung der Frau' (49%): Hier ist die Frau die Hauptzuständige im Haushalt, der Mann übernimmt unterstützende Tätigkeiten. Davon betroffen sind jedoch weniger die ‚klassischen Hausfrauentätigkeiten': Unterstützung erfährt die Frau von solchen Männern eher auf dem Gebiet der Freizeitgestaltung und der Kinderbetreuung bzw. Kindererziehung." Wippermann u. a.: Rolle vorwärts, Rolle rückwärts?, 26.

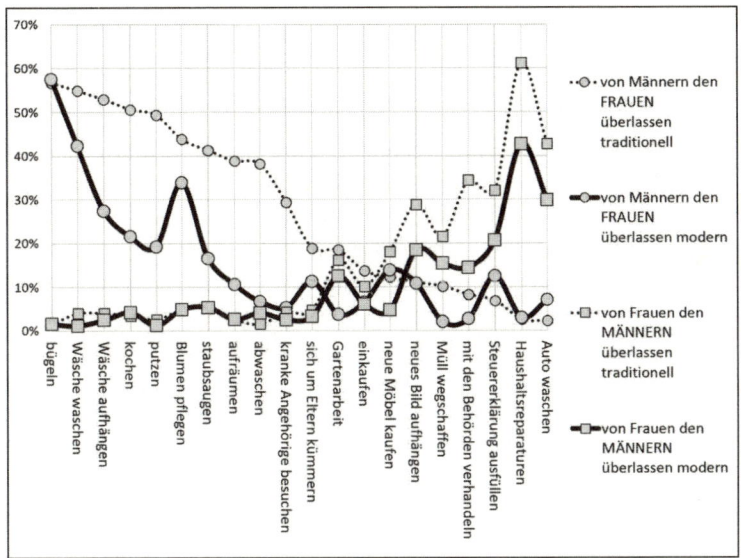

ABBILDUNG 25: Moderne delegieren weniger
Nun lese ich Ihnen verschiedene Haushalts- und Familientätigkeiten vor.
Sagen Sie mir bitte, ob Sie diese regelmäßig übernehmen, ab und zu oder
ob Sie diese Ihrer Partnerin bzw. Ihrem Partner überlassen.
(3 = überlasse ich Partnerin/Partner; 2002, 2012 | Geschlecht | Rollenbilder)

Moderne Männer bringen sich inzwischen bei bislang „weiblichen
Tätigkeiten" ein. Sie hängen die Wäsche auf (die aber eher von
Frauen gewaschen wird), sie kochen, putzen, räumen auf, kümmern
sich um kranke Angehörige und Eltern. Moderne Männer sind also
erheblich mehr Hausmänner als die traditionellen. Moderne delegieren weniger und legen selbst Hand an. Dennoch bleiben aus
der Sicht der Männer einige Tätigkeiten im Haushalt stabil bei den
Partnerinnen: allen voran das Bügeln, dann das Wäschewaschen
und die Blumenpflege. Frauen ihrerseits delegieren im Gegenzug
Aufgaben an die Männer: traditionelle mehr als moderne. Diese
aber eben auch: so zum Beispiel Haushaltsreparaturen, Steuererklä-
rungen und Behördengänge.

Schieflage: Eigenschaften

Die Rede von „typisch" weiblichen und männlichen Eigenschaften ist im Alltag in großen Teilen der Bevölkerung weit verbreitet.

- Alltagserfahrungen scheinen dafür zu sprechen: „... dass Frauen ein anderes Kommunikationsverhalten haben als Männer. Frauen genießen Kommunikation als solche. Sie finden es schön, sich zu äußern. Männer dagegen möchten mit der Kommunikation fast immer etwas Bestimmtes erreichen. Kommunikation ist für sie nur ein Werkzeug. Wenn es nichts für sie Nützliches zu sagen gibt, schweigen sie."[251]

- „Frauen leben gesundheitsbewusster; Gymnastik ist bei Männern nicht sehr beliebt – Gymnastik wird als ‚unmännlich' empfunden; Faulheit und Bequemlichkeit der Männer; Männer betreiben andere Sportarten, welche durch mehr Kraft- und Körpereinsatz charakterisiert sind; die Bereitschaft, etwas für die Gesundheit zu tun, ist bei Männern geringer als bei den Frauen; Männer arbeiten mehr und haben damit weniger Zeit, um so einen Kurs zu besuchen. [...] Es scheint nach wie vor die Aufgabe der Frau zu sein, sich um die Gesundheit zu kümmern. Die Männer müssen nach wie vor viel arbeiten, um die Familie zu ernähren, und geben oft an, keine Zeit zu haben, um sich mit ihrer Gesundheit zu beschäftigen."[252]

- Das Bundesheer gilt als „Männergesellschaft mit eingestreuten Frauen" und typischen Männlichkeitsritualen: „Dass es sich beim Bundesheer tatsächlich um eine richtige Männergesellschaft handelt und exzessiver Alkoholkonsum als spezifisches männliches Verhalten gesehen wird, verdeutlichen die Position von Frauen, die in verschiedener Weise mit dem Bundesheer in Verbindung stehen. [...] Rekrutinnen

---

251 Martenstein, Herald: Männer sind wie Pfirsiche: Subjektive Betrachtungen über den Mann von heute mit einem objektiven Vorwort von Alice Schwarzer, München 2009, 168.

252 Knafl, Stefanie: Männer und Gesundheitssport: eine quantitative Analyse der Motivstruktur und des Bewegungsverhaltens sowohl von teilnehmenden als auch von nicht teilnehmenden Männer bei gesundheitsfördernden Kursen, Wien 2009, 91–92.

und weibliche Vorgesetzte befinden sich zwar am gleichen Ort und gehen denselben Tätigkeiten nach wie männliche Rekruten auch, die Freizeit, in der der Großteil des Alkoholkonsums stattfindet, wird allerdings nicht gemeinsam verbracht. Außerdem wird von diesen Frauen, auch wenn sie beim Bundesheer gar nicht als solche wahrgenommen werden, die Teilnahme an ‚Männlichkeitsritualen‘ vermutlich gar nicht erwartet oder gewünscht. [...] Alkoholkonsum im österreichischen Bundesheer hat Tradition, das Bundesheer ist eine Männerinstitution, die sich über männliche Werte und Verhaltensweisen definiert."[253]

Im Zuge der Entwicklung der Geschlechterselbstbilder wurde Männern empfohlen, die „weiblichen Anteile" zu integrieren. Weiblich meint dann: weich, gefühlvoll, mitfühlend, gesellig, eloquent. Heute wiederum wird eine „Verweiblichung" von Männern beklagt.[254] Sie seien keine richtigen Männer mehr, sondern „Schmerzensmänner"[255]. Manche Frauen wünschten sich aber (wieder) den Helden, an dessen Schulter Frau sich anlehnen, notfalls auch ausweinen könne. Einschlägig die Aussage einer Therapeutin:

---

253 Göpfrich, Lena Maria: Kein Alkohol ist auch keine Lösung: eine qualitative Studie über das Trinkverhalten junger Männer während der Absolvierung ihres Grundwehrdienstes im österreichischen Bundesheer, Wien 2009, 88.

254 Rosin, Hanna: The End of Men: And the Rise of Women, New York 2012. (Das Ende der Männer und der Aufstieg der Frauen, Berlin 2012.)

255 Pauer, Nina: Die Schmerzensmänner, in: Die Zeit vom 5.1.2012. Dieser Beitrag löste eine Flut von Blogs aus. Auch pointierte Stellungnahmen pro und contra wurden verfasst. So Scheuermann, Christoph: Junge Frauen klagen über die Verweichlichung einer Generation junger Männer. Selber schuld, SpiegelOnline 14.1.2012. Kiyak, Mely: Denn sie wissen nicht, was sie wollen. Die jungen Männer sind zu unbeholfenen Softies geworden. Wie unsexy!, rufen die jungen Frauen. Eine Entgegnung, in: ZeitOnline 30.1.2012. Wurst, Alain-Xavier: Achtung: Wir denken tatsächlich immer erst an Sex. Schlimm ist das nicht. Trotzdem schüchtern deutsche Frauen die Männer deshalb ein. Eine Lagebetrachtung aus Frankreich, in: ZeitOnline 9.2.2012. Martenstein, Harald: „Ein Macho zieht sein Ding durch und lässt sich nicht reinreden". Kolumnist Harald über die neue Sehnsucht nach harten Kerlen, in: ZeitOnline vom 16.2.2012.

„Der Mann ist im weiblichen Idealbild dann reflexartig plötzlich doch wieder in der Ernährerrolle, der die Tiere jagen muss und die Kohle zu bringen hat. Das ist aus den Köpfen sehr schwer rauszukriegen. Extrem schwer. Ich bekomme in meiner Coaching-Praxis diesbezüglich immer wieder interessante Beispiele zu sehen: Der Mann einer erfolgreichen Frau wird arbeitslos, ringt sich langsam, Stück für Stück, dazu durch, die häusliche Rolle und die Erziehung der Kinder ganz zu übernehmen. Und er kommt mit dem geringeren Sozialprestige eigentlich auch ganz gut klar, nachdem er sich darauf eingestellt hat. Dann muss er erleben, dass seine Frau gänzlich das Interesse an ihm verliert – intellektuell, emotional und sexuell. Das ist kein Einzelfall. Viele Frauen können ‚Hausmänner' nicht achten, sie empfinden sie nicht mehr als erotisch. Bei der Umkehrung der Rollen auf der Basis gegenseitigen Einverständnisses – er macht den Haushalt, sie geht in die Ernährerrolle – zeigen sich vor allem auf dem Feld der Erotik noch schwere Defizite. Ob sich dieses Problem von alleine löst, muss man abwarten."[256]

Die Diskussion ist also längst nicht zu Ende. Dabei gewinnt man den Eindruck, als würden die Eigenschaftssets Männer und Frauen konstituieren. Eine Art Designermann oder Designerfrau entstehe auf diese Weise. Das ist Nahrung für die Konstruktivisten. Oder doch nicht? Die aufgeflammte Diskussion könnte ja auch etwas anderes signalisieren. Beklagt wird, dass – durch Frauen? – zu viel an den Männern herumverändert worden sei, wodurch sie in ihrem Mannsein verunsichert seien.[257] Das habe letztlich aber, wie sich nunmehr zeige, vor allem den Frauen selbst geschadet. „Entmännlichte"[258], „verweib-

---

256 Bauer-Jelinek, Christine (Gespräch): Das Paradoxon des Feminismus, in: Gruner/Kuhla: Befreiungsbewegung für Männer, 205–225, 214.

257 Männer mussten daher sehr viel verlernen: „Männer haben zudem eine inzwischen falsche ‚Ritterlichkeit' gegenüber den ‚schwachen' Frauen zu hinterfragen. Individuell darf sie gerne eingenommen werden, pauschal ist sie schlicht unangebracht." Gruner, Paul-Hermann: Männer und die Möglichkeit zur Selbstbefreiung: Das Ende des weiblichen Geschlechtermonologs, in: Gruner/Kuhla (Hg.): Befreiungsbewegung für Männer, 9–28, 20.

258 Röhl, Bettina: Der Irrsinn der Entmännlichung unserer Gesellschaft, in: WirtschaftsWoche 28 vom 8.7.2013.

lichte" Männer sind nur „mehr vom Gleichen" und damit uninter-essant. Attraktiv sei ein Mann für eine Frau dann, wenn er anders, eben „männlich", sei. „Männer müssen Helden sein."[259] Oder Könige, Krieger, Priester. Archetypische Bilder: aus der archaischen Tiefe sich formend.[260] Und narrativ in Märchen vermittelt.[261] Schon Pilgrim hatte in seinem Manifest für den freien Mann eine Emanzipation der Männer von ihrer zugeschriebenen „Unmännlichkeit" gefordert.[262]

---

259 Zulehner, Paul M./Hollstein, Walter: Müssen Männer Helden sein? Neue Wege der Selbstentwicklung, Innsbruck 1998.

260 Dazu findet sich eine Reihe von Publikationen – hier eine Auswahl: Arnold, Patrick M.: Männliche Spiritualität. Der Weg zur Stärke, München 1994. Bolen, Jean Shinoda: Götter in jedem Mann. Besser verstehen, wie Männer leben und lieben, München 1998. Franz, Marie-Louise von: Der ewige Jüngling. Der Puer aeternus und der kreative Genius im Erwachsenen, München 1987. Franz, Marie-Louise von: Archetypische Dimensionen der Seele 2005. Gerber, Matthias: Turm am Rand des Meeres, Cambridge 1997. Über männliche Identität und den Archetyp des Phallos, Köniz 1998. Grün, Anselm: Kämpfen und lieben. Wie Männer zu sich selbst finden, München 2011. Guzie, Tad/Guzie, Noreen: Archetypisch Mann und Frau. Wie verborgene Urbilder unser Schicksal gestalten u. Beziehungen prägen, Interlaken 1987. Jung, Lorenz: Der Archetypus des Knaben in der heutigen Zeit. Die positiv leitende Funktion des Puer-Archetypus aufgezeigt anhand des Romans von Neil M. Gunn ‚Das grüne Eiland der großen Tiefe', Küsnacht 1995. Moore, Robert/Gillette, Douglas: König, Krieger, Magier, Liebhaber. Die Stärken des Mannes, München 1992. Moore, Robert/Gillette, Douglas: Der Magier im Mann. Wege zum inneren Schamanen, Solothurn u. a. 1995. Remmler, Helmut: Das Geheimnis der Sphinx. Archetyp für Mann und Frau, Göttingen u. a. 1995. Twrznik, Manfred: Aufbruch zum Mann. Stark, lustvoll und weise – in Beruf, Alltag und Beziehung, München 2002.

261 Auch zum Mann in Märchen wurde viel geschrieben: Kast, Verena: Mann und Frau im Märchen. Eine psycholog. Deutung, Olten u. a. 1984. Bly, Robert: Eisenhans. Ein Buch über Männer, Wien 1991. – Gebert, Helga: Die sieben Söhne. Märchen der Männer, Weinheim 1991. Jander, Lothar: Was den Frosch zum Prinzen macht. Märchen und Mythen für Männer neu gedeutet, Freiburg im Br., Wien u. a. 1994. Marks, Stephan: Märchen von Männern, Frankfurt am Main 1993. Marek, Ganga/Marek, Michael: Kraftlack. Vaters bunte Federn und andere Heldengeschichten [mediale Märchen für Männer], Wien 2009.

262 Pilgrim, Volker E.: Manifest für den freien Mann. Teil 1: 1977 und Teil 2: 1983, Reinbek bei Hamburg 1991.

Lassen wir aber jetzt einmal die Frage auf der Seite, ob das, was männliche Eigenschaften sind, archetypisch/biologisch vorfindbar oder sozial erfindbar ist. Wie beurteilt unsere Bevölkerung, was männlich und was weiblich ist? Hier das Ergebnis der Umfragen. Ein Vergleich des Gesamtergebnisses von 1992 und 2012 lässt wenig Entwicklung erkennen. Was als weiblich und was als männlich gilt, scheint kulturell stabil zu sein.

■ Eher „männlich" ist für die Befragten: stark, Selbstvertrauen, leistungsbewusst, willensstark, aktiv, logisch denken, sicher, selbständig. Eher männlich ist auch, wenngleich auf niedrigerem Zustimmungsniveau, gewalttätig.[263]

■ „Weiblich" ist für den Durchschnitt hingegen: gepflegtes Aussehen, gefühlvoll, mitfühlend, erotisch. Und eloquent sowie sanft.

Der Abstand zwischen den Zuordnungen zu männlich bzw. weiblich ist bei den eher „männlichen" Eigenschaften erheblich kleiner als bei den herausragend „weiblichen". Das überkommene „männliche Eigenschaftsset" sind Merkmale, die mehr in der beruflichen Lebenswelt gebraucht werden als in der familialen. Das „weibliche Set" (gepflegtes Aussehen, gefühlvoll, mitfühlend, erotisch) umfasst vorwiegend personenbezogene Eigenschaften aus der Welt der Begegnung zwischen Frauen und Männern sowie aus dem Versorgungsbereich (Kinder/Alte).

Bemerkenswert ist, dass sich seit 1992 die wahrgenommenen Differenzen eher verstärkt als abgeschwächt haben, und dies gerade im Bereich der „eher männlich" konnotierten Eigenschaften. Macht sich hier ebenfalls die bereits angesprochene Retraditionalisierung bemerkbar?

---

263 „Die autonomen Frauenhäuser Österreichs unterschieden 4 Formen von Gewalt: körperliche, […] sexuelle, […] psychische […] und ökonomische (Missbrauch von Abhängigkeit). Nach Angabe der Österreichischen Gewaltschutzzentren waren im Jahr 2009 in 91% der Fälle häuslicher Gewalt Frauen die von der Gewalt Betroffenen und in 94% waren Männer die Täter bzw. Ausübenden von Gewalt." Frauenbericht 2010, 11.

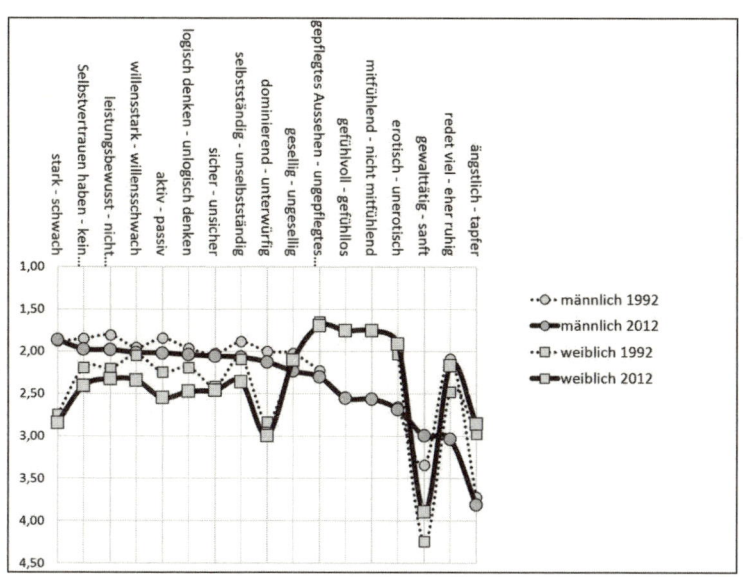

stark - schwach
Selbstvertrauen haben - kein...
leistungsbewusst - nicht...
willensstark - willensschwach
aktiv - passiv
logisch denken - unlogisch denken
sicher - unsicher
selbstständig - unselbstständig
dominierend - unterwürfig
gesellig - ungesellig
gepflegtes Aussehen - ungepflegtes...
gefühlvoll - gefühllos
mitfühlend - nicht mitfühlend
erotisch - unerotisch
gewalttätig - sanft
redet viel - eher ruhig
ängstlich - tapfer

1,00
1,50
2,00
2,50
3,00
3,50
4,00
4,50

••◇•• männlich 1992
—●—männlich 2012
••□• weiblich 1992
—■—weiblich 2012

ABBILDUNG 26: Männliche und weibliche Eigenschaften 1992–2012
(1992, 2012)

Der Vergleich der Zuordnung durch Traditionelle bzw. Moderne (hier Männer und Frauen zusammengenommen) verringert den Abstand zwischen männlich und weiblich bei den traditionell eher „männlichen Eigenschaften". Bei den „weiblichen Eigenschaften" hingegen bleibt der Abstand beträchtlich.

Spiegelt sich in dieser Annäherung beim „männlichen Eigenschaftsset" der Eintritt vieler Frauen in die berufliche Lebenswelt wider? Dass sich beim „weiblichen Eigenschaftsset" hingegen kaum etwas verändert hat, könnte damit zu tun haben, dass diese Eigenschaften vor allem bei Begegnungen, aber auch in der familialen Versorgungsarbeit zum Tragen kommen?

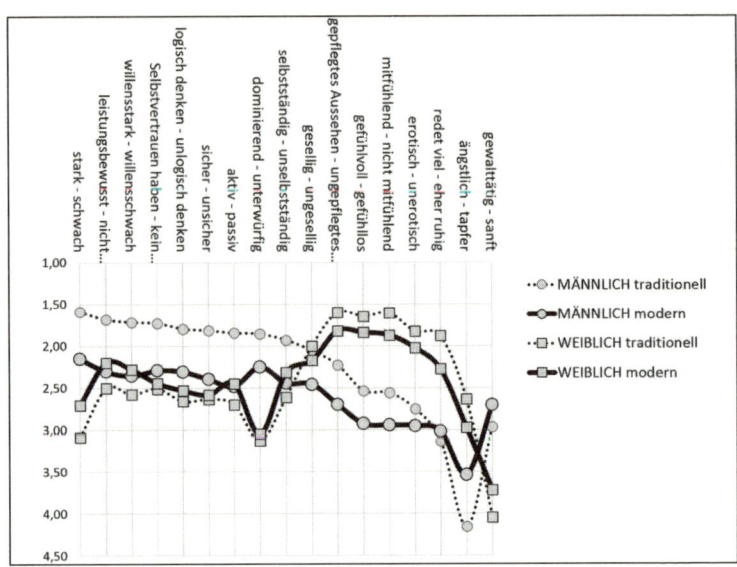

ABBILDUNG 27: Männlich und weiblich aus der Sicht von Traditionellen und Modernen (2012 | Rollenbilder: traditionell und modern)

Splittet man die Gruppen noch weiter auf und stellt aus der Gruppe der Frauen sowie der Männer jeweils die traditionellen den modernen gegenüber, bestätigt sich das bisherige Ergebnis. Die Eigenschaftssets von Männern und Frauen unterscheiden sich deutlich. Das männliche Set beginnt in allen Subgruppen mit stark, willensstark, selbstbewusst, logisch denkend etc. Das weibliche Set hingegen fängt an mit gepflegtem Aussehen, gefühlvoll, mitfühlend, erotisch und gesellig.

Beim männlichen Set ist der Abstand in der Zuordnung durch traditionelle Männer und moderne Frauen am größten. Was für moderne Frauen als „männlich" gilt, unterscheidet sich erheblich von dem, wie es traditionelle Männer sehen.

Bei modernen Frauen gewinnen beim „weiblichen Set" viele bislang dem „männlichen Set" zugeordnete Eigenschaften an Bedeutung: selbstbewusst, selbständig, logisch denkend, aktiv und stark – dies ist für sie nicht nur typisch männlich, sondern weit mehr als für traditionelle Männer auch typisch weiblich. Und das ist historisch neu. Ein Hinweis auf die Richtigkeit der konstruktivistischen Denkart?

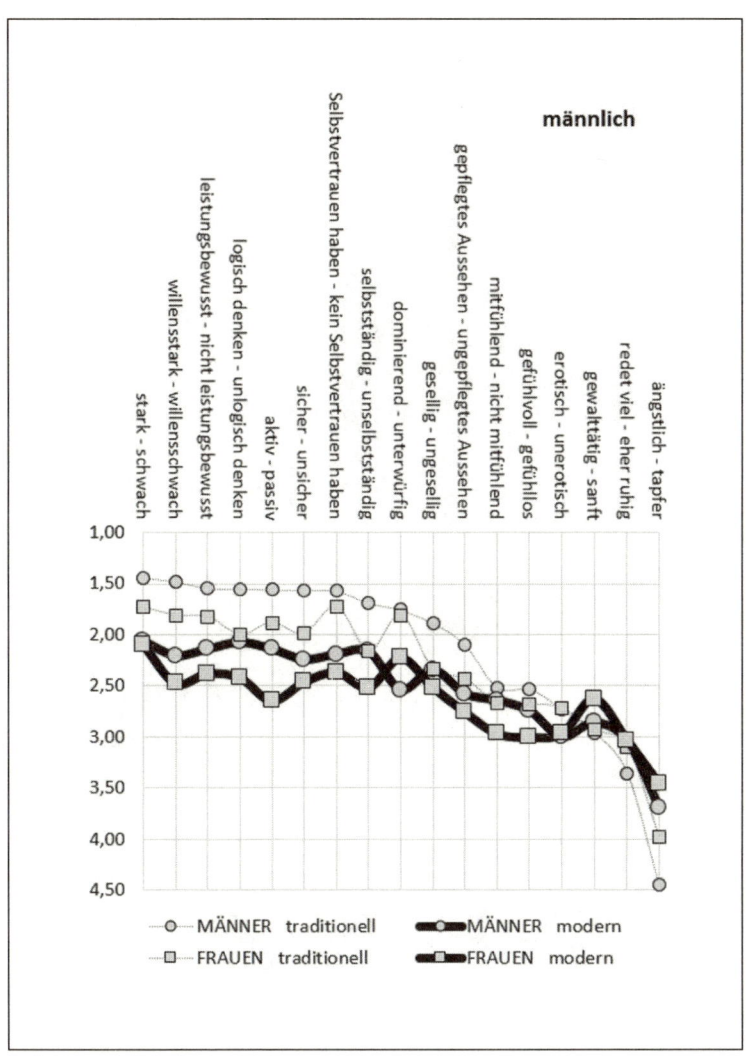

ABBILDUNG 28: Eigenschaften männlich – weiblich (2012 ǀ Geschlecht ǀ
Rollenbilder: traditionell – modern)

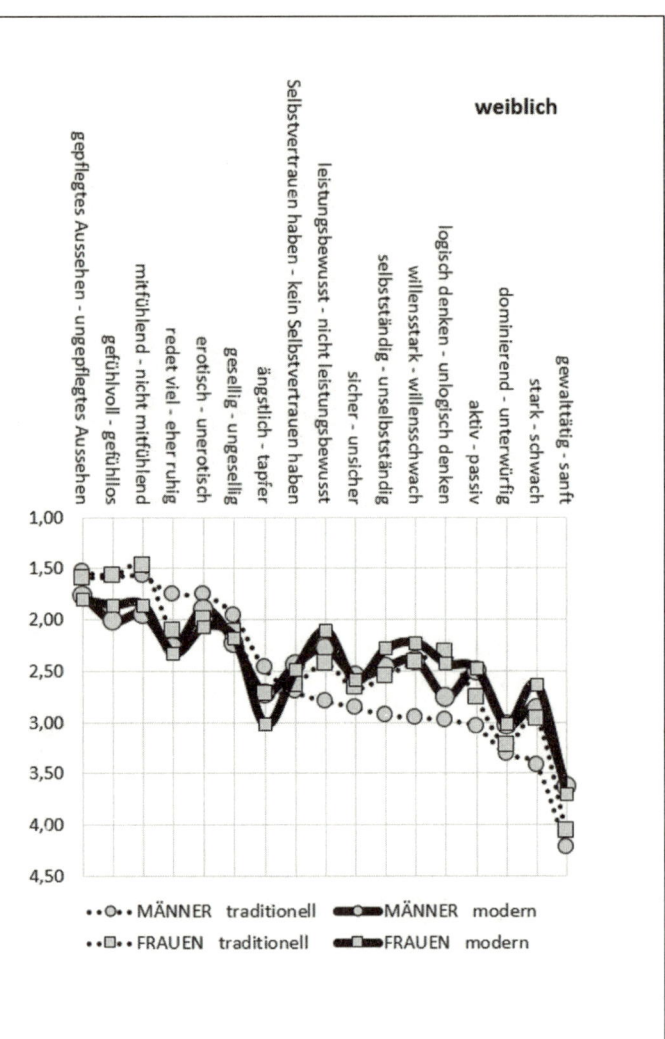

weiblich

gepflegtes Aussehen - ungepflegtes Aussehen
gefühlvoll - gefühllos
mitfühlend - nicht mitfühlend
redet viel - eher ruhig
erotisch - unerotisch
gesellig - ungesellig
ängstlich - tapfer
Selbstvertrauen haben - kein Selbstvertrauen haben
leistungsbewusst - nicht leistungsbewusst
sicher - unsicher
selbstständig - unselbstständig
willensstark - willensschwach
logisch denken - unlogisch denken
aktiv - passiv
dominierend - unterwürfig
stark - schwach
gewaltтätig - sanft

1,00
1,50
2,00
2,50
3,00
3,50
4,00
4,50

··O·· MÄNNER traditionell   ●▬● MÄNNER modern
··□·· FRAUEN traditionell   ■▬■ FRAUEN modern

Das Ergebnis kann auch knapp so formuliert werden: Frauen gewinnen bei den männlichen Eigenschaften dazu; Männer hingegen
gewinnen analog dazu bei den „weiblichen Eigenschaften" so gut
wie nichts.[264] Wenn schon, dann kommt es den Daten unserer Studie zufolge (gewiss mit veralteten Begriffen ausgedrückt: Aber so
läuft eben die öffentliche Debatte) eher zu einer Vermännlichung
des Weiblichen als zu einer Verweiblichung des Männlichen. Oder
positiver ausgedrückt: Das Eigenschaftsset der Frauen erweitert
sich beträchtlich. Jenes der Männer hingegen bleibt gleich (eng).
Spiegelt das vielleicht wider, dass den Frauen die Ausweitung ihres
Lebensfeldes auf den Beruf hin eher gelingt als den Männern die
Ausweitung auf das familiale Feld? Und wie ist dieser Befund im
Blick auf die beklagte Verweiblichung der Männer zu verstehen?

Was Frauen und Männer studieren

Wenn Frauen freien Zugang zum vollen Angebot von Studienfä-
chern hätten, dann würden sie in ihrer Wahlfreiheit in ähnlicher
Weise wie Männer wählen.[265] Das Geschlecht werde dann keine Rolle

---

264 Dasselbe stellt Rosin für die amerikanische Gesellschaft fest. Ihr zufolge „sind die Frauen inzwischen weit auf das damals [Mitte der 1970er
Jahre] noch als männlich definierte Territorium vorgedrungen und betrachten sich typischerweise als ‚selbstbehauptend', ‚unabhängig' oder
‚bereit, Stellung zu beziehen'. [...] Die Männer jedoch haben die Frauen
nicht etwa auf halbem Wege getroffen, sondern finden sich auch heute noch kaum öfter als 1974 ‚liebevoll' oder ‚sanft'. Tatsächlich haben
sie sich in mancher Hinsicht sogar auf ein noch kleineres Territorium zurückgezogen, scheuen also traditionell weibliche Eigenschaften
noch mehr als früher, während die Frauen immer mehr männliche
annehmen." Rosin: Das Ende der Männer, 20.
265 „Die Forderung nach Gleichberechtigung der Frau fußte aber stets
auf der Grundlage der Unterschiedlichkeit der Geschlechter. So sollen
Männer und Frauen gleiche Zugangsberechtigung für Berufe, Sportarten etc. einfordern dürfen. Wie letztlich die Verteilung von Frau-
en und Männern in der jeweiligen Berufssparte ausfiel, dies wurde
im Falle (noch) geringer weiblicher Präsenz bedauert, der Umstand
selbst war aber nicht mit einer gesetzlichen Sanktion belegt. Dies jedoch nimmt nun GM [Gender-Mainstreaming] vor. Und zwar unabhängig davon, ob Frauen den jeweiligen Beruf tatsächlich anstreben

mehr spielen. Es sei anzunehmen, dass sich in allen Disziplinen in etwa gleich viele Frauen und Männer inskribieren.[266] So die Annahme der konstruktivistischen Theorien. Hat sie sich bewahrheitet? Die Wahlfreiheit hat inzwischen dazu geführt, dass mehr Frauen studieren als Männer.[267] Sie sind im Studium auch erfolgreicher und schließen dieses in kürzerer Zeit ab. Frauen nützen somit die erkämpften Chancen besser als ihre männlichen Kollegen.[268]

---

oder nicht. In einem erleuchtenden Aufsatz hat die Autorin Christine Brinck die Frage einer kanadischen Psychologin aufgegriffen, ob die Geschlechterdisparität in bestimmten Berufsfeldern nur die Folge der Wahlfreiheit in hochentwickelten Gesellschaften sei. Und siehe da, ‚sie hat errechnet, dass in Ländern mit der größten Wahlfreiheit und den größten wirtschaftlichen Möglichkeiten die Geschlechterungleichheit bei der Berufswahl am größten ist'. Aber die Autorin misstraut den GM Ideologinnen, mit dieser Wahrheit gelassen umgehen zu können, wenn sie feststellt: ‚Die Freiheit, ein gut begründetes Nein zum Beruf in der Physik oder der Computerbranche zu sagen, wird den Frauen vor allen von den Feministinnen nicht zugebilligt.'" Lier, Karl-Heinz B. van: Gender Mainstreaming oder: Die Hydra im Trojanischen Pferd, in: Gruner/Kuhla (Hg.): Befreiungsbewegung für Männer, 91–110, 107.

266 Engler, Steffani: Fachkultur, Geschlecht und soziale Reproduktion, Weinheim 1993. Schößler, Franziska: Einführung in die Gender Studies, Oldenburg 2008.

267 Kreckerl, Reinhard: Aufhaltsamer Aufstieg. Karriere und Geschlecht in Bildung, Wissenschaft und Gesellschaft, in: Löw, Martina (Hg.): Geschlecht und Macht. Analysen zum Spannungsfeld von Arbeit, Bildung und Familie, Wiesbaden 2009, 97–120.

268 Beate Krais gibt jedoch zu bedenken: „Das bedeutet keinesfalls, dass es Frauen im männlichen Wissenschaftsbetrieb leicht haben: Die in den Köpfen und in der Lebenspraxis nach wie vor existierende Geschlechterordnung der bürgerlichen Gesellschaft hat für Frauen, die Wissenschaft zu ihrem Beruf machen, eine doppelte Konsequenz. Zum einen ist für sie die Familie nicht einfach selbstverständliche Ergänzung und Infrastruktur eines Lebens für die Wissenschaft, sondern oft genug die ‚zweite Baustelle' im Leben, wie es eine Interview-Partnerin einmal formulierte. [...] So thematisieren Wissenschaftlerinnen im Interview sehr viel häufiger als ihre Kollegen das Hin-und-Her-Gerissen-Sein zwischen Familie und Wissenschaft und das Gefühl, beides käme zu kurz. [...] Eine Karriere in der Wissenschaft verlangt Frauen allerdings immer wieder schwierige und sehr bewusste Entscheidungen ab, die von sehr viel größerer Tragweite für ihr Leben sind, als dies bei

Umso mehr überrascht es, dass die Verteilung der Studierenden keineswegs egalitär ausfällt. Zwar gibt es Fächer, welche von annähernd gleich vielen Frauen und Männern inskribiert werden. Aber daneben sind andere Disziplinen, die mehr von Frauen, und andere, die mehr von Männern aufgesucht werden.

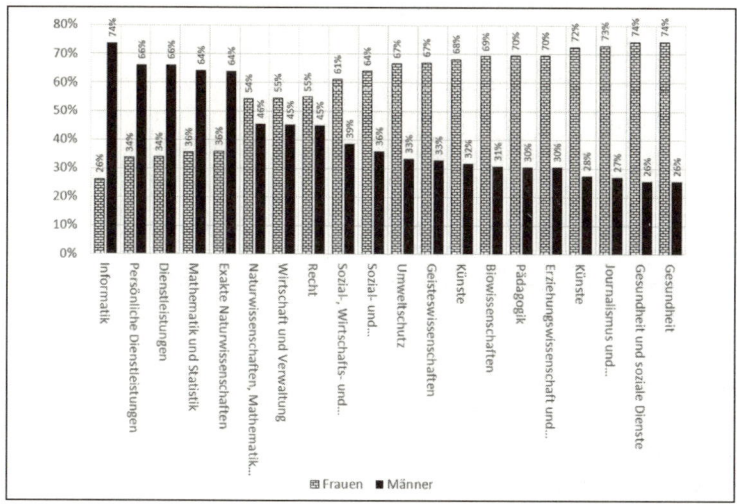

ABBILDUNG 29: Männliche und weibliche Studierende an der Universität Wien verteilen sich unterschiedlich auf die angebotenen Fächer (2012 | Geschlecht; Quelle: Wissensbilanz der Universität Wien 2012)

ihren Kollegen der Fall ist. Die in der Vorstellung von Wissenschaft als Lebensform enthaltene implizite Unterstellung der bürgerlichen Geschlechterordnung bedeutet aber zweitens, dass Wissenschaft als eine Männern vorbehaltene Veranstaltung konzipiert ist, oder, anders formuliert, dass die Welt der Wissenschaft hochgradig – maskulin – vergeschlechtlicht ist. Frauen in der Wissenschaft werden daher zunächst einmal als Fremdlinge wahrgenommen, weil sie in der Alltagswahrnehmung des wissenschaftlichen Feldes etwas ganz anderes verkörpern als ihre Kollegen, nämlich die Welt der Familie, der Körperlichkeit und Geschlechtlichkeit, der sorgenden Tätigkeiten." Krais, Beate: Das Projekt ‚Gleichstellung in der Wissenschaft'. Anmerkungen zu den Mühen der Ebenen, in: Bauschke-Urban, Carola/Kamphans, Marion/Segebiel, Felizitas (Hg.): Subversion und Intervention. Wissenschaft und Geschlechter(un)ordnung, Opladen & Farmington Hills 2010, 23–42, 37.

- Fest in der Hand männlicher Studierender sind die Informatik, (Persönliche) Dienstleistungen, Mathematik und Statistik, exakte Naturwissenschaften.

- Umgekehrt: In Gesundheitswissenschaften überwiegen Frauen ebenso wie im Journalismus, den Künsten, in der Erziehungswissenschaft/der Pädagogik, in den Geisteswissenschaften, beim Umweltschutz, in den Sozialwissenschaften.

Es gibt nicht nur einen Überhang an weiblichen Studierenden, sondern auch stärker weiblich dominierte Fächer. In Fächern mit knappen Studienplätzen wird um die Zugangsmodalitäten gerungen. Je eigene Aufnahmetests für Männer und Frauen werden für die knappen Studienplätze in der Medizin von Frauen gefordert, um eine ausgeglichene Erfolgsquote zu erreichen.

Wie aber kommt es zu solchen Ungleichverteilungen von Männern und Frauen auf die unterschiedlichen Fächer? Eine Antwortmöglichkeit: Die Begabungen sind eben auf die Individuen unterschiedlich verteilt. Ob dann jemand eine Frau ist oder ein Mann, sei gänzlich sekundär. Aber sticht diese Karte? Es sind ja nicht irgendwelche Fächer, die von Frauen und Männern unterschiedlich gewählt werden.

Männer finden wir mehr in der Informatik, in den (persönlichen) Dienstleistungen, in der Mathematik/Statistik und in den exakten Naturwissenschaften – technisch-rationale Intelligenz ist gefragt. Ein starker Frauenüberhang findet sich in Fächern, die mit der Gesundheit, der Bildung[269], dem Zusammenleben zu tun haben und sozial-emotionale Kompetenz erfordern. Wie kommt es aber zu solchen Verteilungen? Weil eben Frauen und Mädchen immer noch so erzogen werden? Weil sie also doch letztlich nicht frei wählen, sondern vor dem Hintergrund einer Kultur und Biographie, die

---

269 „Die Zahl der Volksschullehrer nahm in den vergangenen Jahrzenten in Österreich kontinuierlich ab. Im Schuljahr 2006/07 waren nur 19,4% des Volksschullehrpersonals Männer. In den westlichen Bundesländern (Tirol, Vorarlberg) ist der Männeranteil höher als in Ostösterreich, wobei er in Wien am niedrigsten ist. [...] [Im] Vergleich mit den anderen EU-Staaten liegt der Männeranteil unter dem Volksschullehrerpersonal in Österreich an sechstniedrigster Stelle (von 25).“ Voglsinger, Verena: Grundschule ohne Männer? Zur pädagogischen Relevanz von Lehrern und ihrer Berufswahlmotive, Wien 2009, 120.

Männern und Frauen faktisch unterschiedliche Neigungen und Ausrichtungen anerzieht?

Es gibt noch weitere Unterschiede zwischen Frauen und Männern im Bildungsbereich: „Frauen haben in der Bildung aufgeholt bzw. Männer teilweise bereits überholt, v. a. junge Frauen sind gut ausgebildet und verfügen über mehr höhere Abschlüsse als Männer. Bei den älteren Personen gibt es den umgekehrten Trend. Während ältere Männer im Vergleich zu jüngeren tendenziell höher gebildet sind, haben ältere Frauen niedrigere Bildungsabschlüsse."[270] Die Bildungsrenditen unterscheiden sich im europäischen Vergleich deutlich,

> „was auch an den institutionellen Rahmenbedingungen in den einzelnen Ländern liegt. Ebenso fallen sie für Männer und Frauen unterschiedlich aus: In den meisten Ländern profitieren Frauen relativ mehr von höherer Bildung als Männer – allerdings nicht in Deutschland. [...] Zwar verdienen auch hochqualifizierte Frauen im Durchschnitt weniger als hochqualifizierte Männer, aber die Lohnunterschiede sind niedriger als bei Geringqualifizierten. Anders formuliert: Mit steigendem Bildungsniveau nimmt der geschlechtsspezifische Lohnunterschied ab."[271]

Gleichheit und Verschiedenheit

Es sind Fragen, die sich vor dem Hintergrund dieser Schieflagen stellen. Die Antworten hingegen sind unklar. Vielleicht helfen Bilder weiter. Sie setzen voraus, dass es im Sinn des Konstruktivismus schwer ist, typisch Weibliches oder typisch Männliches jenseits des biographischen oder kulturellen Kontextes auszumachen. Wer solche Unterschiede betont, legitimiert oftmals – meist ungewollt

---

270 Maurer, Martina: Bericht Gleichstellung am österreichischen Arbeitsmarkt. Arbeitsmarktpolitik für Frauen Arbeitsmarktservice Österreich AMS, Wien 2011, 24.

271 Mendolicchio, Concetta/Rhein, Thomas: Ländervergleich in Westeuropa: Wo sich Bildung für Frauen mehr lohnt als für Männer, IAB (Institut für Arbeitsmarkt und Berufsforschung), Kurzbericht. Aktuelle Analysen aus dem Institut für Arbeitsmarkt- und Berufsforschung, Nürnberg 2012, 2 und 5.

– Diskriminierungen. Es gehe eben nicht an, Unterschiede zu behaupten wie: Frauen würden fühlen, Männer denken. Das wäre nicht nur eine Diskriminierung der Frauen, sondern auch der Männer, die sehr wohl fühlen, erotisch und sexy sein und gutes Parfum verwenden können.

Es gibt auch zu viele Belege dafür, dass unter egalitären Bedingungen Frauen und Männer die familialen Aufgaben oder die Haushaltsarbeiten partnerschaftlich übernehmen, wenngleich es paarintern unterschiedliche Aushandlungen geben wird, die aber nicht vom Geschlecht abhängen. Väter können auch die Versorgungsarbeiten mit Kindern übernehmen, Mütter wiederum werfen auch manchmal ihr Kind in die Höhe und lassen es Angst und seine Stressgrenzen erspüren. Auch Männer kennen die Angst vor dem Alleinsein und Frauen jene vor der Bindung.[272]

Und doch ist nicht ausgemacht, dass, wenn Frauen und Männer das Gleiche tun, sie dieses auch gleich tun. Männer und Frauen haben Zugang zu all dem, was menschenmöglich ist. Aber vielleicht geben sie dem Gleichen eine andere Färbung, eine andere Stimmung – wie ja auch die Tonlage der Stimme von Frauen bei aller Bandbreite unter den Frauen und Männern höher liegt als jene bei den Männern – ein Ergebnis der Evolution mit dem Ziel, dass die Mutter für das Neugeborene in seiner eigenen Stimmlage wahrnehmbar ist? Wenn alle Welt „Klang" ist: „Klingen" Männer und Frauen anders? Sollte also die Lösung auf einer dritten Ebene zu finden sein, welche die extremen Positionen der Radikalkonstruktivistinnen und der Radikalbiologisten überwindet? Einiges würde für einen solchen denkerischen Ausweg sprechen, der Unterschiede stehen lassen kann, ohne sie aufzuklären, der mögliche Unterschiede jedoch gleichzeitig für Diskriminierungen unbrauchbar macht. Selbst jene, welche „Sex" und „Gender" unterscheiden und dazu raten, auf die Kategorie „Geschlecht" gänzlich zu verzichten und jedem einzelnen Menschen die Entscheidung freizustellen, was „[???]" ist, selbst viele von jenen, die ein Ende des Redens von Mann und Frau verlan-

---

272 Vgl. Forcades i Vila, Teresa: Feminist Freedom. A dialogue between the Psychoanalytical Insights of Jacques Lacan and Nancy Chodorow and Classical Trinitarian Theology, in: Journal of the European Society of Women in Theological Research 16 (2008), 99–115.

gen, machen am Ende doch *Feministische* Philosophie/Theologie oder *Gender* Studies, treten für *Frauen*politik ein und verlangen ein *Frauen*ministerium. Das macht nur Sinn, wenn eine alltägliche, vorwissenschaftliche tragfähige Ahnung davon erhalten bleibt, was ein Mann und was eine Frau ist. Und das ist mehr, als man auf rationaler Ebene vereinbaren kann. Dass es im Reichtum der Natur neben der überwiegenden Mehrheit von Frauen und Männern auch Mischformen, Andere, Queerige gibt, spricht letztlich nur dafür, auch künftig von Frauen und Männern zu reden und sich über eine diskriminierungsfreie Beziehung Gedanken zu machen. Nicht nur die Politik wird davon weiterhin zehren, sondern auch die Liebe zwischen Männern und Frauen.

Muslimas und Muslime.
Im Modernisierungsstress

Viele von ihnen kommen aus „vormodernen Kulturen": aus Pakistan, Afghanistan, vom Balkan, aus Anatolien. In Österreich begegnen sie einer „modernen" Kultur. Es ist eine Kultur, in der die Gestalt des Lebens nicht mehr schicksalhaft vorgefunden wird. Die Muslimas und Muslime im Land erleben dann auch eine beträchtliche Wahlfreiheit: 55% fühlen sich in der Erwerbsarbeit frei, 74% in der Familie, 62% hinsichtlich der Kinder, 78% in der Freizeit, 76% in der Gestaltung ihrer Rolle als Mann und Frau. Die Werte für die islamische Bevölkerung sind im Durchschnitt jenen der eingesessenen ÖsterreicherInnen sehr ähnlich.

Allerdings unterscheiden sich Muslime und Muslimas voneinander beträchtlich. Das Freiheitsgefühl der Muslime ist ausgeprägter als jenes der Muslimas.[273] Das betrifft vor allem die Gestaltung der Rollen als Mann und Frau: 90% der Muslime erleben sich als Männer in der Rollengestaltung frei; unter den Muslimas sind es nur 62%. Im Vergleich dazu die Zahlen für die österreichische Gesamtbevölkerung: Frei fühlen sich 86% der Männer und 76% der Frauen.

	alle Muslimas/e	Muslime	Muslimas	DIFF	Frauen	Männer	DIFF
Erwerbsarbeit	55%	50%	39%	11	49%	55%	6
Familie	74%	87%	63%	24	75%	78%	3
Hinsichtlich der Kinder	62%	75%	52%	23	61%	55%	-6
In der Gestaltung der Freizeit	78%	98%	78%	20	79%	86%	7
In der Gestaltung der Rolle als Mann und Frau	76%	90%	62%	28	76%	86%	10
Summen	345	396	294	102	340	360	20

TABELLE 30: Bitte sagen Sie mir anhand einer 5-stufigen Skala, wie frei Sie folgende Lebensbereiche entscheiden können. (1 = sehr frei, 2 = frei; DIFF = Differenz; 2012 | Muslime, Muslimas, übrige Bevölkerung Österreichs)

---

273 Der Unterschied in den Summenwerten beträgt 102 Prozentpunkte. In der österreichischen Gesamtbevölkerung liegt der Unterschied zwischen den Frauen und Männern lediglich bei 20 Punkten.

Die freie Gestaltung der Geschlechterrollen ist eines der zentralen Anliegen moderner Emanzipationsbewegungen. Personen, die aus vormodernen Kulturen in eine moderne eintreten und sich dieser aussetzen (müssen), nehmen diese Freiheit wahr. Das, was sie an Rollenbildern mitbringen, wird allein dadurch destabilisiert, dass zumal junge Muslimas und Muslime im Zusammensein mit Gleichaltrigen aus der gastgebenden Kultur erleben, dass es eine Vielfalt von Rollenbildern gibt und die Menschen sich die Freiheit nehmen können, ihre persönliche „Wahl" zu treffen. Sie nehmen allerdings auch wahr, dass es im Zuge dieses Wählens durchaus einen nachhaltigen Einfluss von Medien einerseits sowie von Frauengruppen bzw. der Frauenpolitik andererseits gibt.

Im Rahmen der Studie zur Entwicklung der Rollenbilder von Frauen und Männern in Österreich hat interessiert, wie Muslimas und Muslime sich inmitten dieser modernen Rollenvielfalt „einfinden". Welche Rollenbilder wurden aus der Heimat mitgebracht? Welche Rollenbilder haben sie jetzt? Haben sich diese unter den Möglichkeiten der Gastkultur weiterentwickelt? Unterscheiden sich die erste und die zweite Migrations-Generation voneinander?[274]

Rollenvielfalt

Auch unter den Muslimen und Muslimas in Österreich findet sich jene Rollenvielfalt, welche das Bild der österreichischen Gesamtbevölkerung prägt. Allerdings sind die Verteilungen auf die Typen unter den Muslimas und Muslimen anders als in der übrigen österreichischen Bevölkerung.[275] Zudem lassen sich deutliche Verschie-

---

274 Die den folgenden Analysen zugrundeliegenden Daten beruhen auf einem repräsentativen Sondersample (N = 369) von Muslimen und Muslimas in Österreich im Rahmen der Studie zur Entwicklung der Geschlechterrollen in Österreich. Die Datenerhebung wurde vom Integrationsstaatssekretariat im Innenministerium finanziert. Eine Rohauswertung der Daten findet sich auf der Homepage http://www.zulehner.org/site/home/maennerundfrauenstudie201?SWS=b5ef48401b ed6c8af01dfa6ab8d38e3d. Dort findet sich auch der Tabellenband der GfK Austria, in dessen Einleitung der Fragebogen dokumentiert ist.

275 Die Verteilungen in der Typologie im Muslime-Modul weicht von der Verteilung der unaufgestockten Gesamtstudie erwartungsgemäß ab,

bungen von der ersten zur zweiten Migrationsgeneration beobachten.

Mehr moderne Muslimas als moderne Muslime

Es gibt erheblich mehr traditionelle Muslime[276] als traditionelle Muslimas. 41% traditionellen Muslimen stehen 19% traditionelle Muslimas gegenüber. Die Zahlen für die übrige österreichische Bevölkerung liegen erheblich niedriger: Frauen 6%, Männer 16%.

■ Mit 19% gibt es 2012 mehr als dreimal so viele moderne Muslimas als moderne Muslime (6%). In der übrigen österreichischen Bevölkerung finden sich 15% moderne Männer und 30% moderne Frauen.

■ Muslimas sind zu 39% dem Typ der „suchenden" Personen zuzurechnen, also unter jenen, die weder die traditionellen noch die modernen Muster akzeptieren. Viele Muslimas sind offensichtlich dabei, sich hinsichtlich ihres Selbstbildes neu zu orientieren.

■ Unter den Muslimen fallen statistisch 29% unter die suchenden Männer. Das sind deutlich weniger als in der übrigen

weil die Einstellungen der Muslime selbst mehr ins Gewicht fallen, was in der Typenbildung der Clusteranalyse eine Rolle spielt.

276 Ähnliche Erkenntnisse gibt es auch aus vergleichbaren deutschen Untersuchungen: „Türkische erwerbsfähige Hilfebedürftige stimmen am häufigsten den beiden Aussagen zu, dass eine Mutter mindestens so lange zu Hause bleiben sollte, bis das Kind zur Schule geht, sowie der Befolgung religiöser Gebote auch in der Arbeit. Auch beim traditionellen Ernährermodell (‚In einer Ehe oder Partnerschaft sollte der Mann der Haupternährer der Familie sein') ist die Zustimmung unter Türken mehr als doppelt so hoch wie unter Deutschen ohne Migrationshintergrund, sie ist aber sogar noch etwas höher bei Aussiedlern und Leistungsbeziehern aus mittel- und osteuropäischen Ländern einschließlich der GU." Brussig, Martin/Dittmar, Vera/Knuth, Matthias: Migrantinnen im GSB II: Aktivierung wider Willen?" in: Jaehrling, Karen/Rudolph, Clarissa (Hg.): Grundsicherung und Geschlecht. Gleichstellungspolitische Befunde zu den Wirkungen von ‚Hartz IV', Band 13 Arbeit – Demokratie – Geschlecht, herausgegeben von Ingrid Kurz-Scherf, Münster 2010, 164–180, 167.

männlichen Bevölkerung in Österreich; hier sind es 48%. Die bei den Muslimas beobachtete Umorientierung ist unter den muslimischen Männern seltener anzutreffen.

- In der Gruppe der Pragmatischen sind in der islamischen Bevölkerung ähnlich viele wie unter den übrigen Österreicherinnen (Muslime 24%, Muslimas 23%; übrige Männer 22%, übrige Frauen 28%).

Abschied der Muslimas von traditionellen Rollen

Werden die Verteilungen auf die vier Rollentypen auf die beiden Migrationsgenerationen aufgeschlüsselt, so zeigt sich insbesondere bei den Frauen ein beträchtlicher Unterschied.

- Während die Muslime in der zweiten Generation erheblich mehr Suchende aufweisen (+7 Prozentpunkte), fällt der Anteil der suchenden Muslimas von 42% auf 33% (–9 Prozentpunkte).
- Während bei den muslimischen Männern der Anteil der Traditionellen nur leicht rückgängig ist (–4 Prozentpunkte), halbiert sich der Wert bei den Muslimas von 26% auf 11% (–15 Prozentpunkte).
- Dem entspricht, dass der Anteil der Modernen unter den Männern nur leicht (+7 Prozentpunkte), bei den Frauen jedoch deutlich stärker ansteigt (von 12% auf 29%, also um 17 Prozentpunkte).

Natürlich ist hier mit zu bedenken, dass die Angehörigen der zweiten (und dritten[277]) Generation im Schnitt jünger sind als jene der ersten Generation. Das ändert an der Grundausrichtung der Entwicklung nicht viel. Hervor sticht, dass die jüngere zweite Migrationsgeneration unter den Muslimen der ersten Männergeneration weitaus ähnlicher ist, als dies bei den Muslimas der Fall ist.
Unter den Muslimas verändert sich auf Grund des Lebens in der österreichischen Kultur offensichtlich das Selbstbild als Frau erheblich rascher als unter den Muslimen ihr männliches Selbstbild. Das

---

277 Die Befragten aus der dritten Generation wurden, weil deren Anzahl gering ist, der zweiten Generation zugerechnet.

Selbstbild der Muslimas der zweiten Generation entspricht weithin jenem der übrigen österreichischen Frauen. Das moderne Frauenbild scheint also vor allem für Muslimas anziehend zu sein. Sie gewinnen vermutlich für sich selbst an Freiheits- und Gestaltungsspielraum – und das nicht nur in ihrer Beziehung zu Männern bzw. zu einem Lebenspartner, sondern auch im Blick auf ihre Möglichkeiten hinsichtlich Ausbildung und Beruf. Männer hingegen scheinen den Weg nur zögerlich mitzugehen, weil sie dabei eher „verlieren". Für Muslime scheint der Abschied von der traditionellen Rolle mit Nachteilen versehen zu sein, für Muslimas mit erheblichen Vorteilen.[278]

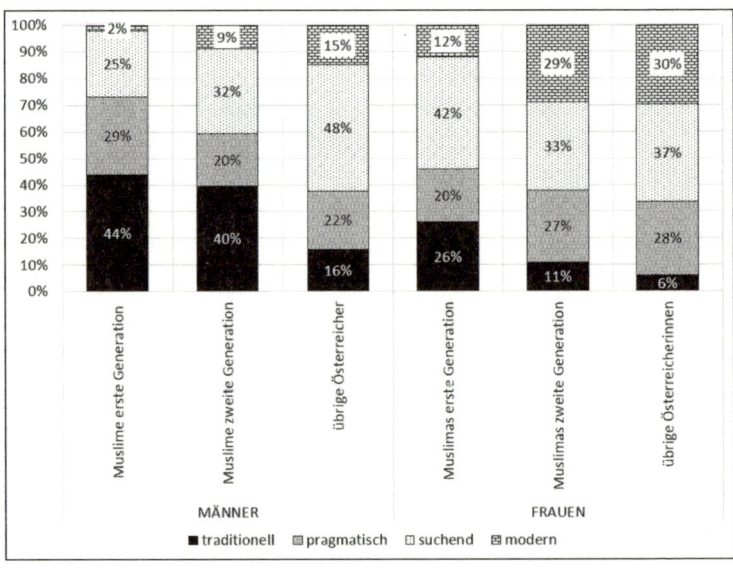

ABBILDUNG 30: Rollenbilder nach Migrationsgenerationen (2012 | Muslime/Muslimas im Vergleich mit der übrigen österreichischen Bevölkerung, aufgeschlüsselt nach Geschlecht)

---

278 Dem entspricht die Erzählung, dass manche anatolischen Männer der zweiten Generation sich ihre Ehefrau in der Heimat und nicht unter den österreichischen Muslimas ihrer Generation suchen.

Wie Muslime und Muslimas leben

Familienzuständigkeiten

Je nach Rollenbild variieren „familiale" Zuständigkeiten und Tätigkeiten. Auch verändern sie sich von Generation zu Generation. Es ereignet sich eine Art lautloser Integration in die gesamtösterreichische Kultur.

		dass die materielle Existenz gesichert ist	dass notwendige Entscheidungen getroffen werden	dass für die Zukunft geplant wird	dass es bei einem Streit wieder zu einem Ausgleich kommt	dass über Spannungen oder Probleme gesprochen wird	dass gemeinsam etwas unternommen wird	dass über die Partnerschaft gesprochen wird	dass es gemütlich ist
Männer	Muslime der ersten Generation	51%	41%	35%	17%	16%	12%	11%	3%
	Muslime der zweiten/dritten Generation	42%	30%	32%	12%	9%	11%	7%	14%
	nichtmuslimische Österreicher	40%	24%	20%	19%	12%	12%	11%	13%
Frauen	Muslimas der ersten Generation	13%	19%	17%	64%	46%	31%	44%	58%
	Muslimas der zweiten/dritten Generation	11%	25%	28%	37%	33%	29%	38%	62%
	nichtmuslimische Österreicherinnen	17%	21%	18%	34%	35%	23%	34%	52%
alle		28%	23%	19%	27%	24%	18%	23%	33%

TABELLE 31: Wer wofür in der Familie zuständig ist
Ich lese Ihnen nun Verschiedenes vor, was für eine Ehe bzw. Partnerschaft manchmal notwendig ist. Sagen Sie mir bitte, ob eher Sie, eher Ihre Partnerin oder Ihr Partner oder ob Sie gemeinsam dafür Sorge tragen.
(1 = eher ich; 2012 | Migrationsgenerationen, nichtmuslimische ÖsterreicherInnen)

Die traditionelle innerfamiliale Arbeitsteilung lässt sich – wie bereits zuvor beschrieben – in der Formel verdichten: „Männer sorgen für das Einkommen, Frauen für das Auskommen." Bei der Mehrheit der muslimischen Männer der ersten Generation trifft diese Formel zu. 51 % von ihnen kümmern sich um das materielle Fundament der Familie: „das Einkommen". Muslimas der ersten Generation machen dagegen innerfamiliäre Beziehungsarbeit, wissen sich für die Beziehungsarchitektur zuständig. Muslimas der zweiten und dritten Generation, eher jüngere Frauen, haben sich diesbezüglich den Werten der nichtmuslimischen Österreicherinnen weithin angepasst.

Kinderzahl

Oftmals kann man in Diskussionen hören, dass allein dank der höheren Kinderzahl die islamische Bevölkerung auf längere Sicht gesehen die übrige österreichische (christliche) Bevölkerung verdrängen werde.[279] Nun haben die Angehörigen der ersten Migrationsgeneration tatsächlich eine weit überdurchschnittliche Zahl an Kindern. Sie liegt (so die Daten unserer Studie) bei den Muslimas bei 1,80, bei den übrigen österreichischen Frauen bei 1,27. Sind unter den Muslimas der ersten Generation 23 % kinderlos, sind es unter den übrigen österreichischen Frauen 35 %. Haben 31 % der Muslimas aus der ersten Generation mehr als drei Kinder, ist das bei 13 % der übrigen österreichischen Frauen der Fall.

Aussagekräftiger für diese Diskussion ist allerdings das Ergebnis auf die Frage nach der Wunschkinderzahl. Diese liegt bei den Muslimen der ersten Generation am höchsten (2,53), noch deutlich höher als bei den Muslimas dieser ankommenden Generation (2,24). Bei den Muslimas der zweiten Generation sinkt der Wert auf 1,81 und ist damit nur noch geringfügig höher als bei den übrigen österreichischen Frauen (1,78).

---

279 Das ist eine der Ursachen, warum viele ÖsterreicherInnen den kämpferischen Kulturchristen zuzurechnen sind. Sie haben eine aggressive Haltung gegenüber dem Islam, halten diesen für gewaltförmig, demokratieunfähig, unpassend zur europäischen Moral des 21. Jahrhunderts. Das Abendland solle christlich bleiben. Dazu sollte für alle Kinder christlicher Religionsunterricht verbindlich bleiben. Zulehner: Verbuntung, 112–123.

		keine Kinder	ein Kind	zwei Kinder	drei Kinder	vier und mehr Kinder	Mittelwert
Männer	Muslime der ersten Generation	6%	7%	35%	30%	21%	2,53
	Muslime der zweiten/ dritten Generation	5%	11%	55%	23%	6%	2,14
	nichtmuslimische Österreicher	18%	17%	48%	12%	5%	1,70
Frauen	Muslimas der ersten Generation	5%	15%	42%	25%	12%	2,24
	Muslimas der zweiten/ dritten Generation	4%	8%	54%	29%	5%	1,81
	nichtmuslimische Österreicherinnen	12%	17%	53%	13%	5%	1,78
alle		15%	17%	50%	13%	5%	

TABELLE 32: Kinderwunsch
Und wie viele Kinder hätten Sie gern (gehabt)? Eines, zwei, drei, vier und mehr oder keines?
(2012 | Migrationsgenerationen, nichtmuslimische ÖsterreicherInnen)

Tätigkeiten mit Kindern

Dass es für Männer eine Bereicherung ist, in die Karenz zu gehen, sagten 34% der Muslime. Unter den übrigen österreichischen Männern liegt der Wert bei 33%.
Was aber machen Muslime und Muslimas mit ihren Kindern? Eine Aufschlüsselung nach Geschlecht zeigt, dass muslimische Mütter weit mehr mit ihren Kindern machen als muslimische Väter. Am ehesten spielen muslimische Väter mit den Kindern oder gehen mit diesen spazieren.

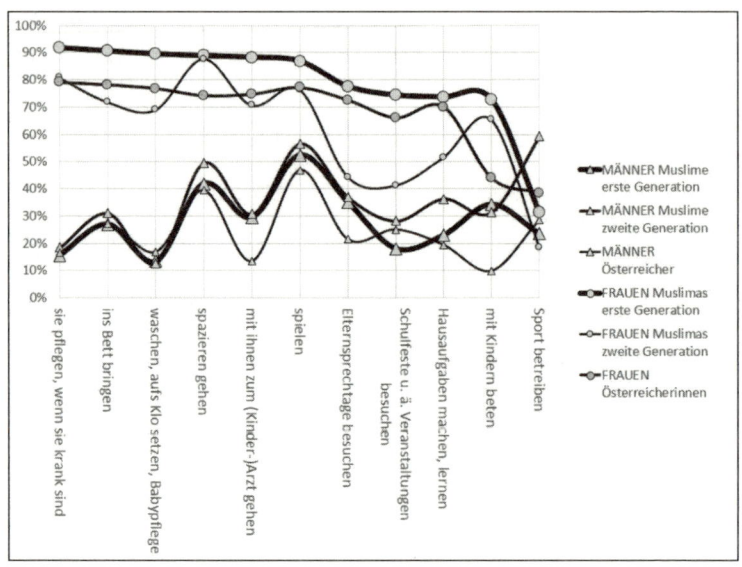

ABBILDUNG 31: Tätigkeiten mit Kindern
Welche der folgenden Tätigkeiten, die ich Ihnen nun vorlesen werde, verrichten Sie mit Ihren Kindern bzw. haben Sie mit den Kindern regelmäßig, gelegentlich oder nie gemacht, als diese noch klein waren?
(2012 | Muslimas/Muslime | Migrationsgenerationen)

Sorge um Pflegebedürftige

„Ich bin bereit, meine Berufstätigkeit für die Familie zu verringern." Dem stimmen 70% der Muslimas der ersten Generation zu, aber nur 27% der Muslime der ersten Generation. Die Sorge um Kinder sowie die Pflege von Familienangehörigen gelten offenbar in der islamischen Bevölkerung Österreichs vorrangig als Frauenangelegenheit. Der (rhetorische) Wert für die österreichischen Männer liegt immerhin bei 45%, bei den österreichischen Frauen bei 61%. Dass künftig die muslimischen Männer bei der Sorge um Kinder und Alte mehr gefordert sind, sieht ein Drittel der befragten Muslime (erste Generation 34%, zweite 38%; übrige österreichische Männer 52%) so. Von Muslimas wird diese Erwartung noch deutlicher vertreten, in der ersten Generation tun dies 57%, in der zweiten 74%. Damit erreichen sie den Wert der übrigen Österreicherinnen (74%).

Muslimas wünschen offenbar im familialen Bereich mehr Entlastung durch die Muslime. Auch im muslimischen Sample wurde noch konkreter nachgefragt: „Angenommen, bei Ihnen zuhause würde jemand pflegebedürftig werden. Wie weit wären Sie in einer solchen Situation bereit, Ihre berufliche Arbeit zu Gunsten von Pflegediensten daheim zu verringern? Wären Sie bereit, Ihre berufliche Arbeit um 100 Prozent zu verringern, also für die Zeit der Pflege ganz zu arbeiten aufzuhören, auf 75, auf 50 oder auf 30 Prozent zu verringern oder wären Sie dazu nicht bereit?"

- Nicht bereit sind weit mehr Muslime (erste Generation 49%, zweite 40%) als Muslimas (erste Generation 4%, zweite 7%).
- Muslime befürchten zu zwei Dritteln (65%) berufliche Nachteile. Unter den Muslimas hat diese Sorge ein starkes Drittel (36%).

Haushalt

Im familialen Bereich sind also in der islamischen Bevölkerung Frauen deutlich mehr präsent als Männer. Das gilt vor allem in der ersten Generation. Das gilt auch für die Aufteilung der Haushaltsarbeiten. Muslimas der ersten Generation (1158 Summenpunkte) machen im Haushalt im Schnitt doppelt so viel wie Muslime (546). Auch in der islamischen Bevölkerung finden sich Haushaltsaufgaben, die mehr bei den Muslimen ressortieren, andere wiederum, die eher bei den Muslimas angesiedelt sind. Die jüngere zweite Generation bringt sich im Haushalt anders ein: (Jüngere) Muslimas machen weniger, (jüngere) Muslime mehr. Aber auch hier bleibt die Tendenz, dass bestimme Aufgaben eher von Frauen, andere von Männern verrichtet werden.

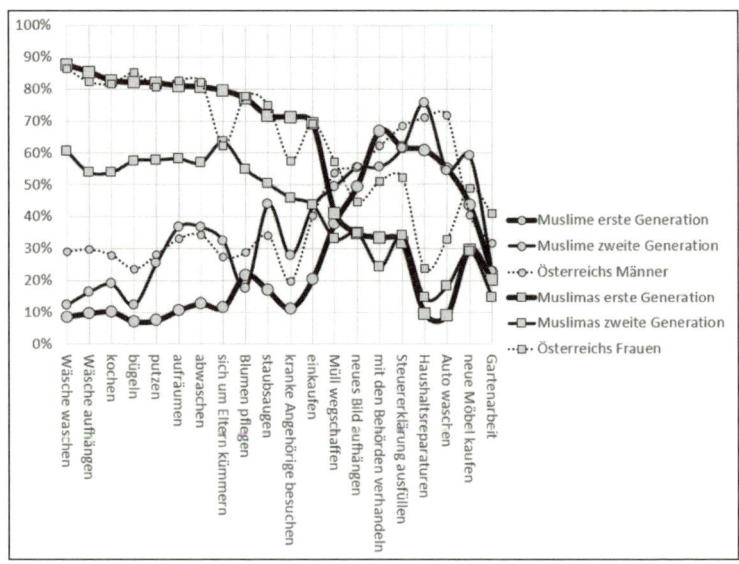

ABBILDUNG 32: Verteilung der Haushaltsarbeiten (2012 I Muslimas/
Muslime I Migrationsgenerationen)

Berufstätigkeit von Frauen

Unter den Muslimen der ersten Generation gibt es eine nur zurück-
haltende Sympathie dafür, dass auch ihre Ehefrau zum Haushaltseinkommen beitragen soll: Der Anteil der Befürworter einer Berufstätigkeit von Frauen liegt bei 45%; dieser steigt in Richtung zweiter
Generation auf 53%. Die (in Europa traditionelle) Aufteilung der
Geschlechter auf Berufsmann und Hausfrau ist unter Muslimen somit weit verbreitet.

Die Muslimas sehen das anders. Schon in der ersten Migrationsgeneration sind fast zwei Drittel (62%) für eine Berufstätigkeit der
Frauen. In der zweiten Generation steigt deren Anteil auf 77%.

Die Zustimmung zur Berufstätigkeit von (Ehe-)Frauen hat allerdings zusätzlich eine wirkmächtige ökonomische Dimension. Es
ist die Überzeugung bzw. Erfahrung eines beträchtlichen Teils der
ersten Generation (Muslime 42%, Muslimas 44%), dass mit einem
einzigen Einkommen heute eine Familie kaum finanziert werden
kann.

Bei knapper Arbeit Vorrang der Männer, aber nicht der Inländer

Insofern Muslime zumal der ersten Generation die Berufsarbeit vor allem an die Männer binden, ist es verständlich, dass auch bei einer Knappheit von Arbeitsplätzen 63% der Muslime dieser Generation es gutheißen, dass dann die Arbeit vorrangig Männern vorbehalten werden soll. Auch in der zweiten/dritten Generation sind mit 58% die befragten Muslime mehrheitlich dieser Ansicht. In der österreichischen Bevölkerung (ohne Muslime) denken 36% so. Frauen teilen dieses geforderte Arbeitsprivileg für Muslime nicht: Nur 29% Muslimas der ersten Generation geben Männern bei Arbeitsplatzknappheit eher Vorrang; unter den Muslimas der zweiten/dritten Generation sind es 19%.

48% der Muslime und 59% der Muslimas stellen sich klar dagegen, dass bei einer Knappheit von Arbeitsplätzen die Inländer den Ausländern vorgezogen werden: eine Ansicht, welche auch 59% der Nichtmuslime vertreten.

Vollzeit für Muslime, Teilzeit für Muslimas

73% der Muslime der ersten Generation haben in der Studie für Vollarbeitszeit votiert (unter den österreichischen Männern waren es 67%). Darin kommt noch einmal die traditionell tiefe Bindung der Männer an die Arbeitswelt zum Vorschein.

Anders bei den Muslimas. Nur 23% aus der ersten Generation wünschen sich eine Vollzeitarbeit. Muslimas weichen auf Teilzeitarbeit oder flexible Arbeitszeitmodelle aus. Flexible Arbeitszeit heißt zugleich flexible Familienzeit.

Insofern erweisen sich Muslimas als mehr familienorientiert, Muslime mehr berufsorientiert.

Zusammenspiel Familie und Beruf

Das auch aus finanziellen Gründen erforderliche Zusammenspiel von Familie und Beruf gelingt den Muslimen besser (erste Generation 60%, zweite 61%, übrige Männer in Österreich 63%) als den Muslimas zumal der ersten Generation (44%; zweite Generation 68%, übrige Österreicherinnen 60%). Die muslimischen Frauen spüren die Spannung von Familie und Beruf sichtlich am stärksten:

Vielleicht, weil sie traditionellerweise stark an die Familie gebunden sind und dennoch in Teilzeit arbeiten (wollen/müssen)? „Das Leben in einer Familie ist einfacher, wenn ein Elternteil nicht arbeitet und zuhause bleibt." Dieser Aussage stimmen 71% der Muslime der ersten und 75% der zweiten Generation zu – im Vergleich dazu liegt die Zustimmung der übrigen österreichischen Männer bei 56%. Die Zahlen für die Muslimas der ersten (65%) und noch mehr der zweiten Generation (56%) liegen niedriger: Die jüngeren Muslimas der zweiten Generation unterscheiden sich in dieser Hinsicht nicht von den übrigen österreichischen Frauen (57%).

Die Frage nach dem sensiblen Zusammenspiel von familialer Lebenswelt und Berufs- und Erwerbsarbeit wurde in einer eigenen Frage folgendermaßen direkt gestellt. Dabei richtete sich der Fokus auf die (Erziehung der) Kinder. Diese gehören zu den Hauptbetroffenen des Gelingens oder Scheiterns der Balance von Familie/Kinder und Beruf.

„Über die Aufgaben von Mann und Frau in der Familie und in der Kindererziehung gibt es verschiedene Meinungen. Bitte nennen Sie die Nummer jener Aussage, der Sie am meisten zustimmen."

- Die traditionelle Position „Mann im Beruf, Frau in der Familie" wird von 39% (Ö 19%) der Muslime der ersten Generation unterstützt. Ein Viertel der Muslimas der zweiten Generation (23%, Ö 14%) akzeptiert auch diese Lösung: Das sind deutlich weniger.
- Die meiste Zustimmung mit gut der Hälfte findet die Variante „Mindestens solange die Kinder noch klein sind, ist es besser, wenn die Frau zu Hause bleibt." Wie lange sind Kinder klein? Diese Frage bleibt in der Studie offen.
- Deutlich weniger akzeptiert wird die Variante „Grundsätzlich sollten Frauen genauso berufstätig sein können wie die Männer. Sie sollten sich deshalb die Arbeit im Haushalt und die Sorge um die Kinder teilen oder sich dabei abwechseln." Dies ist für die Muslimas der zweiten/dritten Generation attraktiver als für die Muslime der gleichen Generation.
- Eine möglichst frühe „Enthäuslichung" der Kinder wird so gut wie von niemandem für gut befunden. Dabei bleibt wiederum unbestimmt, was „möglichst früh" konkret bedeutet.

■ Und dass es eine auf den Kopf gestellte neuerliche Halbierung der Rollen gibt, wird auch nicht goutiert. Die Position „Es ist für alle Beteiligten besser, wenn die Frau voll im Erwerbsleben steht und der Mann zu Hause bleibt und sich um Haushalt und Kinder kümmert", wird durchgehend abgelehnt.

		Es ist für alle Beteiligten besser, wenn der Mann voll im Erwerbsleben steht und die Frau zu Hause bleibt und sich um Haushalt und die Kinder kümmert.	Mindestens solange die Kinder noch klein sind, ist es besser, wenn die Frau zu Hause bleibt.	Grundsätzlich sollten Frauen genauso berufstätig sein können wie die Männer. Sie sollten sich deshalb die Arbeit im Haushalt und die Sorge um die Kinder teilen oder sich dabei abwechseln.	Es ist für alle Beteiligten besser, wenn die Frau voll im Erwerbsleben steht und der Mann zu Hause bleibt und sich um Haushalt und Kinder kümmert.	Am besten ist es für die Frauen und Männer, wenn die Kinder möglichst bald von außerfamiliären Einrichtungen betreut werden.
Männer	Muslime der ersten Generation	39%	50%	11%	0%	0%
	Muslime der zweiten/ dritten Generation	26%	61%	11%	0%	2%
	nichtmuslimische Österreicher	19%	51%	26%	1%	3%
Frauen	Muslimas der ersten Generation	23%	63%	14%	1%	0%
	Muslimas der zweiten/ dritten Generation	10%	59%	31%	0%	0%
	nichtmuslimische Österreicherinnen	14%	46%	35%	1%	3%
alle		17%	49%	30%	1%	3%

TABELLE 33: Optionen für die Balance Familienwelt–Arbeitswelt
Über die Aufgaben von Mann und Frau in der Familie und in der Kindererziehung gibt es verschiedene Meinungen. Bitte nennen Sie die Nummer jener Aussage, der Sie am meisten zustimmen.
(2012 | Muslimas/Muslime | Migrationsgenerationen, nichtmuslimische ÖsterreicherInnen)

Autoritarismus

Diese integrative Entwicklung wird begünstigt, wenn sich bei den Muslimen und Muslimas ein „modernes" Verhältnis zu Selbstbestimmung und damit Freiheit einstellt. Im Rahmen der Studie kann dieses Moment an der Integration anhand der Zahlen zum „Autoritarismus"[280] erhellt werden. Autoritarismus ist die Bereitschaft eines Menschen, sich freiwillig Autoritäten zu unterwerfen – eine Haltung, die als vormodern gilt.

Diese Unterwerfungsbereitschaft ist in der ersten Generation der Muslime (73%) am höchsten, bei den Muslimas der zweiten/dritten Generation am niedrigsten (57%). Der Durchschnitt der Gesamtbevölkerung liegt bei 65%.

		sehr stark	stark	schwach	sehr schwach
Männer	Muslime der ersten Generation	41%	32%	17%	10%
	Muslime der zweiten/dritten Generation	25%	53%	16%	6%
	nichtmuslimische Österreicher	25%	42%	24%	9%
Frauen	Muslimas der ersten Generation	15%	43%	30%	12%
	Muslimas der zweiten/dritten Generation	20%	37%	26%	17%
	nichtmuslimische Österreicherinnen	20%	42%	29%	8%
alle		**23%**	**42%**	**27%**	**9%**

TABELLE 34: Autoritarismus (2012 | Muslimas und Muslime und übrige ÖsterreicherInnen, nach Geschlecht)

---

280 Gemessen wird der Autoritarismus mit Items aus der von Theodor W. Adorno entwickelten Testskala. Wir haben in unserer Studie folgende Items eingesetzt:
... Das Wichtigste, was Kinder lernen müssen, ist Gehorsam.
... Wo strenge Autorität ist, dort ist auch Gerechtigkeit.
... Mitreden und mitentscheiden soll man erst, wenn man durch harte Arbeit eine Position erreicht hat.
... Die viele Freiheit, die heute die jungen Menschen haben, ist sicher nicht gut.

Zwischen dem Autoritarismus und der Zuordnung zu einem Typ von Geschlechterrollen besteht ein enger Zusammenhang. Je weniger autoritär, desto moderner ist das Rollenselbstbild einer Person. Umgekehrt: Personen mit einem modernen Rollenbild sind weniger autoritär. Es scheint sich um eine konsistente „Modernisierung" zu handeln. Unterwerfungsbereitschaft und Rollentypen verändern sich Hand in Hand. Die Integration erfolgt also in die Grundhaltung der „modernen" Kultur Österreichs und formt von hier aus auch das Selbstbild als Frau und Mann.

Rollentyp	Autoritarismus			
	sehr stark	stark	schwach	sehr schwach
traditionell	35%	45%	16%	4%
pragmatisch	48%	38%	12%	2%
suchend	14%	56%	27%	4%
modern	3%	20%	49%	28%

TABELLE 35: Autoritarismus und Geschlechtertypen (2012 | Autoritarismus und Geschlechterrolle)

Religiosität

In diesem „Modernisierungsprozess" spielt als dritte Komponente die Religiosität eine nachhaltige Rolle. Die traditionelle Gestalt des Islam in „vormodernen" Ländern ist autoritär stilisiert. Die Unterwerfung unter Allah findet schon in den Riten einen deutlichen Ausdruck. Auch scheint das Bild von Allah „autoritär" eingefärbt zu sein.

Im Zuge des Eintauchens in eine moderne, nicht mehr so sehr autoritär stilisierte Kultur (wie in Österreich) verändert sich auch die (autoritäre) Gestalt des Islam. Das kann auf verschiedene Weise geschehen. Entweder wird das autoritäre Bild der Religion transformiert.[281] Möglich ist aber auch ein Rückzug modern gewordener

---

281 Ein Beispiel dieses theologischen Versuchs sind die Werke von Khorchide, Mouhanad: Islam ist Barmherzigkeit. Grundzüge einer modernen Religion, Freiburg 2012.

Menschen von einem vormodernen Islam und damit der Abschied vom Islam insgesamt; was dann übrig bleibt, ist eine Art Kulturislam, der am Einhalten des Ramadan sozial sichtbar wird. Das ist eine der gewaltigen Herausforderungen für die islamische Religion in Europa. Es wird ihr eine Modernisierung binnen zwei bis drei Generationen zugemutet – ein Prozess, für den das Christentum bislang bald 400 Jahre Zeit hatte.

Die Auswirkungen zeigen sich, wenn man Autoritarismus und Commitment[282] in der islamischen Glaubensgemeinschaft in Beziehung setzt. Je stärker der Autoritarismus, desto mehr Commitment. Das gilt deutlich eher in der ersten Generation; in der zweiten schwächt sich der Zusammenhang ab. Dennoch geht zugleich mit dem Autoritarismus auch das Commitment zurück.

	Autoritarismus	sehr commited	commited	wenig commited	gar nicht commited
erste Generation	sehr stark	51%	38%	7%	4%
	stark	33%	48%	13%	7%
	schwach	31%	45%	17%	7%
	sehr schwach	7%	25%	31%	37%
	alle	**35%**	**42%**	**14%**	**9%**
zweite Generation	sehr stark	39%	39%	6%	16%
	stark	25%	37%	14%	24%
	schwach	53%	23%	17%	8%
	sehr schwach	12%	6%	30%	53%
	alle	**32%**	**31%**	**14%**	**22%**

TABELLE 36: Autoritarismus und Commitment (2012 I nur Muslime der ersten und zweiten/dritten Generation I Autoritarismus, Commitment)

---

282 Mehr dazu im Forschungsbericht Zulehner, Paul M.: Der anstrengende Aufbruch. Ein Forschungsbericht, Wien 2012 (Bericht für das Sozial- und das Wissenschaftsministerium). http://www.zulehner.org/site/forschung. So viel nur: In diesem Index sind enthalten die fünf Säulen, das Gebet, der Moscheegang, der Besitz von heiligen Gegenständen.

Erwartungsgemäß korreliert auch die Stärke des Commitments mit der Zuordnung zu einer der vier Rollentypen. Bei geringerem Commitment finden sich mehr Befragte unter den Modernen. Die Personen aus dem Innenbereich der islamischen Glaubensgemeinschaft hingegen tendieren zu einem traditionellen Rollentyp.

	FROMM	traditio-nell	prag-matisch	suchend	modern
erste Generation	sehr commited	40%	28%	32%	0%
	commited	42%	27%	29%	3%
	wenig commited	22%	13%	42%	23%
	gar nicht commited	5%	15%	52%	28%
	alle	**35%**	**24%**	**34%**	**7%**
zweite Generation	sehr commited	24%	43%	27%	6%
	commited	56%	13%	23%	9%
	wenig commited	4%	25%	37%	33%
	gar nicht commited	11%	7%	46%	36%
	alle	**28%**	**23%**	**32%**	**18%**

TABELLE 37: Commitment und Rollentypen (2012 I nur Muslime der ersten und zweiten Generation I Rollentypen)

Zusammengefasst

Überblickt man diese ausgewählten Daten, wird klar, dass die Muslime und Muslimas unter dem Einfluss der österreichischen Kultur ihre Bilder von Mann und Frau verändern. Diese Veränderung geht bei den Muslimas erheblich rascher vor sich als bei den Männern. Der Grund scheint zu sein, dass durch die „Modernisierung" der Geschlechterrollen bei den Migrantinnen und Migranten die Männer eher verlieren und die Frauen stark gewinnen. Die Frauen erweisen sich in der islamischen Bevölkerung in Österreich somit als die treibende Kraft der Entwicklung. Diese erfolgt derart rasch, dass die Daten der zweiten Generation der Muslimas jenen der übrigen österreichischen Frauen nahegekommen sind. Im Zuge der Entwicklung der Geschlechterrollen ereignet sich ein wichtiges Moment an praktischer Integration.

Wie sehr es sich um einen breiten Modernisierungs- und damit auch Integrationsvorgang handelt, zeigt der Zusammenhang zwischen Geschlechterrollen, Autoritarismus und religiösem Commitment. Wichtig scheint dabei die Veränderung im Verhältnis zu Autorität und Freiheit zu sein, das eine Art Schlüssel zur modernen Lebensweise darstellt. Selbststeuerung des Lebens wird angestrebt. Leben ist dann nicht mehr Schicksal, sondern Wahl, um eine Aussage von Peter Berger über die Religion zu modifizieren. Gegenstände des Wählens sind dann sowohl die Gestalt der Religion als auch das Selbstverständnis als Frauen und Männer.

Wo gewählt wird, gibt die Kultur nicht mehr nur ein einziges Lebensmodell oder nur noch ein einziges Verständnis der Religion vor. Vielmehr macht sich im Raum des „freien" Wählens Vielfalt breit. Je bunter die Verteilung auf unterschiedliche Rollen ausfällt, umso moderner ist der kulturelle Kontext des Lebens. Beim Wählen spielt dabei eine Rolle, ob Vorteile gewonnen werden. Das macht verständlich, dass Muslimas bei der Wahl der modernen Frauenrolle viel gewinnen, während Muslime beim Festhalten der alten Rolle sich im Besitz ererbter Vorteile wähnen.

Gewalt

Im Modul zu den Muslimas und Muslimen in Österreich sind wir auf zwei Aspekte des Lebens von Männern und Frauen gestoßen, die in den vielen Studien eine Rolle spielen: Gewalt und Religion/ Spiritualität(en). Abschließend werden wichtige Erkenntnisse aus den Studien dazu vorgelegt.[283]

Gewalt hat viele Gesichter. Sie gilt als „männlich". Die Zuordnung von „gewalttätig" zu „männlich" war 1992 loser als 2002. 2012 hat sich die Verbindung wieder ein wenig gelockert. Männer nennen „gewalttätig" seltener als Frauen eine männliche Eigenschaft. Das ist eine durchaus verständliche Behübschung des Selbstbildes. Mit weiblich wird „sanft" verbunden, nicht gewalttätig. Mit „weiblich" wird „gewalttätig" weit seltener verbunden. Die Werte für die Weiblichkeit von Gewalttätigkeit liegen unter 10%.

Gestaltungsmacht

Es gibt eine destruktive und eine kreative Ausübung von Macht. Die kreative Ausübung soll im Folgenden „Gestaltungsmacht" genannt werden. Für die destruktive wird der Begriff „Gewalt" verwendet. Zur Gestaltungsmacht enthält die Studie drei einschlägige Items:

> ... Ich gestalte gern das Zusammenleben von Menschen und übe auf diese Weise bewusst Macht aus.
> ... Ich übernehme in Gruppen oder bei Entscheidungsvorgängen oft die Führung.
> ... Es fällt mir schwer, die Leitungsrolle zu übernehmen.

---

283 Mehr dazu findet sich im Forschungsbericht: für das Sozial- und Wissenschaftsministerium in Zulehner, Paul M.: Der anstrengende Aufbruch. Ein Forschungsbericht, Wien 2012. (Bericht für das Sozial- und das Wissenschaftsministerium) http://www.zulehner.org/site/ forschung.

Zwei Gruppen zeichnen sich ab. Die einen leiten gern, den anderen fällt es schwer, eine Leitungsrolle zu übernehmen.

Männer übernehmen im Schnitt häufiger bei Entscheidungsvorgängen die Führung als Frauen. Unter den Frauen tun sich die modernen damit leichter als die traditionellen. Der Vorsprung der Männer zu den modernen Frauen verringert sich diesbezüglich, ohne dass mehr moderne Männer die Führung aus der Hand geben.

Gewaltakzeptanz

Nun aber zur Gewalt, genauer genommen zu Haltungen in den Befragten, die eine Neigung zu, eine Akzeptanz von Gewalt erkennbar machen. Diese Gewaltneigung drückt sich – statistisch gut abgesichert – in einer Reihe von Aussagen aus. Sie zeigen, dass die Gewalt sehr viele Gesichter hat: Sie kommt vor als pädagogische Gewalt, als Männergewalt, als sexuelle Gewalt. Dazu kommen allgemeine Aussagen darüber, ob „Macht" Männersache ist und ob Frauen Macht offen zeigen.

Die Gewaltneigung war 2012 bei 33% der Männer stark ausgeprägt. Das bedeutet gegenüber 2002 (22%) eine Zunahme um 11 Prozentpunkte. Diese Zunahme erfolgte vorab bei den suchenden Männern. Im Vergleich dazu lag der Wert 2012 bei den Frauen bei 22%. Bei diesen betrug die Zunahme in den letzten zehn Jahren 8 Prozentpunkte. Mit Ausnahme der modernen Frauen haben in diesem Zeitraum alle drei anderen Rollentypen an Gewaltakzeptanz zugelegt.

Gewaltneigung ist also nicht mehr nur eine Frage der Männer, auch wenn „gewalttätig" zumeist als männlich gilt. Zudem hat in den letzten Jahren die Gewaltakzeptanz bei Frauen zugenommen.

Die Studie enthält auch Anhaltspunkte über erlittene Gewalt. Und darüber, wer die TäterInnen waren. 87% der Männer gaben 2012 an, von niemandem Gewalt erlitten zu haben. Das sind 9 Prozentpunkte mehr als 2002. Die Täter waren nach Auskunft der betroffenen Männer zu 11% Männer. 2% haben Gewalt durch eine Frau erlitten. Unter den Frauen waren es 2012 82%, die keine Gewalt erlitten haben. Bei 2% der Frauen kam die Gewalttätigkeit von einer Frau, bei 14% von einem Mann.

Es fällt auf, dass moderne Männer wie Frauen öfter angaben, Gewalt erlitten zu haben. Sind sie gewaltsensibler als die traditionellen Frauen?

Ausdrücklich nachgefragt worden war, ob es sich bei der erlittenen Gewalt um sexuelle Gewalt handelte. Die Basis bei dieser Nachfrage bildeten jene, denen irgendeine Form von Gewalt angetan worden war. Die Daten für 2002 und 2012 zeigen, dass Frauen weit häufiger als Männer unter sexueller Gewalt leiden. Der Anteil der Frauen, welche die erlittene Gewalt als sexuell gefärbt erlebt haben, ist allerdings von 41% im Jahre 2002 auf 27% im Jahre 2012 gesunken. Die erlittene Gewalt hat vielfältige Gesichter. 2012 wurden folgende Formen von Gewalttätigkeiten abgefragt:

Sind Sie im letzten Jahr von jemandem ...

... getreten, gestoßen, gebissen, gekratzt oder geohrfeigt worden?

... mit etwas beworfen oder mit der flachen Hand geschlagen worden?

... mit den Fäusten verprügelt, zusammengeschlagen, mit einer Waffe bedroht oder mit einer Waffe verletzt worden?

... zu sexuellen Handlungen gezwungen worden, die Sie nicht wollten?

... beleidigt, beschimpft oder angeschrien worden?

... in Ihren Handlungen und Aktivitäten kontrolliert worden?

... verfolgt und bedrängt worden?

Zählt man die Werte dieser verschiedenen Gewaltformen für Männer und Frauen zusammen, dann zeigt sich, dass Gewalt in ihren vielen Gesichtern sowohl von beiden Geschlechtern als auch von den unterschiedlichen Rollentypen in ähnlichem Ausmaß erlitten wurde.

In einem Ranking der verschiedenen Gewaltformen stehen Beleidigungen/Beschimpfungen, also verbale Gewalt, an der Spitze. Es folgen kontrollierende Handlungen und verschiedene Arten körperlicher Aggressivitäten und Handgreiflichkeiten. Verfolgt und bedrängt werden und zu sexuellen Handlungen gezwungen worden zu sein rangieren an letzter Stelle.

Wir haben sodann weitergefragt, von wem jemand eine dieser Formen von Gewalt angetan worden war. Vorgegeben waren als Antwortmöglichkeit[284]: ist nicht vorgekommen; Partner/in; Mutter; Vater; Sohn; Tochter; Verwandte; Fremde; keine Angabe. Die Quelle von Gewalt (besonders in der Form von Beleidigungen und Beschimpfungen) sind vor allem fremde Menschen bzw. nicht Mitglieder des familiären Umfelds. Danach folgt der Partner/die Partnerin. Väter zeigen mehr Gewalt denn Mütter. Am wenigstens Gewalt geht von den Töchtern aus.[285] „Sexuelle Übergriffe" werden vor allem in der Partnerschaft vom Partner verübt, sagen Frauen – von den Männern hat niemand einen solchen Übergriff genannt. An zweiter Stelle kommen bei Frauen Übergriffe durch Fremde. In Summe sind Männer weit weniger Opfer sexueller Übergriffe.

Gewalt und Autoritarismus

Ein Ergebnis verdient Beachtung: Gewalt hängt eng mit Autoritarismus in Sinn von Theodor W. Adorno zusammen. Als autoritär gelten Menschen, deren Grundhaltung sich in die Formel kleiden lässt: „Recht hat, wer oben ist."[286] Dieser Autoritarismus ist tiefenpsychologisch besehen Ausdruck von mangelnder Ichstärke. Fehlende „Identität" wird durch eine „Identitätsanleihe" bei Gruppen und Führern ausgeglichen.

Nun zeigt sich in der Studie auch ein enger Zusammenhang zwischen Autoritarismus und Gewaltakzeptanz. Zur Gewalt scheinen

---

284 Es gab auch noch die Codierungsanweisung: „Bitte ordnen Sie Personen, die keine Familienangehörige oder Partner/in sind, unter Fremde zu."

285 Es ist zu beachten, dass der Anteil derer, die keine Antwort gegeben haben, zwischen 7 und 9% bezogen auf alle Befragten liegt. Das ist ein überraschend niedriger Wert.

286 In der Zeit zwischen den beiden Weltkriegen in Europa war der Anteil der autoritären Persönlichkeiten in der Gesamtbevölkerung sehr hoch. Nach Theodor W. Adorno, der sich nach dem Krieg der Erforschung des Autoritarismus gewidmet hat, war diese Verbreitung des Autoritarismus die Grundlage dafür, dass „autoritäre Systeme" (Nationalsozialismus, Faschismus) in vielen europäischen Ländern von den Bevölkerungen willkommen geheißen und unterstützt worden waren. Ein „blinder" Führer-Gehorsam war charakteristisch für diese Unzeit in der Geschichte Europas, die zu fatalen Weltkriegen und vor allem zur Shoa der Juden in Europa geführt hatte.

so besehen eher die Ich-schwächeren Persönlichkeiten zu neigen. Ist Gewalt also die Veröffentlichung innerer Schwäche? Ist gewalttätig, wer es nötig hat?

Das heißt umgekehrt, dass Gewaltprävention nicht nur nach dem Schutz von möglichen Opfern ruft, sondern auch nach einer Persönlichkeitsentwicklung (möglicher) Täterinnen und Täter. Der beste Weg dorthin heißt Freiheitsförderung, Wachstum der Ichstärke und eines kommunikationsfähigen Ichbewusstseins.

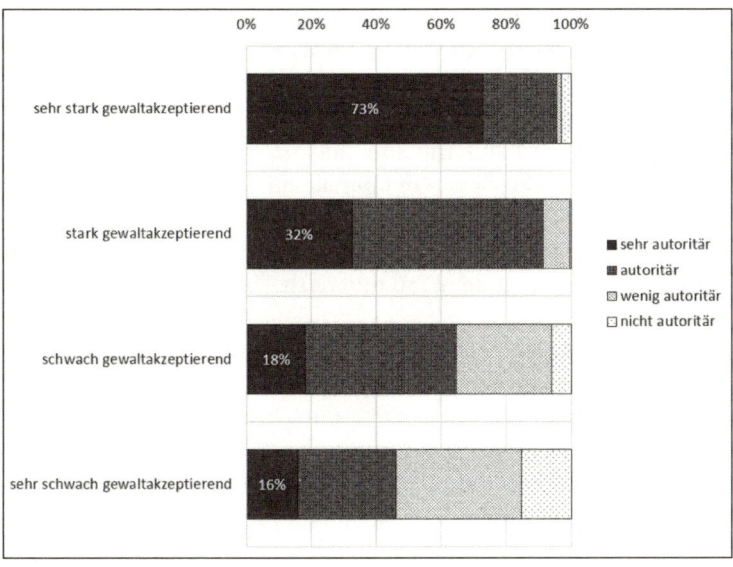

ABBILDUNG 33: Gewaltakzeptanz und Autoritarismus (2012)

Spiritualität – Religion

Ein Moment an der Daseinsbewältigung auch moderner Menschen ist die Deutung der Welt. In ihrem Feld formen sich die Muster des Denkens, Fühlens und Handelns, privat wie politisch. Weltdeutung heißt in der überkommenen Sprache „Weltanschauung". Auch von einer „Reichweite der Wirklichkeit" kann gesprochen werden. Diese kann rein diesseitig entworfen und „bewohnt" werden oder die Grenzen von Raum und Zeit überschreitend, transzendierend, jenseitig. Dann weitet sich der Daseinshorizont. Das ist für die Frage des unentrinnbaren Todes von Belang. Ist dieser ein definitives Ende? Oder, wie große asiatische Weltreligionen annehmen, der Start in eine neue Reinkarnation, falls noch dunkles Karma abzuarbeiten ist? Oder nach einem einmaligen Leben die Geburt zu einem bleibenden „ewigen" Leben, für dessen Erahnen viele Bilder zur Verfügung stehen: Paradies, Himmel, ewiges Leben, Leben bei Gott. Die Fragen nach dem Tod und nach Gott hängen religionsforscherisch eng zusammen.

Jene, die an Gott glauben, haben dafür in der europäischen Geschichte viele Bilder entworfen: Gott als höheres Wesen oder Gott, der sich in die Geschichte seiner Schöpfung „einmischt" und Mensch geworden ist. Weltanschauungen können ohne Gott auskommen. Es gibt als modernen Haupttyp den skeptischen Zweifler. So reicht die Bandbreite von den Atheisierenden hin zu den Christgläubigen. Dazu kommen in unserem Land immer mehr Muslime, die auch zu den Gottglaubenden gehören, aber keine Menschwerdung Gottes kennen und ein nicht so ausdifferenziertes Gottesbild wie die Christen haben. Muslime sehen mehr die innere Einheit, Christen mehr den „Tanz der Liebe" (Richard Rohr) in Gott, wofür das schwierige Wort von der Dreifaltigkeit steht.

Für solche Vielfalt enthält die Umfrage einige wenige markante Anhaltspunkte. Diese haben eine innere Logik.

- In modernen Kulturen steht im Mittelpunkt die konkrete Person und was diese selbst glaubt und fühlt: also die subjektive *Religiosität*.
- Dann „bauen" sich moderne Menschen ihr *Glaubenshaus*,

oder sie beziehen ein vorfindbares altes Glaubenspalais. Sie sind Religionskomponisten oder gustieren eine gut durchdachte und elaborierte Religion (wie den Islam, das Christentum – in seinen konfessionellen Variationen, den Buddhismus, um nur drei wichtige zu nennen) und nehmen dazu das Heilige Buch einer großen Weltreligion zur Hand. Diese „Glaubenswelt" einer Person, wie immer sie sich lebensgeschichtlich aufbaut, hat sowohl die Freuden des Lebens zum Thema als auch die dunklen Themen von Leid und Tod und welchen Sinn sie diesen abringt.

■ Sodann kann eine Person ihre Weltanschauung als privates Gut hüten und daraus für die Bewältigung des Lebens nach eigenem Befinden schöpfen. Sie kann sich aber auch einem religiösen Netzwerk oder einer gut organisierten Religionsgemeinschaft/Kirche anschließen. Subjektive Religiosität und persönlicher Glaube können zum *Commitment* führen: zur Mitfeier von Ritualen, zum (ehrenamtlichen) Engagement bei Projekten dieser Religionsgemeinschaft.

■ Schließlich können die Fäden aus dem „weltanschaulichen Kern" einer Person hin zum *Handeln* in bestimmten Lebensbereichen gezogen werden. Welche Lebensform haben sie, wie viele Kinder, welche politische Präferenz? Wie sieht es mit dem Vorrat an Individualismus, Solidarität aus? Welche politische Partei präferieren sie?

■ Wie stehen sie zu den Fremden, den Ausländern, zu den Mitgliedern anderer Religionsgemeinschaften? Für wie wichtig halten die Befragten das Christentum für Europa? Und viele andere Fragen an der Grenze von Politik und Religion.

■ Nicht zuletzt aber stellt sich die Frage: *Spielt die Weltanschauung und alles, was diese „füllt", eine Rolle bei der Zuordnung, vielleicht sogar Akzeptanz einer Person zu einem bestimmten Rollenbild?* Um diese Frage kompakt beantworten zu können, wird ein komplexer Index der Weltanschauung gebildet werden, der Religiosität, Glaubenshaus und Commitment bündelt.[287]

---

287 Die Bildung dieses kompakten weltanschaulichen Indikators findet sich im Forschungsbericht: Zulehner, Paul M.: Der anstrengende Auf-

Religiosität

5% aller befragten Österreicherinnen bezeichneten sich als „sehr religiös", weitere 41% als „religiös". Das macht zusammen mit 46% nahezu die Hälfte aus. Die zweite Hälfte verteilt sich auf teils-teils, nicht religiös oder gar nicht religiös. 46% eher Religiösen stehen 36% eher Nichtreligiöse gegenüber.

Bei den Männern sind 38% (sehr) religiös, bei den Frauen mit 53% deutlich mehr. Religiös zu sein scheint in unserer Kultur nach wie vor mehr Frauen- denn Männersache zu sein.

Diese Religiosität/Spiritualität speist sich aus Quellen. Wir haben danach gefragt, aus welchen: 54% der Befragten haben keine Quellen für ihre Spiritualität (genannt). Bei den Männern sind es 61%, bei den Frauen 46%. 31% schöpfen aus christlichen Quellen (christliche Mystik, Evangelium), 3% aus islamischen. 5% sind offen für buddhistische (Zen) und 4% für hinduistische Quellen (Yoga). Nimmt man esoterische Quellen und Naturreligionen zusammen, sind es zusammen 14% und damit die zweitwichtigste Quelle. 2% kennen atheistische Quellen. Eine enorme Buntheit kommt ans Licht. Für Religionskomponisten scheint eine günstige Zeit zu sein. Die meisten Befragten nannten nur eine Quelle: Männer zu 95%, Frauen zu 88%. 4% gaben zwei Quellen an, 2% drei. Aufs Ganze gesehen ist der Anteil von Frauen, die aus vielerlei Quellen schöpfen, mit 12% insgesamt klein, aber es ist dennoch eine „moderne Minderheit", welche die Chance des weltanschaulichen Wählenkönnens (Peter L. Berger) der modernen Kulturen nützt. Es überrascht nicht, dass dies vor allem bei den modernen Frauen (24%; und dies mehr als bei den modernen Männern: 15%) überdurchschnittlich oft der Fall ist.

Gott

Religionen befassen sich mit einer jenseitigen „heiligen Welt", in der – es sind immer Bilder – Gott „wohnt", einer Art „heilige Welt Gottes". Diese setzen sie mit der ambivalenten, zum Teil auch „unheiligen" diesseitigen Welt in Relation. Die Bilder, die Religionen von Gott und seiner „außeralltäglichen Welt" (Max Weber) haben,

---

bruch. Ein Forschungsbericht, Wien 2012. (Bericht für das Sozial- und das Wissenschaftsministerium)

sind reichhaltig und vielfältig. In vormodernen Zeiten ist es privilegierten Religionsgemeinschaften gelungen, ein bestimmtes Bild von Gott wirksam zu vermitteln und kulturell zu verankern. Die kulturelle Verankerung des christlichen Gottesbildes hat sich in der (europäischen) Geschichte nach und nach gelockert. Das jüdisch-christliche Gottesbild wurde zunächst hellenisiert und in einem weiteren Schritt „aufgeklärt": Der personale Gott, der in einem von uns Mensch geworden ist, ist zu einer Art „Weltbaumeister", zu einem „höheren Wesen" mutiert. Bei aller Entwicklung gibt es aber nach wie vor gelehrte und von den Kirchen tradierte Überzeugungen und „Klarheiten" darüber, wer Gott ist.

Heute, wo die Menschen selbst weithin die Regie darüber übernehmen konnten und auch übernommen haben, was sie glauben, wurden die Bilder noch vielfältiger und bunter.[288] Skepsis gegenüber Eindeutigkeiten regiert. Zweifel hat viele erfasst. Immer mehr Menschen atheisieren zumindest alltagspraktisch. Sie haben sich im Diesseits eingerichtet und fokussieren auf dieses alle ihre maßlosen Sehnsüchte. Manche erklären sich als überzeugte Atheisten.

Die Studie spiegelt das Resultat dieser Entwicklung wider. Es dominiert im Bevölkerungsschnitt 2012 in Zeiten der Spätaufklärung das Bild vom *höheren Wesen*. Der Anteil derer, die „Gott" so sehen, ist allerdings in den letzten zehn Jahren von 43% auf 34% deutlich gefallen. Ganz leicht zugenommen hat von 21% auf 22% der Anteil derer, die ein christliches Gottesbild annehmen. Schon mehr gestiegen ist auch der Anteil der *Agnostiker* (16% auf 22%) und der *Atheisten* (10% auf 13%). Bei den Männern stieg der Atheistenanteil von 14% auf 16%, bei den Frauen von 7% auf 11%. Männer „atheisieren" also eher als Frauen.

Auffällig ist der Unterschied zwischen den Traditionellen und den Modernen, bei den Frauen noch mehr als bei den Männern. Das christliche Gottesbild findet bei den Modernen kaum Zustimmung. Modernisierung der Rollenbilder scheint mit einer „Entchristlichung" des Gottesbildes, manchmal auch mit dessen Verlust einherzugehen. Gott wird entbildert und entschwindet.

Dieser messbare Vorgang ist umso irritierender, weil ja zugleich

---

288 Zulehner, Paul M.: Verbuntung. Kirchen im weltanschaulichen Pluralismus, Ostfildern ²2012.

auch die Modernisierung der Geschlechterrollen durch eine vom Christentum ermöglichte Abschwächung religiöser Legitimationen mitgespeist wird. Religion auch in ihrer christlichen Gestalt kann also sowohl dazu beitragen, dass die Geschlechterbilder als „heilig" und unantastbar gelten. Zugleich aber ist im Christentum die weltliche Welt auch weltlich, hat als säkulare Welt eine relative Autonomie vom Heiligen und ist als solche den Menschen zur verantworteten Gestaltung anvertraut.

Solche Zusammenhänge werfen auch ein Licht auf die Tatsache, dass die Modernisierung von Geschlechterrollen oft mit einer Entkirchlichung und einer Entchristlichung einhergeht. Entkirchlichung kann man noch eher verstehen: Denn oft halten sich in den Kirchen religiöse Legitimationen, die jeglicher Veränderung von Geschlechterrollen entgegenstehen. Aber es gibt auch in den Kirchen Gruppen, welche sich gerade für eine Modernisierung der Männer- und Frauenrollen einsetzen. Dass es aber zugleich vielfach zu einer Entchristlichung kommt, ist schwerer zu deuten. Liegt dies vielleicht daran, dass die betroffenen Frauen und Männer, die für eine Modernisierung ihrer Geschlechterrolle optieren, in ihrer Kindheit ein antimodernes Christentum kennen gelernt haben?

Commitment

Die meisten religiösen und gläubigen Menschen sind vernetzt. Sie gehören einer Religionsgemeinschaft, einer Kirche, einer Konfession an. Der Großteil ist katholisch, die Protestanten sind eine Minderheit, etwas mehr als Protestanten sind Muslime. Die zweitgrößte Konfession in Österreich sind die „Konfessionslosen", ein Ausdruck, den die Vertreter dieser Gruppe nicht gerne haben.

Mitgliedschaft ist eine Art lautloses Commitment. Sozialer Druck, einfach dazuzugehören, ist heute laut Studien gering. Sichtbar kommt das Commitment einer Person zum Vorschein, wenn nach der Gottesdienstteilnahme gefragt wird. Das ist bei Christen der Sonntagskirchgang, bei Muslimen der Moscheegang am Freitag. Je nach Konfession und Religion gibt es verschiedene Verpflichtungsgrade. Die katholische Kirche hat eine höhere Erwartung, dass ihre Mitglieder am Sonntag zur Kirche gehen, als die Protestanten. Bei den Muslimen sind traditionellerweise die Männer verpflichtet, nicht die Frauen. Die Gottesdienstfrequenz von Muslimen ist erheblich höher als jene von Christinnen und Christen. Generell gilt für die christlichen Kirchen, dass Frauen und generell Traditionelle ein höheres Commitment haben als Männer und Moderne.

Gebündelt

Mit einer Reihe von religiös-kirchlichen Items wird ein Index „religiös-kirchlich" errechnet.[289] Er eröffnet die Möglichkeit, die religiös-kirchliche Ausstattung der Befragten (nach Rollenbildern) übersichtlich darzustellen. Das ist in aller Kürze das Ergebnis: Die stärkste Ausstattung mit dem Religiös-Kirchlichen haben die traditionellen Frauen (54% stark und sehr stark). Im Vergleich dazu gibt es unter den modernen Frauen 21%. Die Lage bei den Männern ist ähnlich, wenngleich auf niedrigerem Niveau: 42% sind unter den traditionellen Männern religiös-kirchlich stark ausgestattet. Unter den modernen Männern sind es 15%. Die Modernisierung der Geschlechterrollen geht also mit einem Rückzug von der kirchlich geprägten Religiosität einher.

Christliches Europa?

Das Commitment hat Auswirkungen tief in das Alltagsleben hinein. So hängt die politische Bedeutung, die dem Christentum in Eu-

---

289 Folgende Items wurden zur Indexbildung verwendet:
… „Einmal abgesehen von Hochzeiten, Beerdigungen, Taufen usw.; wie oft gehen Sie zum Gottesdienst in die Kirche?"
Reihung nach der persönlichen Wichtigkeit, so wie es sein sollte. – Zeit für eine religiöse Gemeinschaft (Kirchgang etc.)
… „Wie würden Sie Ihre Religiosität einstufen?" Reihung nach Erfahrung, so wie es in Wirklichkeit ist. – Zeit für eine religiöse Gemeinschaft (Kirchgang etc.)
… „Hier auf dieser Liste stehen Aussagen zum Glauben an Gott. Welcher können Sie am ehesten zustimmen?" Quellen: christliche Quellen (christliche Mystik, Evangelium)
… „Wie oft nehmen Sie die Heilige Schrift einer Glaubensgemeinschaft (Bibel, Koran) zur Hand?"
… „Ein selbstbewusstes Christentum ist für Europa künftig sehr wichtig."

ropa zugewiesen wird, eng mit dem Commitment zusammen. An diesem Beispiel zeigt sich, dass das Commitment in einer Weltanschauungsgemeinschaft nicht in jedem Fall religiös begründet ist. Es kann seine Wurzeln auch in einer politischen oder kulturellen Vorausoption haben. Wer beispielsweise einen antiislamischen Affekt hat, wird dem Christentum politisch eine andere Rolle zumessen als jemand, der religionspolitisch auf den friedlichen Dialog und nicht auf den weltanschaulichen Clash setzt. Im Schnitt halten 49% der Gesamtbevölkerung das Christentum für europawichtig. Die Muslime tun dies verständlicherweise (14%) kaum. Die Traditionellen (Männer) mehr als die Modernen, die Älteren mehr als die Jüngeren. Bemerkenswert ist die Verteilung nach parteipolitischer Präferenz: Überdurchschnittlich sind ÖVP-, SPÖ- und FPÖ/BZÖ-SympathisantInnen dafür. Nicht hingegen die Grünen, bei diesen liegt der Wert mit 24% weit unter dem Durchschnitt. Aber auch wer keiner weltanschaulichen Gemeinschaft angehört, kann sich für ein „christentümliches Europa" erwärmen: 32% tun dies.

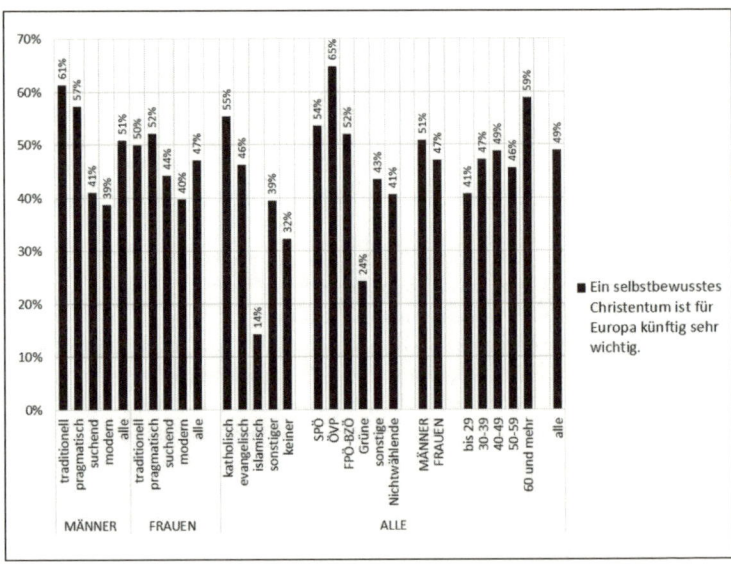

ABBILDUNG 34: Politische Bedeutung des Christentums für Europa (2012 I Geschlecht I Rollenbilder I Religionszugehörigkeit I Alter I Parteipräferenz I Schicht I Gottesbild)

Coda

Das den Leserinnen und Lesern hier anvertraute Buch ist weder einfach populär noch fachwissenschaftlich. Dennoch versucht es, beiden Ansprüchen gerecht zu werden. Wir glauben, dass gerade im Geschlechterdiskurs, wo es einerseits die Versuchung zu populistischer Polemik, andererseits einen von der Alltagserfahrung abgehobenen Fachdiskurs gibt, eine solche Auseinandersetzung notwendig ist: leicht verständlich und mit Alltagsbezug einerseits, durch Ergebnisse der Langzeitforschung gut abgestützt andererseits. Nur was sowohl lesbar als auch gut begründet ist, kann vor einem billigen Populismus im Geschlechterkampf ebenso bewahren wie vor einem vom Alltag des Lebens abgehobenen Diskurs.

Die Diskussion, in die dieses Buch interveniert, ist hochpolarisiert. Die Aggressivität der Auseinandersetzung hat in den letzten Jahren ebenso zugenommen wie die Abwertung von VertreterInnen der jeweiligen Gegenposition und die Weigerung, die Anliegen der anderen Seite auch dann noch verstehen zu wollen, wenn die vertretene Position der eigenen widerspricht. Manchmal konnten wir uns des Eindrucks nicht erwehren, dass mehr blockierende Ideologie denn gemeinsame Wahrheitssuche herrscht und die jeweils bekämpfte Gegenposition – bewusst falsch gezeichnet – zum Pappkameraden gemacht wird. Dabei könnten gerade jene, die anders denken und fühlen, sich für die Weiterentwicklung und Vertiefung der eigenen Position mehr als hilfreich erweisen.

Könnte der heute viel beschworene Begriff der *Diversity* nicht auch hier Anwendung finden? Gremien sollen von unterschiedlichen Personen und Kategorien besetzt sein: Sie sollen dann phantasiereicher und produktiver sein. Könnte das nicht auch für den Diskurs gelten, was ein Mann, eine Frau oder was sonst ist? Vielleicht kann es dann auch gelingen, jene Macht und jene Interessen wahrzunehmen, welche das eigene Erkennen und Handeln mehr behindern denn fördern?

Diese *Diversity* haben auch wir als Autorenteam beim Schreiben dieses Buches erlebt. In Vielem konnten wir uns auf dem Weg ausgiebiger Diskussionen – z. T. auch mit inspirierenden Gesprächspartnern und Gesprächspartnerinnen – auf gemeinsame Positionen verständigen. In Dankbarkeit können wir feststellen, dass wir in diesem Prozess vieles gelernt und uns durch die kritischen Anfragen des anderen bereichert erfuhren. In manchen Fragen haben auch wir noch weiter zu diskutieren. Deshalb stellen wir an das Ende des Buches einen jeweils persönlichen, resümierenden Ausblick.

Petra Steinmair-Pösel

Die Diskussionen, die wir beim Verfassen dieses Buches geführt haben, bezogen sich weniger auf die empirischen Daten selbst. Diese sprechen zumindest auf den ersten Blick gesehen für sich. Aber die Frage, wie sie zu interpretieren sind, brachte engagierte Diskussionen.

Zum Beispiel welche Bedeutung wir den bleibenden „Schieflagen" geben: Machen sie einfach deutlich, wie tiefgehend soziokulturelle Prägungen sind und wie schwer es ist, von frühester Zeit (und über Generationen hinweg) gelernte Vorstellungen wieder zu „entlernen"? Oder verweisen sie auf einen dahinterliegenden, wesentlichen Unterschied zwischen Frauen und Männern, der jeder soziokulturellen Gestaltung von Rollen voraus- und zugrundeliegt und diese erst möglich macht? So haben wir immer wieder diskutiert, wie es sich nun verhält mit Männern und Frauen: Ob Frauen und Männer unterschiedlich „gestimmt" sind? Wie sehr das Ineinander von Leib und Seele uns als Menschen prägt und wir nicht einfach sagen können: Ich *habe* einen weiblichen Körper – weil das eine dualistische Trennung wäre, anfällig für die schon überwunden geglaubte Leibfeindlichkeit früherer Zeiten. Was bedeutet das Wissen darum, wie grundlegend sich körperliche Prozesse auf unsere Selbstwahrnehmung auswirken, für die Geschlechterthematik? Und was die Tatsache, dass sich soziokulturelle Umstände weit stärker und bleibender auf unsere Biologie auswirken, als dies lange angenommen wurde? Muss das, was in der Psychosomatik im Blick auf Krankheit und Gesundheit dabei ist, Standardwissen zu werden – nämlich die unlösbare Verflochtenheit von psychischen und somatischen Prozessen –, im Geschlechterdiskurs erst noch wirklich ankommen? Diese Fragen werden mich wohl noch länger begleiten. Vielleicht – nein: sehr wahrscheinlich – werden wir auch nie in der Lage sein, das Wunder Mensch in all seinen biologischen und sozialen Bezügen ganz zu verstehen.

Wichtig erscheint mir jedoch, am Ende nochmals auf die Frage der Gerechtigkeit zurückzukommen, da diese den Genderdiskurs weitgehend prägt. Vielerorts wird befürchtet, dass die überkommene Geschlechterdualität, die immer und in jeder Kultur auch als „Ausnahmen" verstandene „Andere" kannte, automatisch zu Diskriminierung führt. Diese Befürchtung ist nicht aus der Luft gegriffen, denn tatsächlich gab und gibt es eine Tendenz, Menschen, die sich nicht nach der „Norm" verhalten, zu marginalisieren[290]; denn sie lös(t)en (manchmal) Bewunderung, häufiger jedoch Angst aus. Darüber hinaus gab es durch weite Phasen der Geschichte die Tendenz, innerhalb der Dualität den einen Pol als „überlegen" auf- und den anderen als „unterlegen" abzuwerten. Historisch wurde meist – zumal von der männlich dominierten geistigen Elite – der weibliche Pol als unterlegen, der männliche als überlegen verstanden. Prinzipiell kann dies jedoch auch ins Gegenteil kippen, was zumindest als Tendenz bei einigen differenzfeministischen Autorinnen zu sehen ist. Ist es also, um diese Diskriminierungen zu vermeiden, notwendig, die „Geschlechterbrille" so radikal zu verlernen, dass wir Menschen nicht mehr quasi-automatisch als Männer und Frauen sehen bzw. sie zuallererst diesen Kategorien zuordnen?

Dieser Weg wird vielfach propagiert: Jede Person soll Individuum sein dürfen, soll sich nicht mit den Zuschreibungen „männlich – weiblich" herumschlagen müssen und davon in der eigenen Entfaltung eingeschränkt werden. Die Kategorien „Mann – Frau" sollen gänzlich irrelevant werden, dann gäbe es auch die damit gerechtfertigten Ungerechtigkeiten nicht mehr. Ob diese Annahme logisch schlüssig ist und auch praktisch stimmt? Ich wage es zu bezweifeln. Menschen – und zwar Männer und Frauen – haben immer Mittel und Wege gefunden, sich über andere zu erheben, und ich bin mir ziemlich sicher, dass sie diese auch dann finden würden, wenn die Geschlechterrollen längst überwunden wären. Zudem ist zu fragen,

---

290 D. h. wörtlich, sie werden an den Rand der Gesellschaft gedrängt: Meist ist das eine benachteiligte Position, es kann aber mitunter auch eine bevorzugte Position sein. Ein Beispiel aus der Geschichte: Auch Könige und Kaiserinnen waren „Randfiguren", Menschen an der Spitze und damit am Rand der Gesellschaft.

ob für die individuelle Identitätsbildung nicht auch wesentlich die Auseinandersetzung mit dem eigenen Geschlecht (*Sex* wie *Gender)* notwendig ist – und das in Abhebung und Zustimmung zu dem, was einem Menschen von außen entgegenkommt.

Vor diesem Hintergrund müsste es meines Erachtens weniger darum gehen, geschlechterpolitisch Männer und Frauen in ihrem Lebensstil möglichst einander anzugleichen – ob sie es wollen oder nicht –, sondern die Möglichkeiten und Rahmenbedingungen dafür zu schaffen, dass Menschen so leben können, wie es ihren Talenten und Fähigkeiten entspricht.

Dazu gehört freilich, nicht Stereotypen anzuhängen und Kinder zu höflich-einfühlsamen Mädchen und zu tapferen Indianern zu erziehen. Tapfere Indianerinnen und höflich-einfühlsame Männer sind mindestens genauso interessant. Auch: „Männer sind vom Mars, Frauen von der Venus" ist vorurteilsgefärbt und noch vieles andere, was uns in der Alltagswahrnehmung so selbstverständlich erscheint. Ob wir Wege finden werden, uns davon frei zu machen? Der Baustellen gibt es viele: vom Bildungs- über das Sozial- bis hin zum Wirtschaftssystem. Verlassen wir unsere ideologischen Sackgassen – fangen wir damit an!

Paul M. Zulehner

Macht und Interesse müssen im Diskurs „Was ist ein Mann? Was eine Frau?" keineswegs von Haus aus als dunkel und schädlich abgewertet werden. Aber auch legitime Interessen können die Wahrheitsfindung beeinträchtigen.

Ein Interesse spielt im derzeitigen Geschlechterdisput eine herausragende Rolle. Es ist das legitime und durch nichts entwertbare Interesse, zwischen Männern und Frauen Gerechtigkeit zu schaffen und alle diskriminierenden Ungerechtigkeiten durch Bildung und Politik abzubauen, ja letztlich zu beenden (falls das überhaupt geht). Ich kenne auch keine Männer mehr, die eine Diskriminierung von Frauen (explizit und bewusst) befürworten würden und nicht bereit wären, ererbte Diskriminierungen zu beenden.

Im Geschlechterdisput wird oft ein Zusammenhang hergestellt zwischen der zu behebenden Diskriminierung und den – wie man sagt – traditionellen Bildern von Mann und Frau. Diese Bilder gelten dann zumeist als religiös oder naturrechtlich, also essentialistisch oder ontologisch begründet bzw. verbrämt. Die Faustregel heißt: Wer von einem Wesen der Frau spricht, das allen gesellschaftlichen Konstruktionen von Männlichkeit und Weiblichkeit vorausliegt, verursacht allein dadurch Diskriminierung. Oder wer die neuerlich wieder aufkeimende Lust von jüngeren Frauen unterstützt, Mutter vieler Kinder zu sein und gern das Unternehmen einer großen Familie zu steuern, trage zur Fortsetzung ererbter Diskriminierung von Frauen bei. Frei seien die Frauen somit erst dann, wenn es kein unentrinnbares „Vorfindbares" für Frau oder Mann gebe, sondern wenn alles im sozialen Geschlechterdiskurs erfindbar ist. Und wenn es nach wie vor belegbar ist, dass Männer und Frauen mit Kindern gern andere Spiele spielen, dass Frauen bestimmte Haushaltsarbeiten, wenn möglich, gern ihrem Partner überlassen: Dann weise das nur auf die Hartnäckigkeit gesellschaftlich erzeugter Klischees hin, die durch Bildung und Genderpolitik zu überwinden seien.

Was aber, wenn das Vorfindbare gar nicht zwingend zur Diskriminierung führt, sondern nur unter bestimmten Machtkonstellationen eine solche hervorruft? Gibt es nicht vorfindbar – hier zunächst einmal rein hypothetisch formuliert – eine Art archaische, archetypische Ahnung von Männern und Frauen zu allen Zeiten der Menschheit, die überhaupt nicht zur Diskriminierung führen muss, sondern zu einer Kultur des Respekts, der Achtung und zivilisiert-gerechter Liebe? Könnte es – immer noch hypothetisch weitergefragt – dann nicht passieren, wenn man alles Vorfindbare ins Reich der Diskriminierung verweist, dass etwas vom Reichtum des Menschen in seinen vielfältigen Varianten, nicht zuletzt in dem so prägenden Gefüge von Mann und Frau (das zur Zeit der Griechen das höher bewertete Verhältnis von Mann zu Mann nicht ausschloss), verloren geht, wenn alles Vorfindbare radikal „dekonstruiert", in diesem Fall aber beschädigt und zerstört wird? Man muss nicht gleich „Entmännlichung" oder „Verweiblichung" von Männern oder Umformung von Frauen zu „Mannsbildern" rufen, um eine solche Befürchtung zu äußern. Verlieren würden jene Personen, denen es dann letztlich keine Freude mehr macht, durch und durch Frau oder Mann zu sein, weil das dem Radikalkonstruktivismus nicht konveniert, welcher darin eine Verfestigung ererbter Diskriminierungen sieht.

Solches Fragen kann auch nicht allein dadurch als Sackgasse gebrandmarkt werden, dass ein kleiner Teil der Menschen sich körperlich oder psychisch in den Kategorien von Frau und Mann nicht wiederfindet: Was wiederum gar nicht als Grundlage zur Diskriminierung dieser Personengruppe benutzt werden darf. Aber ob es sinnvoll ist, die große Zahl von diesen „Ausnahmen" her zu begreifen? Manche Gesellschaften behelfen sich damit, von einem anderen oder dritten Geschlecht zu reden. Dennoch: Was diese „Anderen" auszeichnet, ist weder in einem polaren Geschlechtermodell noch in einem radikal dekonstruierten problemfrei zu verstehen.

Die im Buch geäußerte Skepsis gegenüber einem Radikalkonstruktivismus kann aber unter keinen Umständen als Plädoyer für einen Radikalbiologismus ausgelegt werden. Zwar wird heute im Diskurs die biologische Ausstattung (etwa hormonell, durch die Gene, die Sexualmerkmale) bis zur gänzlichen Bedeutungslosigkeit heruntergespielt. Aber die Tatsache, dass vieles (und wie ich meine, den ganzen Menschen durchformend) biologisch wie psychisch/geistig vorfindbar ist, lässt nicht den Schluss zu, ein Geschlecht sei mehr wert als das andere, das eine sei übergeordnet, das andere untergeordnet: Vielmehr gibt es das Vorfindbare historisch immer nur in einer Form, die langen Prozessen des Formens ausgesetzt ist. Wieder aber erscheint es mir unlogisch zu sagen: Weil alles faktisch Züge des „Erfindens" an sich trägt, gebe es nichts Vorfindbares.

Kurzum: Muss in den Diskurs nicht zumindest jene uralte Erfahrung der Logik wieder Einzug halten, dass aus einem faktischen Zusammenspiel von zwei positiven Faktoren (z. B. Wesen der Frau – Diskriminierung der Frau) kein genereller ursächlicher Zusammenhang abgeleitet werden kann? Ich meine im Gegensatz dazu: Je mehr man die Prozesse und Kräfte des „Erfindens" von Geschlechterrollen kennt, umso eher kann auch in Umrissen das „Vorfindbare" erahnt werden.[291] Dabei könnten Poesie und Kunst, Architektur

---

291 Die Exegese der Theologie hat mit dieser Logik gute Erfahrungen gesammelt. Niemand bestreitet heute, dass die überlieferten Texte kontextgeprägt sind. Zugleich folgert niemand daraus, dass sie nicht auch eine Botschaft enthalten, die nicht allein durch den Kontext erklärt werden kann. Zu lernen ist auch, dass die Trennung von Kontext und bleibender Botschaft keinesfalls einfach ist und auch immer gelingt.

und Schauspiel eine weitaus größere Rolle spielen als im Rahmen des Geschlechterdiskurses derzeit ersichtlich ist.

Noch einmal sei solche mehr formallogische Überlegungen abschließend die Aussage von Herta Nagl-Docekal aus Wien zitiert: „Wie ist eine Gesellschaft zu denken, in der alle die gleichen Rechte und die gleichen Chancen haben [Egalität], damit sie befreit sind zur Entfaltung ihrer jeweiligen Besonderheiten? Und weiter: Was bedeutet es, unter diesen Bedingungen Frau und Mann zu sein?"[292]

Wir hoffen

Wir hoffen, dass die ausgewählten Ergebnisse der Forschung über zwanzig Jahre hinweg und deren Diskussion im Rahmen des gegenwärtigen Geschlechterdiskurses für viele von Vorteil sein können: Zunächst all jenen Männern und Frauen, die sich nach Gerechtigkeit für alle Geschlechter sehnen und auf dem Boden dieser strukturell gesicherten Gerechtigkeit das je eigene individuelle Leben zum Blühen bringen können.

Dann für jene verdienstvollen Einrichtungen in den modernen Gesellschaften, welche Männern und Frauen unter den hoch anspruchsvollen modernen Lebensbedingungen Support bei ihrer Persönlichkeitsentwicklung geben. Dabei wird die Auseinandersetzung mit der Kernfrage: Was bin ich als Mann, was als Frau, was als Andere/r, eine gewichtige Rolle spielen.

> Auch die Wirtschaft sollte auf diese Ergebnisse reagieren. Dies bedeutet, dass flexiblere Arbeitszeiten und auch Arbeitsmöglichkeiten (z. B. Home-Office) dem Bedürfnis der Arbeitnehmer entgegenkämen. Die Verträge könnten auch nach Jahresarbeitsstunden abgeschlossen werden, sodass vor- oder nachgearbeitet werden kann. (Mann, 60+, zwei Kinder, verwitwet)
> Die Politik sollte die Rahmenbedingungen liefern, sowohl für Eltern, die ihre Kinder selber erziehen wollen, als auch für Elternteilzeit, Krippenplätze, Kitas. (Frau, 51-60, drei Kinder, verwitwet)

Nicht zuletzt sind manche Ergebnisse der Studie gesellschaftsrelevant: Für die Familienfreundlichkeit der Wirtschaft auf allen Ebe-

---

292 Nagl-Docekal: Feministische Philosophie, 38.

nen (vom Staat bis hin in die Betriebe), für die Bildung und Erziehung, zumal für die Ausbildung von jenen, denen die Entwicklung unserer Kinder anvertraut ist. Es gibt Stoff für die sensible Frage, wie viel Mutter und Vater ein Kind braucht, unter welchen Bedingungen jemand für die Kinder Elternaufgaben übernehmen kann. Wir verbinden damit auch die Hoffnung, dass in solchen Debatten die „Schwächeren", nämlich die Kinder und die pflegebedürftigen Alten, nicht übersehen werden. Es wäre – um es am Beispiel der Kinder zu sagen – gut, alles, was mit Männer- oder Frauenpolitik, mit Gender-Mainstreaming zu tun hat, auf „Kinderfreundlichkeit" hin zu prüfen. Derzeit stehen die „Rechte" und Ansprüche von Frauen und Männern im Mittelpunkt. Das ist gut so, reicht aber auf Zukunft hin besehen nicht aus.

Die Theologin Marlies Prettenthaler-Heckel hat Predigten junger österreichi-
scher Theologinnen zu allen kirchlichen Festen im Jahr ausgewählt. Sie zeigen eine unkonventionelle, genuin weibliche Auslegung der Heiligen Schrift
und sind eine wahre Fundgrube für Frauen und Männer, die in lebensnahen
und in spirituell-meditativen Texten neue Zugänge zu biblischen Erzählungen
finden wollen. Die vielfältigen Texte spiegeln ein Stück von Frauen gestalte-
ter, lebendiger Kirche wider. Sie eröffnen neue Bilder einer geschwisterlichen
Kirche und ermutigen, Schritte der Veränderung zu setzen.

Marlies Prettenthaler-Heckel (Hg.)
WAS FRAUEN PREDIGEN WÜRDEN
Spirituelle Denkanstöße
für Frauen und Männer

168 Seiten; 12 x 20 cm
€ 19,99 · ISBN 978-3-222-13423-4

Wie will ich heute als Frau mein Leben gestalten? Was ist mir wichtig, kostbar, wertvoll? Wofür investiere ich meine Lebenszeit, meine Kraft und meine Fähigkeiten? Die Theologin Petra Steinmair-Pösel reflektiert in sehr persönlichen Essays diese essenziellen Fragen auf der Suche nach einem erfüllten Leben. Der Bogen der Themen ist weit gespannt. Er reicht vom Sich-Festmachen in spiritueller Tiefe über Aspekte der alltäglichen Lebenskultur von Frauen im herausfordernden Zueinander von Familie und Beruf bis hin zu politischen, theologischen, sozialen und ökologischen Fragen.

Petra Steinmair-Pösel
AUS FRAUENSICHT
Spirituelle und politische
Impulse für jeden Tag

168 Seiten; 12 x 20 cm
€ 16,99 · ISBN 978-3-222-13396-1

styria premium

ISBN 978-3-222-13437-1

styriabooks

Wien – Graz – Klagenfurt
© 2014 by Styria premium in der
Verlagsgruppe Styria GmbH & Co KG
Alle Rechte vorbehalten.

Bücher aus der Verlagsgruppe Styria
gibt es in jeder Buchhandlung und
im Online-Shop

styriabooks.at

Lektorat: Elisabeth Blasch
Buchgestaltung und Layout: Strobl, Satz·Grafik·Design
Covergestaltung: Bruno Wegscheider
Coverfoto: istockphoto.com

Druck und Bindung:
Druckerei Theiss GmbH, St. Stefan im Lavanttal
7 6 5 4 3 2 1
Printed in Austria